蓝海系列

藍海經濟

第2辑

中国海油集团能源经济研究院

中国石化出版社
·北京·

内 容 提 要

本书是由中国海油集团能源经济研究院组织编写的蓝海系列丛书第2辑，矢志深耕“蓝海”，聚焦能源、引领创新、推动变革，打造以论文集为载体的高水平科研学术交流平台。本书围绕“海洋、创新、未来”三重内涵，从专家视点、能源经济、企业管理和理论方法四大版块分析全球海洋能源及相关产业发展趋势，建设世界一流企业的管理理论方法和实践经验，助推我国能源行业及相关企业高质量发展。

本书具有学术性、专业性和前瞻性，可以作为政府部门、能源行业从业者、专家学者及高等院校师生的参考用书。

图书在版编目（CIP）数据

蓝海经济.2/中国海油集团能源经济研究院组织编写.—北京：中国石化出版社，2023.11

（蓝海系列）

ISBN 978-7-5114-7183-3

Ⅰ.①蓝… Ⅱ.①中… Ⅲ.①海洋石油工业—石油经济—研究—中国 Ⅳ.① F426.22

中国国家版本馆 CIP 数据核字（2023）第 208820 号

中国石化出版社出版发行

地址：北京市东城区安定门外大街58号

邮编：100011 电话：（010）57512500

发行部电话：（010）57512575

http：//www. sinopec-press. com

E-mail：press@ sinopec. com

北京科信印刷有限公司印刷

全国各地新华书店经销

*

787×1092 毫米 16 开本 16.5 印张 396 千字

2023 年 11 月第 1 版 2023 年 11 月第 1 次印刷

定价：68.00 元

《蓝海经济》编委会

目录

藍海經濟

第2辑

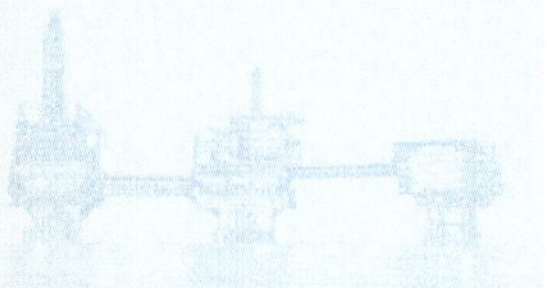

专家视点

世界一流企业建设实践误区与评价方法 2

现代治理方向下的世界一流企业风险防控体系 11

中国企业境外公共安全风险识别及管理策略 23

海洋油气勘探开发投资特点及启示 39

能源经济

能源转型与现代化演进的逻辑关系研究 54

美国Midland加入Brent原油定价体系的影响分析 65

烷基化油征收成品油消费税的影响分析 75

美国页岩油气革命创新因素分析及对我国的启示 85

海上风电开发碳减排量指标的关键问题探究 93

企业管理

中国海油建设世界一流企业的实践与思考 110

世界一流油田服务大型装备公司的发展策略研究 127

数字化转型与国有示范企业治理效率的关系研究 141
关于我国LNG产业链数字化的探索与思考 163

理论方法

碳排放、电能耗与经济增长的关系分析及政策建议 174
不确定性加剧背景下我国能源系统韧性评估方法与提升对策 191
新形势下我国能源安全指标研究及相关建议 210
基于混合生命周期分析的中国陆上油气开发温室气体排放研究 222
油田服务船舶低碳化改造经济性及投融资模式研究 237

创新
海洋
未来
“蓝海”

CONTENTS

Professional Insight

Challenges and Strategies for Building World-class Enterprises 9

A World-class Enterprise Risk Prevention and Control System under the Direction of Modern Governance 22

The Conception and Management of Chinese Enterprises Overseas Public Security Risks 37

Features and Enlightenment of Offshore Oil&Gas Exploration and Development Investment 51

Energy Economy

Study on the Logic and Relation of Energy Transition and Modernization 64

Analysis of the Impact of US Midland Included into the Brent Pricing System 73

Analysis of the Impact of the Consumption Tax on Alkylate Oil 84

Analysis of Innovation Factors in the US Shale Oil and Gas Revolution and its Enlightenment to China 92

Research on Key Issues of Carbon Credits Development for Offshore Wind Power 107

Enterprise Management

Study on CNOOC's Practice of Building a World-class Company 126

Research on the Development Strategy of World-class Large-scale Equipment Companies 139

Research on the Relationship between Digital Transformation and Governance Efficiency of State-owned Model Enterprises 161

Exploration and Reflection on the Digitalization of China's LNG Industry Chain 170

Theoretical Methodology

Analysis on the Relationships between Carbon Emissions, Electricity Energy Consumption and Economic Growth with Policy Suggestions 189

Analysis on the Toughness Assessment Method and Promotion Countermeasures of China Energy System under the Increasing Uncertainty 209

Research on Energy Security Indicators and Related Suggestions in China under the New Situation 220

GHG Emissions from Onshore Oil and Gas Development in China Based on Hybrid Life Cycle Analysis 236

Research on the Economy and Investment and Financing Models of Low Carbon Transformation of Oilfield Service Ships 254

Innovation

Ocean

Future

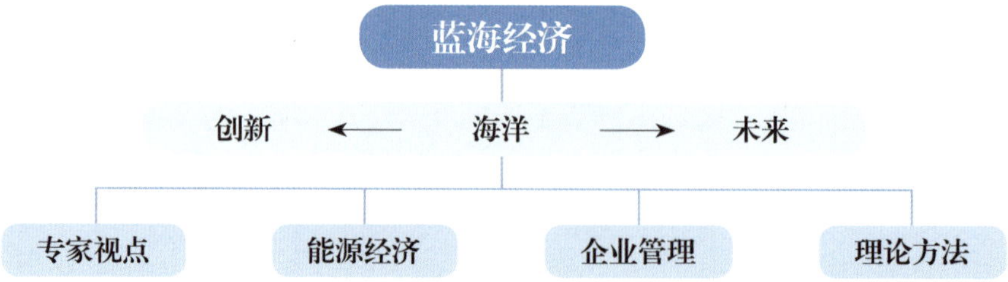

征稿启事

筑梦蓝海，经略能源。中国海油集团能源经济研究院组织编写的蓝海系列丛书《蓝海经济》，矢志深耕“蓝海”，聚焦能源、引领创新、推动变革，打造以论文集为载体的高水平科研学术交流平台。所谓“蓝海”，寓意海洋、创新、未来三个内涵。海洋，从产业层面分析研究海洋能源全产业链；创新，从公司层面纵论战略转型、管理创新和技术创新；未来，侧重于探讨以“三新”（新产业、新业态、新模式）助推行业高质量发展。

《蓝海经济》第3辑现开始征稿，欢迎能源行业和高等院校的专家、学者、研究人员投稿。主要征稿方向：

1. 新型能源体系建设；
2. 海洋强国建设及其产业发展；
3. 世界一流企业建设与管理；
4. 能源经济与绿色金融；
5. 科技创新与数字化转型。

投稿字数：5000～10000字

截稿日期：2024年3月15日（第3辑）

投稿邮箱：yinlx@cneei.com.cn/changna@cneei.com.cn

（邮件主题请注明“蓝海经济投稿－作者－单位－联系方式”）

联系人：殷立欣/常娜

电　话：010-84525953/89912355

投稿须知及论文写作规范
请扫二维码

《蓝海经济》编辑部

专家视点

Professional Insight

世界一流企业建设实践误区与评价方法

刘斌*

北京知本创业管理咨询有限公司

摘要： 建设世界一流企业可促进国家经济发展，也是国有企业实现高质量发展的重要举措。目前，世界一流企业建设正在按下加速键，成为中国企业当下的一项重要使命。但对世界一流企业的概念理解和界定标准以及世界一流企业建设的实操方法论、评价指标等，尚有不少企业有疑虑。为此，本文从“产品卓越、品牌卓著、创新领先、治理现代”四个维度阐述世界一流企业的概念标准，探讨了实操中可能产生的三大误区，最终建议可从公共属性、行业属性和时间属性三个维度出发评价世界一流企业。

关键词： 世界一流企业；实践误区；评价指标体系

0 引言

世界一流企业建设正在成为广大国企深化改革、推动发展的主战场、主阵地、主音符。国新办新闻发布会明确指出：“加快世界一流企业建设，是当前和今后一个时期中央企业改革发展必须牢牢把握的一个总的目标。”

广大国有企业在创建世界一流企业过程中，要把握哪些尺度标准？要注意避免哪些共性误区？又如何高效贴切地完成好这项历史性改革任务？本文尝试进行分析讨论。

1 深入理解世界一流企业的概念标准

纵览全球学术界和管理实践，对世界一流企业的定义不一而足，多是从绩效、特点、能力等不同角度分析“一流企业”“卓越企业”“冠军企业”。

中国公司创建世界一流企业是在全球经验的基础上，依据本国企业特点和战略发展要求采取的战略行动，所以有必要构建中国特色的世界一流企业标准。

2022年2月，中央全面深化改革委员会审议通过《关于加快建设世界一流企业的指导意见》，从“产品卓越、品牌卓著、创新领先、治理现代”四个维度提出了全面推进世

* 刘斌，男，博士，教授，主要从事国企改革领域研究。E-mail：bill@kccbest.com

界一流企业建设的基本要求，从而奠定了世界一流企业的16字标准。如何深入理解这四个方面的一流企业建设标准呢？接下来分别阐述。

1.1 产品卓越

产品卓越是从好产品、优质产品逐步发展而来，是国有企业硬实力的核心体现，是世界一流企业的第一条标准。一家企业要成为一流，建议首先将自身产品、服务和业务摆出来，向客户问一问，和同行比一比，进而确定自身行业档次，有一个相对准确的开始。

第一层，好产品。就是该产品确实很有价值，远远超出价格，能够真正达到或者超过消费者的预期，让买家高度满意。日本的汽车，苹果的手机，都达到了该标准，可以认为这是一个“好产品”。

第二层，优质产品。就是企业产品比同行业同类产品在特性上高出一截。比如同样生产电力，一家企业的单位发电成本要明显低于其他公司；同样提供物业服务，一家企业的服务水平和质量明显让业主高度舒适。通过横向比较，我们可以认为，这是一个“优质产品”。

第三层，卓越产品。就是产品不仅能满足当下需要，还能引领时代创新和发展，创造出新需求，让消费者体验到美好生活。

一流的企业需要有能力创造跨时代的产品，推动人类发展的产品。福特汽车让家庭装上了轮子，通用航空发动机让旅行插上了翅膀，IBM让计算机成为每个人的工具。如果一家企业的产品达到这种水平，应该可以称为“卓越产品”！

1.2 品牌卓著

众多企业都想依靠品牌挣钱，大量公司每天花费重金做广告、搞推广、造影响。从市场营销角度看，这都是提升品牌的正常方法。但从世界一流企业品牌层面思考，就要提出新标准，必须经得起“三重考验”。

1.2.1 经得起市场考验，有知名度

一家企业从默默无闻、少有人知，到耳熟能详、家喻户晓，这是品牌成长和传播的最后结果。能不能实现公司知名度的提高，得到越来越多的消费者认可，这个过程实际是从无品牌到有品牌的第一阶段。

经得起市场考验，换成简单的一句话就是：很多人知道这个品牌。

1.2.2 经得起社会考验，有附加值

品牌是一种无形资产，它会使没有接触过企业的社会人士，仅仅从听到这个名字就

产生信任，并且给予这个企业的产品更好的溢价。这种社会公信力，带来的好处是显而易见的，产品定价能够更高，销售情况会更好，股票价格也会更高。

经得起社会考验的品牌，可以认为是从有品牌到有公信的第二阶段。核心也是一句话：很多人信任这个品牌！

1.2.3　经得起时间考验，有持久力

一个能够撑得起“卓著”两个字的企业品牌，一定要经历过长时间（至少20年）周期的考验，至少要能够经历两代人的口口相传，在企业竞争的跌宕起伏和历史演进中体现自己的价值和稳定性。

时间的考验是企业品牌从有公信到有文化的第三阶段。这种考验，核心也能总结成一句话：这个品牌已经很久了。

总结起来，品牌卓越，要求一家企业的品牌有知名度、有附加值、有持久力，经得起三重考验。

1.3　创新领先

“创新领先”，如果按照字面拆解，是指在企业创新领域，走在最前列的位置，而且是领导、引领的位置，能够清晰地看出自身的领先地位和优势。这些一流的创新领先企业都有三个共同特点。

1.3.1　不是技术模仿者，是开创者

实现创新领先，自然要在无人区、处女地发挥作用，解决前人没有解决的问题，做出同行没有做到的贡献。

从小的方面而言，是能够通过创新不仅让本企业获利，同时也让行业受益、向前发展。从大的方面而言，真正的伟大创新是能够解决人类社会亟需解决的问题，推动科学文明在某个领域向前迈进一步。

1.3.2　不是规则执行者，是制定者

要实现创新领先，证明自身有这个实力地位，那就要拿出证据，看看同行是不是以本企业为标杆，自己是不是成为标准的制定者和引领者。

“超一流企业卖规则”，推动创新领先企业，从原来在别人划的场地里、在别人指定的模式下、用别人确定的裁判规则做生意，走向创造新赛道、创造新市场、创造新规则[1]。

1.3.3　不是模式跟随者，是倡导者

创新领先的一流企业，总是能够先人一步创造出崭新的业务模式、盈利模式，在产业链、供应链、创新链的某些环节上实现引领。

中国公司要实现创新领先，就要在不同的赛道上，通过新模式打造，让自身成为行业中的规则和标准，成为引领未来的新标杆。

1.4 治理现代

在16字世界一流企业标准中，“治理现代”放在最后表述，并不是它最不重要，而是重点提示，这4个字是前面12个字的基础保障，是实现目标的基本能力。一家企业要打造一流，治理现代至少要有四个层次的目标实现：

一是实现合规性。公司治理和管理体系是健全的、与时俱进的，完全符合法律和政策要求。二是实现效率性。公司治理和管理体系运作是高效的，无论组织效率还是人才效率，都能达到业内领先。三是实现特色性。公司治理和管理体系机制是灵活的，人尽其才、物尽其用，活力迸发、奋发有为，符合中国特色，突出企业个性。四是实现持久性。公司治理和管理体系与周边交互是友好的，环境、安全、健康、社会、员工、客户，都能和企业实现持久的能量互换。

从合规性到效率性，再上升到特色性，最后实现持久性，能够做成这四个层面治理和管理体系的优化，本文认为就达到了治理现代的基本标准。

2 世界一流企业的实践误区

在国务院国资委的指导下，国有企业创建世界一流企业的主题工程已经展开，包括价值创造行动、示范创建行动、品牌引领行动、对标提升行动在内的四项工程，正在促进越来越多的国企加速一流企业建设。但在实践中既产生了丰富的经验，也容易出现行动中的误区，对此需要仔细研究，针对施策。

2.1 关注结果还是关注过程?

什么是世界一流？自身是不是世界一流？怎么当世界一流？这些问题构成一组逻辑关系，经常会把企业绕进去。

作为一家创建一流的企业，通常会做的事情是先找一些财务指标，将本行业世界领先的数值都写上，然后与自身企业数值做对比；再将这些差距值进行层层分解，定下三年内必须实现的指标增长目标，领导布置任务，签订军令状，要求从现在起，各级各企业行动起来，倒排时间表，压实责任，为了达到世界一流的绩效目标，集体冲锋干三年。

这种鸣哨、冲刺型的世界一流企业建设模式，能够发挥战役式行动的作用，在集中火力，获取局部胜利方面是有效的。但这种方式是不是最优呢？我们可以有很多商讨。

全球知名企业，比如沃尔玛、三星、壳牌、丰田，虽然行业不同、各有特点，做到现今世界公认的领导型跨国公司，都有一些共同路径，那就是伟大的理想和战略、持续领先的业务和产品、长期的极致经营、不断涌现的人才、常青的文化等，对此已经有大量的研究成果去总结。

从中，我们理解世界一流企业最为重要的是，它是一家企业长时间成长、竞争、演化的“结果”！这个结果体现在很多财务指标、业绩指标上是优于行业其他企业的，是世界领先的。但是，要实现这个结果，要做的是真正找到自己的路径，真正走过这个成长的过程，通过竞争的考验！

所以，世界一流企业创建，与其关注结果，不如关注过程。这就好比攀登珠穆朗玛峰，到达世界最高点是我们的目标，但今天你肯定不能去冲刺登顶，因为能力不够、条件不足，所以需要制定详细的计划，物资如何准备、身体如何训练、环境如何熟悉，在不断评估和改进的基础上，用时间去评价、用训练去考验。

2.2　全面推进还是精准击发?

世界一流企业起初就是综合性、立体性的概念。“三个领军、三个领先、三个典范”是一个全面的评价标准，“产品卓越、品牌卓著、创新领先、治理现代”的16字标准也是一个综合衡量体系。

从评价的角度看，世界一流企业，如果只从一个方面去判定，显然是不全面的，这是科学。但是从创建世界一流的工作落实看，如果机械套用评价指标全面分解、全盘推进，那就会出现问题。突出的问题是切口太大、部位过多，一次无法实现。

企业在创建世界一流过程中，建议要把世界一流的结果评价和一流企业的实施改进，有效区分开来，将抓全面、抓整体和抓深度、抓问题有效区分开来，这样才可能取得好的成效。

诊断评价的结果是整体的、系统的，在此基础上，根据评估的重要性、紧迫性、可行性三个标准，将需要改进的问题进行时间序列排队，制定每个年度或者每个阶段的核心改进工程和工作目标，要充分考虑到每项改进工程的难度和深度，不求毕其功于一役，但求每年都坚实地迈进一步。

“全能”成不了一流，只有精心组织、分层分类实施，才能将世界一流创建落地到位。

2.3　对照模仿还是自主创造?

到今天为止，世界一流企业的建设都隐含着一个基本模式，那就是“学习”。

通过与全球一流公司对标对比，找到中国企业的差距不足，然后计划追赶方案，这是典型的后发学习模式。但是，要真正成为世界一流企业，仅仅靠学习借鉴的方法，好像是不行的。

华为公司已经成为全球公认的信息与通信行业一流企业，这是因为华为在包括5G在内的产品和技术方面，率先进入了“无人区”，在没人可学的环境下，自己创造了标准，进而得到的公认，而不是多年前在与美国思科公司对标学习中赢得的称号。

世界一流不是学来的，是企业自己创造的！对标世界一流有四道关口，也是企业对标成长的四层境界，叫作“立标、对标、达标、创标”，这四层境界可以算作企业创建一流的阶梯。

立标，关键是确定自己的国内外行业标杆，向先进学习；对标，核心是通过业绩指标和管理行动两个方面，查找企业的短板弱项；达标，是通过不断改进，达到了国内外标杆的水平。创标，就是要形成规则力、创新力、影响力、品牌力，成为行业的规范，全球的标准，有本企业的个性标签。创标，就是要更多的中国企业勇敢走入“无人区”，敢于挑战全球最大的成长难题，敢于突破技术禁区，有本企业造福全人类的贡献。

从创标这个层面看，我们距全球公认的一流企业仍有很大差距，因而创建世界一流企业，不能仅仅停留在现有业绩指标、管理指标的对比上，还需要提升一个台阶，将领先创造的个性内容补充进来，进而把“立标、对标、达标、创标”的完整图谱补齐。

3 世界一流企业的评价模型

作为中国企业当下的一项重要使命，完成创建世界一流企业这项复杂工程，需要完备细致的方法论。首当其冲的就是给“世界一流企业”确定评价指标，进行精准画像。

“产品卓越、品牌卓著、创新领先、治理现代”16字标准，已经从一个四维立体视角勾勒出一流的基本框架，本文利用尽可能简单直接的评价指标对这四个维度进行了客观量化。

目前，在世界一流企业的评价方面，众多学者和研究机构都推出了自己的初步思考和评价体系，这些都可以为我国国企进行一流企业建设提供很好的借鉴。

从国外实践看，美国德鲁克研究会一直进行的“美国公司管理成效榜单”是一种可以借鉴的方法。在这个榜单中，对美国企业的综合管理成效，最终只用了五个指标，分别是顾客满意度（Customer Satisfaction）、员工参与和发展（Employee Engagement and Development）、创新（Innovation）、社会责任（Social Responsibility）和财务实力（Financial Strength）[2]。

总体来看，世界一流企业评价指标体系要综合考虑三个关键难点：一是要充分考虑行业差异，二是要充分考虑客户评价，三是要充分考虑简单易行。在此基础上，知本咨询研发并推出世界一流企业评价基本框架——“三维坐标图”（见图1）。

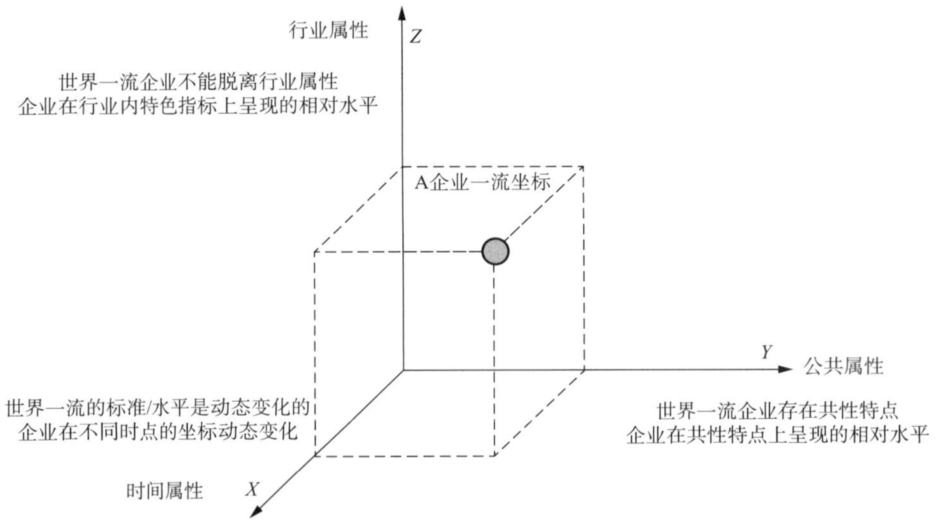

图1　知本咨询世界一流企业评价指标框架示意图

Figure 1　Conceptual framework of evaluation indicators for world-class enterprises by Knowledge Capital Consulting

该三维坐标图将世界一流的评价，拓展为一个立体空间，每个企业都会拥有自己的X、Y、Z三个坐标。

3.1　维度一：公共属性

无论在哪个行业中，被称为世界一流的公司都需要具备一些共同特点，比如全球市场占有率、品牌知名度、核心创新能力、企业组织文化等。这些维度我们统一用“产品卓越、品牌卓著、创新领先、治理现代”这16字进行框架限定，在每个维度内用不超过2个指标进行衡量。

3.2　维度二：行业属性

每个行业的企业都在行业的特色要求下展开竞争，行业差别直接体现在一些关键性绩效指标差异上。

比如，对于全球物流行业企业而言，产生竞争力的核心指标，除了最终的财务业绩外，还包括单位距离的运输成本、运力利用率等。在这个行业里，是不是一流企业，首先要看这些业务核心指标的比较。再如，石油天然气行业中的储量替代率指标，是指石油天然气公司在一定时间内发现或采购的可采储量，与其生产或销售的储量之比，它反映了一家公司的可持续发展能力。

在开展世界一流企业评价过程中，需要针对各个行业，分别确定行业内的特定评价指标体系，不用过多，一个行业2～3个即可，这样才能够充分揭示一流的行业特点。

3.3 维度三：时间属性

世界一流就像是在一条河里赛龙舟，逆流而上、不进则退、慢进如退。现在可以保持第一方阵，不能保证持续领先，比赛是持续进行的，行业企业都在进步、都在改进，每一年的业绩和指标都会发生变化。

静态的指标体系显然无法应对这样持续性的博弈竞争。每一年都要根据最新的行业企业数据，进行世界一流指标值的优化和修正，所以时间属性也显得十分关键。

世界一流的三维坐标图，从公共属性、行业属性、时间属性三个维度，能够将全体企业包括进入一个体系坐标中，方便大家找到自己的位置，是可以参考的一种思路。

参考文献

[1] 杨杜，欧阳东．迈向世界一流企业的管理［J］．企业管理，2012(04)：22-23.

[2] 财见．2022美国最佳管理成效公司100强榜单［EB/OL］.［2023-01-25］. https://baijiahao.baidu.com/s?id=1755958574078311308&wfr=spider&for=pc.

Challenges and Strategies for Building World-class Enterprises

Bin LIU
Knowledge Capital Counsulting Co. Ltd.

Abstract: Building world-class enterprises can promote national economic development and is also an important measure for state-owned enterprises to achieve high-quality development. Currently, the construction of world-class enterprises is being accelerated and has become a crucial mission for Chinese companies. However, there are still many doubts among businesses regarding the understanding and defining criteria of world-class enterprises, as well as practical methodologies for their construction, evaluation indicators, and so on. Therefore, this article elaborates on the concept and standards of world-class enterprises from four dimensions: "excellent products, distinguished brands, leading innovation, and modern governance." It discusses three potential pitfalls that may arise in practice and ultimately suggests evaluating world-class enterprises based on three dimensions: public attributes, industry attributes, and temporal attributes.

Keywords: World-class enterprise; Misconceptions in practice; Evaluation indicator system

现代治理方向下的世界一流企业风险防控体系

支东生*

中国大连高级经理学院

摘要：增强企业抗风险能力作为现代企业治理能力的重要体现，是建设世界一流企业的基石。《关于加快建设世界一流企业的指导意见》（简称《指导意见》）为加快建设世界一流企业，增强企业抗风险能力提出了行动纲领。中央企业要认真贯彻落实习近平总书记关于防范化解重大风险的重要论述精神，充分认识增强企业抗风险能力的重要性，按照《指导意见》的要求把安全发展贯穿生产经营全过程，建立覆盖企业各领域的全面风险管理体系，强化内部审计监督对增强企业抗风险能力的作用；要推动企业加强国际化经营合规管理和风险防控，实现境外风险防范全覆盖；要创新风险管理方式，运用信息化等手段将合规管理和风险防控各项要求嵌入企业经营管理，有效防范化解处理各类风险，牢牢守住不发生重大风险和系统性风险的底线。

关键词：中央企业；治理现代；世界一流企业；发展与安全；风险防控能力

0 引言

2022年2月28日，中央全面深化改革委员会第二十四次会议审议通过的《关于加快建设世界一流企业的指导意见》（以下简称《指导意见》）提出加快建设一批“产品卓越、品牌卓著、创新领先、治理现代”的世界一流企业[1]，这为中央企业加快建设世界一流企业提出了行动纲领。

增强抗风险能力是世界一流企业治理现代的必然要求，既是当前中央企业的现实需要，也是缩小与世界先进管理水平差距的重要途径。自国务院国资委成立以来，先后印发了一系列政策规定，指导中央企业持续加强风险管理。中央企业建立起一套自上而下防风险的工作机制，初步形成较为完备的风险管理体系，内控体系逐步健全，内控体系有效性得到全面提升。全面加强合规管理，加快提升依法合规经营管理水平，着力打造法治央企。不断加大金融、财务、国际化经营等重点领域风险防控力度，中央企业抗风险能力不断增强。

* 支东生，男，本科，研究员，主要从事国企改革和企业风险管理研究。E-mail：zhidongsheng2020@163.com

2020年6月，国务院国资委发布《关于开展对标世界一流管理提升行动的通知》（国资发改革〔2020〕39号），就加强企业风险管理提升合规经营能力提出具体要求。中央企业要按照《指导意见》和国资委相关要求，以深化国企改革为契机建立健全中国特色现代企业制度，围绕现代企业治理的要求，抓重点、补短板、强弱项，结合企业自身实际做好工作计划，细化工作步骤，建立健全风险防控机制，不断增强企业抗风险能力。

中央企业要依照《指导意见》对增强企业抗风险能力提出的行动纲领，结合自身实际从思想意识、体系建设、工作方法、管理范围、方式创新、效果实现等方面贯彻落实各项工作。按照“产品卓越、品牌卓著、创新领先、治理现代”的总体要求，根据中央企业加快建设世界一流企业，增强抗风险能力的实际需求，制定长、中、短期工作目标，不断增强风险意识，统筹安全和发展，把安全发展贯穿生产经营全过程，实现安全与发展的平衡。

要对标一流找准差距，深化风险管理基础工作，建立覆盖各重要领域的全面风险管理体系，强化内部审计监督。推动企业加强国际化经营合规管理和风险防控，实现政治、经济、安全等方面的境外风险防范全覆盖。要根据当前复杂局面和时代提出的新要求，以信息化、数字化等为手段将合规管理和风险防控各项要求嵌入企业经营管理之中，创新风险管理方式，有效防范化解处理各类风险，为建设世界一流企业保驾护航。

1　强化风险防范意识，增强防控重大风险的本领

1.1　坚持底线思维，增强忧患意识

习近平总书记指出，面对波谲云诡的国际形势、复杂敏感的周边环境、艰巨繁重的改革发展稳定任务，我们必须始终保持高度警惕，既要高度警惕“黑天鹅”事件，也要防范“灰犀牛”事件；既要有防范风险的先手，也要有应对和化解风险挑战的高招；既要打好防范和抵御风险的有准备之战，也要打好化险为夷、转危为机的战略主动战[2]。

在建设世界一流企业进程中，中央企业要深入领会习近平总书记防范化解重大风险重要论述精神，增强忧患意识，准确研判当前严峻复杂形势，尤其是做好对美长期斗争的准备，确保企业高质量稳定发展。要明晰企业发展现状与未来建设世界一流企业目标的差距，不断增强抗风险能力。

1.2　增强防控重大风险的本领

习近平总书记指出，要提高风险化解能力，透过复杂现象把握本质，抓住要害、找

准原因，果断决策，善于引导群众、组织群众，善于整合各方力量、科学排兵布阵，有效予以处理。要完善风险防控机制，建立健全风险研判机制、决策风险评估机制、风险防控协同机制、风险防控责任机制，主动加强协调配合，坚持一级抓一级、层层抓落实[2]。

中央企业增强抗风险能力，既要不断总结自身风险管理的工作经验，也要积极借鉴世界一流企业先进的管理理念和方法，还要吸收一些企业因风险管理不善导致失败的教训，不断增强防控重大风险的本领，为世界一流企业风险管理实践提供中国方案。

2 统筹安全和发展，把安全发展贯穿生产经营全过程

中央企业要深入落实《指导意见》和国资委《关于开展对标世界一流管理提升行动的通知》等相关政策要求，统筹发展和安全，把安全发展理念贯穿生产经营全过程，进一步完善风险管理体系，为建设世界一流企业提供安全保障。

2.1 增强对统筹发展和安全重要性的认识

面对复杂性、严峻性、不确定性明显上升的发展环境，中央企业要增强对统筹发展和安全重要性的认识，坚决把思想和行动统一到党中央决策部署上来，为保持宏观大局稳定做出贡献，确保党中央大政方针落实到位。

要把保障国家安全作为义不容辞的责任，发挥国有经济“压舱石”作用。要抛弃片面追求增长速度与经济规模的传统发展模式，加快增长方式“由量向质”转变，实现发展与安全的协调，速度和质量的统一。要增强机遇意识和风险意识，树立底线思维，把困难估计得更充分一些，把风险思考得更深入一些，注重堵漏洞、强弱项，下好先手棋、打好主动仗，有效防范化解各类风险挑战。

2.2 把安全发展贯穿生产经营全过程

中央企业党委（党组）要发挥“把方向、管大局、保落实”的作用，把统筹发展和安全作为企业经营管理的指导原则，摆脱粗放式发展的路径依赖，避免出现发展不平衡、不协调、不可持续问题。

要秉承“人民至上、生命至上”的发展理念，按照“统筹发展和安全，建设更高水平的平安中国”要求，把安全发展理念建立在制度中，融汇到文化里，体现在流程上。统筹安全与发展的关系，必须明确不发展就是最大的风险，要以安全保发展，以发展促安全。聚焦重点领域、关键业务、重要环节潜在风险，完善全过程、全链条风险防控体

系。按照“稳定大局、统筹协调、分类施策、精准拆弹”的方针，突出分类施策，使风险处置工作更优化、更精准，实现安全和发展和谐统一。

2.3 切实强化安全生产责任

要牢固树立安全发展理念，强化红线意识和底线思维，建立健全安全生产责任体系，构建安全生产长效机制。持续改进提升安全风险防控体系，深入把握安全风险防控的有效途径。坚持安全第一，强化风险分级管控和隐患排查治理，建立健全安全隐患排查治理制度措施，准确把握风险隐患内涵，系统科学开展风险辨识，全面深入进行安全风险评估。加强安全监管执法，强化安全生产基础保障，建立健全安全生产标准体系，加强安全生产教育培训。严格事故调查与责任追究，深入分析安全生产事故原因，认真吸取事故教训。

3 建立覆盖企业运行各领域的全面风险管理体系

要将风险防控体系与经营管理体系融为一体，建立包括风险研判、识别、评估、应对、管理等环节，覆盖企业战略、规划、投融资、市场运行等各领域的全面风险管理体系。不断完善组织体系、制度体系、监督体系，聚焦企业运行各重点领域、关键环节，实现全面风险管理体系有效运行，在风险事件发生的前、中、后期采取精准有效的应对措施，确保不发生“颠覆性”风险。

3.1 建立健全与经营管理高度融合的风险管理体系

3.1.1 将风险、内控、合规管理要求嵌入业务流程

建立健全以风险管理为导向、合规管理为重点、内控制度为抓手的风险防控体系。从战略高度把控风险，树立和强化管理制度化、制度流程化、流程信息化的内控理念，通过“强监管、严问责”和加强信息化管理，严格落实各项规章制度，促使企业依法合规开展各项经营活动，实现“强内控、防风险、促合规”的管控目标，形成全面、全员、全过程、全体系的风险防控机制，全面提升风险防控体系有效性。

3.1.2 加强重点领域风险防控，坚决抓好重大风险防范化解工作

聚焦关键业务、重点领域、重要环节以及境外业务等，定期分析内外部环境的不确定因素及影响，梳理风险防控体系执行情况，认真查找制度缺失或流程缺陷，及时研究制定改进措施，确保体系完整、全面控制、执行有效。按照建设一批“产品卓越、品牌卓著、创新领先、治理现代”的世界一流企业的要求，把产品风险、品牌风险管理加以

顶层设计，并作为重大战略问题来考虑。努力培育具有行业话语权和美誉度的产业品牌，向世界一流企业加快迈进。

3.1.3 加强特殊风险事项的监测与专项管理

健全重大风险防控机制，在当前国际局势动荡的新形势下，特别要注意产业链、供应链风险。积极采取措施强化企业防范化解重大风险全过程管控，加强经济运行动态、大宗商品价格以及资本市场指标变化监测，提高对经营环境变化、发展趋势的预判能力。结合风险防控体系监督评价工作中发现的经营管理缺陷和问题，综合评估企业内外部风险水平，有针对性地制定应对方案，防止风险传导，避免发生系统性、颠覆性重大风险。

3.2 完善风险防控机制，提高主动防控风险能力

风险管理能力是指企业对所拥有的风险管理资源进行合理配置和有效使用的能力。风险管理体系建设和风险管理能力建设是企业风险管理的两个核心要素，风险管理体系的成效如何，最终要通过风险管理能力来体现。风险管理体系是企业应对内外部不确定性的体制机制安排，而风险管理能力则是执行管理目标或任务时所表现出的综合素质。没有有效的管理能力，再好的制度也难以发挥作用。

增强抗风险能力要实现从“被动应对”向“主动防控”转变，在企业运行实践中把握风险管理规律，提高驾驭复杂局面的管理水平，增强主动防控风险的能力。尤其要在投资并购、改革改制重组等重大经营事项决策前开展专项风险评估，并将风险评估报告、应对措施和处置预案等作为重大经营事项决策的必备支撑材料，对超出企业风险承受能力或风险应对措施不到位的事项严格把关、审慎决策。

3.3 强化合规管理体系建设，打造法制央企

按照国资委要求，建立起完整的合规管理组织架构，加强合规管理体系建设，有效推进合规工作的落实，努力打造法制央企。不断增强依法治企能力，塑造国际竞争新优势，提升全球产业发展话语权。

3.3.1 加强合规管理机制建设

在建立总法律顾问制度基础上，加强各个层级合规机构建设，具备条件的企业应配备合规官，使法律管控体系与合规管理体系有效融合。合规官对规章制度、经济合同和重要决策等方面进行法律审核把关。从源头防控合规风险，制订合同管理手册，强化合同文本的标准化管理，并规定各类合同的会签机制。

3.3.2 加强合规管理系统建设

合规部门加强与业务部门的深入沟通，实现合规管理系统与运营管理系统高度融合。

在企业运行流程的各个环节及时提醒或揭示风险，有利于管理人员密切关注严格规范执行。从事前提醒，到事中督查，再到事后审查，在关键节点提出合规风险防控建议，实现有效管控。

3.3.3 加强合规管理信息化建设

运用信息化手段将合规要求嵌入业务流程，实现对重点领域、关键节点的实时动态监测。合规部门通过信息化手段密切关注、分析与企业生产经营相关的法律法规、规章制度、行业标准要求等，及时发出风险警示，减少违规风险发生。

3.4 加强应急演练，增强应急处理能力

企业再大再强，管理制度再完善，也会遇到突发风险事件。重大突发事件带有不可预知的特点，往往会给企业带来紧张和压力，以惯常处理方法无法解决。若不能立即解决，会令企业运行系统失衡，影响日常运作。因此，处理重大突发事件最能够考验企业的抗风险能力，对企业来说应对重大危机是一场综合系统的考验。

3.4.1 应急机制

企业应建立应急处突机制，遇到突发事件时能够及时启动。应急处突机制需要多个部门、多个系统协同，要做好合理分工，形成合力，共同化解处理突发事件，使企业尽快恢复正常运行。

3.4.2 应急演练

平日要加强应急预案、全系统应急预演，力争做到“一个预案后面总有一个预案跟随”，管理层决策快，团队相互配合，协同调配资源，形成强有力的应急处突能力。

3.4.3 快速反应

决策层能够对事件准确判断，第一时间果断制定处理方案；要迅速调集各类资源，如人员、资金、物资储备等；执行团队快速反应，采取积极有效的应对措施，及时控制局面。

3.4.4 回顾总结

在应急处置之后，要进行复盘总结，做到举一反三，不断积累处理危机事件的经验，探索妥善处理重大突发事件的规律，增强应急处突能力。

4 强化内部审计监督对增强企业抗风险能力的作用

要强化内部审计对风险管理的监督作用，构建纪检监察、审计、巡查、风控等各类监督主体协同高效的“大监督”“大风控”管理体系，促进风控、审计、纪检等形成合力。发挥董事会审计委员会的作用，组织企业对重点领域、关键环节进行排查，使专项

审计与全面审计相结合，增强对事前、事中、事后的监督。

4.1 充分发挥内部审计的监督与评价作用

要认真贯彻落实国资委《关于深化中央企业内部审计监督工作的实施意见》（国资发监督规〔2020〕60号），强化内部审计监督评价作用。围绕贯彻落实党中央重大决策部署和国家重大战略任务情况、提质增效稳增长、突出主责主业、混合所有制改革、大额资金管控、对赌模式并购投资、高风险业务和“三重一大”事项等重点领域和关键环节，加强内部审计监督检查。要细化经济责任审计、境外经营投资、内控体系建设、审计整改落实及结果运用等方面工作，提升公司治理水平和风险防范能力。

4.2 发挥内部审计的监督协同功能

内部控制、合规管理、纪检监察、巡视等有各自不同的角度和工作重点，内部审计可发挥企业内部监督协同功能，加强与各监督管理部门的沟通协调，将各方面集中反映的问题领域作为重点关注事项。加大与财务、内控、运营、采购、销售、企业管理等业务部门之间的交流，加大对高风险业务的监督力度。对重大决策、重要项目安排和大额资金使用情况进行全过程跟踪审计。加大对可行性研究论证、尽职调查、资产评估、风险评估等对重大决策、重要项目具有重要影响环节的监督力度，强化对决策规范性、科学性的监督，促进企业提高投资经营决策水平。

4.3 推进审计发现问题整改工作

内部审计要对企业风险防控体系运行情况开展全覆盖监督评价，特别是对所出资企业管理制度是否完善，内控体系制度整合优化是否到位，重大风险评估监测是否深入，境外集团管控、内控体系、合规体系是否健全以及年度报告规范性等重点问题进行监督评价。内部审计部门可以通过监督落实风险审计的成果，出具监督评价报告，促进各类风险得到有效防范和控制。加强对审计发现问题整改落实的监督检查，建立完善审计整改工作制度，完善整改落实工作规范和流程，促进整改落实工作有效落地。中央企业管理人员尤其是主要负责人，要克服审计整改就事论事的倾向，高度重视审计成果的运用，坚决防止屡审屡犯现象发生。

5 加强国际化经营合规管理和风险防控

面对日益复杂的国际形势，中央企业要以构建人类命运共同体为使命，按照《指导意见》的要求，推动企业加强国际化经营合规管理和风险防控，建立政治、经济、安全、文化等领域全覆盖的境外风险防控体系，增强国际化经营重要领域、重点区域、关键环节的风险防控能力，保障“一带一路”及中央企业国际化经营目标的实现。

5.1 主动应对国际化经营面临的新形势、新挑战

在开展国际化经营过程中，中央企业面临着部分国家政局不稳、民族矛盾和资源利用争议增多、投资对象国政策随意性等风险。一些东道国政府基于国内政局变化、利益矛盾，往往会出现不履行或违反合同约定的情况。因此要积极应对日益加剧的地缘政治风险，高度警惕并妥善处理类似缅甸密松水电站项目由于东道国政府违约导致的巨大损失事件。

随着国际局势的新变化，中央企业面对的国际安全形势日益复杂严峻，要增加境外安保投入，加强“人防、技防、物防”等保护措施，确保境外人员和商业利益的安全。

5.2 提高境外合规风险管理能力

近年来，境外国家安全审查以及外国投资审查制度趋严，特别是敏感地区的敏感行业受到特别关注，反垄断和审查制度聚焦中国国有企业。总体上，中资企业在管控境外合规风险方面的能力滞后，境外合规管理体系建设亟待加强，因此要主动应对境外合规风险带来的新挑战。

5.2.1 认真贯彻落实习近平法治思想、外交思想

中央企业在开展国际化经营时，要认真贯彻落实习近平法治思想、外交思想，加强境外合规能力建设。坚持统筹国内法治和涉外法治，加快涉外法治工作布局，为企业强化境外依法合规经营、涉外法律风险防范应对，提供有力支撑和保障。

5.2.2 探索建设境外合规风险管理体系

近年来，不少中央企业努力探索境外合规风险管理体系建设，将管理现状与世界一流企业最佳实践进行对标，找出合规管理的薄弱环节，提出改进方向。有的企业根据自身业务特点建立起境外合规管理防线，明确员工合规职责及行为合规要求，对高风险事项进行合规审查，设置合规官，构建合规交叉审查机制，形成了全员参与、职责清晰、全程监督的合规管理格局。

5.2.3 切换思维方式和工作方法，适应境外合规要求

中央企业在境外合规管理方面的经验还比较欠缺，生产经营过程中的一些环节存在违规风险。究其原因，无论是企业总部、项目公司还是监管机构，习惯于用国内思维方式和做法开展境外投资、经营和监管。监管方式和手段也难以跟上迅速发展的国际化经营步

伐，因此，中央企业“走出去”需及时切换思维方式和工作方法，以适应境外合规环境。

5.2.4　加强境外合规审计，强化境外合规管理

加大境外企业内部审计监督力度。结合境外企业所在国家或地区的法律法规及政治、经济、文化特点，研究制定境外内部审计制度规定。突出境外内部审计重点关注领域，聚焦境外经营投资立项、决策、签约、风险管理等关键环节，围绕境外经营投资重点领域以及境外大额资金使用、境外项目佣金管理、大额采购等重要事项，对重大决策机制、重要管控制度和内控体系有效性进行监督，强化境外合规管理力度，保障境外国有资产安全。

5.3　实现境外风险防范全覆盖

5.3.1　实施境外与国内风险管理的分类管理

鉴于国际化经营风险比国内业务风险更具复杂性和多变性，中央企业应根据国际、国内风险管理的不同需求和特点实施分类管理，以增强境外风险防范的全面性、预防性和主动性。不断完善境外风险管理制度，对境外企业和项目严格管理，加强境外项目风险评估、落实风险防范措施。尤其加强境外突发事件的紧急救援、维稳善后、舆情应对等处置，确保境外资产和人员安全。

5.3.2　建立境外风险防范全覆盖的防控体系

企业国际化经营的类型不同，所在国家政治、经济、文化环境不同，企业的管理基础不同，境外人员管理水平不同，所遇到的风险类型和程度也不尽相同，必须建立全面覆盖并适合自身特点的境外风险防控体系。结合项目所在国政商环境，建立境外风险管理清单，力求实现境外风险管理全覆盖，制定境外风险防控措施。如建立和完善境外风险信息收集、动态监测和报告机制，建立科学规范的境外风险评估体系，完善突发事件应急处置体系等。要形成多层级、多维度的风险防控联动机制，如部委联动机制、央企联动机制、集团上下联动机制等，实现风险管理“无缝跨境互动”，实现境外风险管理全覆盖。

5.3.3　加强境外项目决策风险管理

境外项目在研究、立项、决策、实施、运营及终结全生命周期的各个阶段存在着各种各样的风险，其中最大的风险存在于决策阶段。在境外项目决策阶段要充分了解项目所在国信息，了解已在投资国投资企业尤其是中资企业的经验教训，研究投资国国家风险等级，研究投资国产业政策及其可能变化的趋势等。充分开展尽职调查，识别潜在风险，便于将风险管理关口前移，提高决策的准确性。

5.3.4　加强境外安全风险管理

境外机构或项目所在国发生政权更迭、战争、恐怖袭击、绑架抢劫、严重暴力事件、

社会动荡、公共卫生、自然灾害等都将严重威胁央企人员、财产安全。2015年10月，中铁建三名高管人员在马里遭极端分子枪杀事件发生后，习近平总书记做出重要批示，要求有关部门加紧研究、加大投入、加强防范，确保我国公民和机构安全。中央企业在境外项目实际运行中，要根据不同地区、不同国家、不同项目的特点，建立与境外项目相适应的安全管理常态化工作机制，确保企业国际化经营人员和财产安全。

6 以信息化为基础创新风险管理方式

为应对当前复杂形势和各种挑战，中央企业要按照《指导意见》提出的要求，创新风险管理方式，引导企业运用信息化等手段将合规管理和风险防控各项要求嵌入企业经营管理，有效防范化解处理各类风险。要充分运用信息化、智能化、数字化等手段，实现风险管理的思维创新、制度创新、技术创新。

6.1 不断完善风险管理信息系统建设

信息化可帮助企业贯彻风险战略、实施内部控制手段、合规管理手段、固化风险管理流程。因此，一些国际知名企业每年要拿出占经营收入总额5%～10%的资金投入信息化建设，用于优化信息系统，支持企业战略、推动企业创新、提高生产效率、降低成本。鉴于与世界一流企业在风险管理信息化设施建设的差距较大，针对风险管理信息系统与主要业务系统对接不畅，工作人员对信息化、数字化工具不熟练等问题，中央企业应加大风险管理信息化建设的投入力度，尽快完成风险管理信息系统与主要业务系统对接的升级改造，解决“信息孤岛”问题，充分利用数据资源，实现“数据共享”，逐步实现信息化向数字化转型。

6.2 充分发挥风险管理信息化的作用

6.2.1 加强风险评估，增强对各类风险提前预判能力

在重大项目投资决策时，可借助信息化手段运用风险量化分析结果作为重大决策的依据。结合风险评估确定的重大和重要风险，以现金流、资金链、投资规模、投融资能力、资产负债、健康安全等确定风险管控重点，确定风险管控指标体系。信息系统通过设置专门测试模型，使系统能够对重大、重要业务风险进行压力测试，为确定阶段性管理目标、推行精细化管理提供支持。

6.2.2 通过信息化、数字化对重大风险进行监测预警

建立重大风险监测预警制度，充分利用大数据、云计算等技术，对重点领域、关键

节点开展实时动态监测，对流动性、应收预付款、国别、项目实施、汇率、衍生品、金融投资等风险进行重点监控，实现合规、内控、风险即时预警。明确风险预警标准，运用信息化手段对可能发生的重大风险或突发事件制定应急预案、明确责任人员、制定处置程序提供支持，确保突发事件得到及时妥善处理。

6.2.3　运用风险管理信息系统加强过程控制

借助信息系统探索风险管理持续改进的工作机制，协调集团公司和子公司把握重大投资项目的选择、论证、决策以及融资、贷款等关键环节，推进项目全过程控制。在信息系统内设置关键控制环节和控制点，加强财务共享境外业务全覆盖，梳理合规要求，细化隐私保护举措，以合规管理为主线，从“数据分类、授权同意、数据报备要求、影响评估要求”等方面建立数据合规体系，做好数据合规风险的识别和应对，实现境内外管理标准一致、业务标准一致、核算标准一致，实现风险管理关口前移，提升风险应对能力。

6.3　运用信息化、数字化、智能化手段防控风险

中央企业要结合自身实际探索创新防控风险的路径和方法，要逐步实现运用信息化、数字化、智能化手段防控风险。通过大量数据采集、分析、整理，自动识别和防控风险，以此加强源头治理、系统治理、重点治理，不断创新风险管理方式。

一是以信息化为手段将风险、内控、合规、法律相互协同整合，形成“四位一体”的风险防范格局。二是通过信息化实现风险管理过程可控、可查、可追溯，使业务流程里的每个岗位、每个员工都发挥风险管理的作用。三是以信息化为手段，打破部门间的信息阻隔、管理边界阻隔，减少低效重复的管控措施，形成防控合力。

在未来的发展中，中央企业随时会面临贸易战、科技战、金融战、网络战等新挑战，因此要特别注意防范网络信息安全风险。如今互联网已经沦为以美国为首的西方资本控制全球网络信息空间领域的战争工具，必须提早做好应对和反制措施，持续创新此领域的风险管理手段。

参考文献

[1] 新华社. 习近平主持召开中央全面深化改革委员会第二十四次会议[EB/OL].[2022-02-28]. http://m.news.cn/2022-02/28/c_1128424168.htm.

[2] 习近平. 习近平谈治国理政（第三卷）[M]. 北京：外文出版社，2020.

A World-class Enterprise Risk Prevention and Control System under the Direction of Modern Governance

Dongsheng ZHI
Dalian Senior Management College

Abstract: As an important embodiment of modern enterprise governance ability, enhancing enterprise anti-risk ability is the cornerstone of building world-class enterprises. The Guiding Opinions on Accelerating the Construction of World-class Enterprises (hereinafter referred to as the Guiding Opinions) put forward an action program for accelerating the construction of world-class enterprises and enhancing the ability of enterprises to resist risks. It is necessary to promote enterprises to strengthen compliance management and risk prevention and control in international operations, and achieve full coverage of overseas risk prevention. It is necessary to innovate risk management methods, use information technology and other means to embed the requirements of compliance management and risk prevention and control into enterprise operation and management, effectively prevent and resolve various risks, and firmly hold the bottom line of no major risks and systemic risks.

Keywords: Central enterprise; Governance of modern times; World-class enterprise; Development and security; Risk prevention and control capability

中国企业境外公共安全风险识别及管理策略

徐玉高*

中国海洋石油集团有限公司

摘要： 在2022年10月召开的中国共产党第二十次全国代表大会上，习近平总书记从“整体国家安全观”出发，强调维护国家安全需要将国内安全与国际安全、传统安全与非传统安全、自身安全与共同安全紧密联系。2022年2月，乌克兰危机爆发后，全球地缘政治格局震荡变革进一步加剧，中国企业在境外面临的公共安全风险更加复杂严峻，管理难度不断加大，需要中国企业在整体国家安全观的指导下，从管理理念、体制、机制、工具等多维度加大境外公共安全风险识别和管理力度，以便有效研判并管控企业境外运营重大安全风险，保障中国企业境外财产安全和员工生命安全。

本文首先解读整体国家安全观定义下境外公共安全风险识别及管理范畴，在此基础上，研判中国企业境外运营当前面临的风险变化趋势，并以中国海油近年来对境外公共安全风险管理的评估体系和管理实践为例，阐述中国企业对境外公共安全风险管控的基本策略，并针对中国企业境外利益保护体系构建，提出政府层面的政策建议。

关键词： 总体国家安全观；公共安全风险；境外；政策建议

1　公共安全概念和中国企业境外公共安全管理的范畴

“公共安全”是一个复杂且多元的概念，社会领域的公共安全狭义上主要包括来自自然灾害、治安事故（如交通事故、技术性事故等）和犯罪侵害三个部分；广义上的公共安全是指不特定多数人的生命、健康、重大公私财产以及社会生产、工作生活安全，它包括整个国家、整个社会和每个公民一切生活方面的安全（从国防安全、环境安全到社会福利保障等），自然也包括免受犯罪侵害的安全[1]。布赞等学者给出了公共安全较为全面的定义之一。他们将公共安全定义为“不存在对既定价值观的威胁，而这些价值观是根据人类的基本需求来定义的。”这一定义涵盖了广泛的威胁，包括犯罪、暴力、恐怖主义、自然灾害和经济不稳定[2]。另一有影响力的公共安全定义是由加兰等学者提出的。

* 徐玉高，男，博士，教授级高级经济师，主要从事能源政策、财务管理、法律合规、公司治理等管理研究。Email：xuyg@cnooc.com.cn

他将公共安全定义为“免于危险、风险或威胁的状态”。这一定义强调公共安全的主观因素，因为它是基于个人对安全和保障的感知[3]。联合国毒品和犯罪问题办公室（UNODC）也对公共安全做出了定义，即“一个社会或其中的个人免于危险或风险的状态和/或条件，以及政府通过预防和应对犯罪，维持秩序来确保这一状态的努力”[4]。在前述公共安全定义的基础上，公共安全风险则是指可能威胁到社会公众安全，损害人民生命、财产安全，或者破坏社会秩序的各种风险。公共安全风险涵盖的范围广泛，包括但不限于政治动荡、军事冲突、暴力袭击、恐怖主义、自然灾害、工业事故、流行病、网络安全问题等。

本文所讨论的中国企业境外公共安全管理，特指通过企业自身管理，或者与政府机构共同合作等管理手段，使得中国企业在境外的财产和员工免于传统或非传统安全风险影响，确保中国企业处于财产不受损、生命不受威胁的状态。传统安全风险包括如政治动乱、军事冲突、游行暴动、持械袭击、绑架劫持，刑事犯罪等事件导致的安全风险；非传统安全风险包括如网络攻击、国家制裁、恐怖主义、气候变化、重大传染病等导致的安全风险。本文重点讨论的是中国企业的实体性安全风险，不着重讨论网络安全。

2021年11月习近平总书记在第三次“一带一路”座谈会上强调要全面强化风险防控，压紧压实企业主体责任和主管部门管理责任。要探索建立境外项目风险的全天候预警评估综合服务平台，及时预警、定期评估。要加强海外利益保护、国际反恐、安全保障等机制的协同协作。在2022年10月召开的中国共产党第二十次全国代表大会上，习近平总书记对整体国家安全观进行阐述和强调。他明确指出，必须全面把握安全与发展的内在联系，加强预防和化解重大风险工作，形成全方位、全领域、全过程的国家安全工作体系，要将国内安全与国际安全、传统安全与非传统安全、自身安全与共同安全联系起来，统筹处理好发展和安全的关系；要坚决维护国家政治安全，严密防范和坚决打击各种颠覆破坏活动、恐怖主义活动、民族分裂活动、宗教极端活动；要坚决维护外交安全，坚持独立自主的和平外交政策，积极参与全球治理体系建设，构建人类命运共同体，推动构建新型国际关系。习近平总书记对整体国家安全观的阐述和强调，无疑为新时期我国国家安全工作的开展提供了根本遵循和工作指南，对中国企业在境外的公共安全管理提出了明确的要求与方向。

中国企业国际化发展是中国式现代化和全面建设中国特色社会主义现代化国家的必由之路，是中国企业必须肩负的光荣历史使命。得益于国家“走出去”战略的正确指引和有力支持，中国企业近十年来对外直接投资规模总体呈稳步上升趋势。中国商务部发布的数据显示，2023年1至5月，我国企业在“一带一路”沿线国家非金融类直接投资630.6亿元人民币，同比增长19.6%（折合91.6亿美元，同比增长11.8%），占同期总额的

17.7%，较上年同期下降0.7个百分点。对外承包工程方面，我国企业在“一带一路”沿线国家新签承包工程合同额2432.9亿元人民币，同比下降0.5%（折合353.4亿美元，同比下降7%），占同期我国对外承包工程新签合同额的49.3%[5]。

在中国企业境外投资规模不断上升、投资行业日益多元的同时，中国企业在境外面临的公共安全风险也变得日益严峻复杂。根据《中国境外投资国家风险评级报告（2023）》显示，2023年，中国企业境外投资热门国家中的美国等，风险评级有较大变化，美国排名下降了9位，排在第41位；对于“一带一路”沿线国家，东亚地区投资风险位于较低水平，非洲和南亚国家的投资风险则普遍较高，中亚和西亚地区的部分国家风险较高，且西亚风险差异化较大[6]。同时，根据经济与和平研究所（The Institute for Economics and Peace）发布的《全球和平指数2023》显示，2023年全球和平指数（GPI）在过去的15年中持续第13次恶化，同比去年下降了0.42%，79个国家的和平状况恶化[7]。

中国企业应在习近平总书记“整体国家安全观”的指导下，从传统公共安全风险范畴出发，高度重视和积极应对各类非传统公共安全风险识别和管理。中国企业在境外的经营活动不仅要符合当地的法律法规，还要符合中国的相关政策规定，严密防范和坚决打击各种颠覆破坏活动、恐怖主义活动、民族分裂活动、宗教极端活动，不能给国家的政治安全带来风险。更进一步，企业在境外的经营活动应遵循和平、公正、公平的原则，积极参与和推动当地的经济社会发展，对构建人类命运共同体、推动构建新型国际关系做出积极贡献。因此，企业的境外公共安全工作是保护企业合法权利的重要内容，也必将对当地的社会发展、经济繁荣和充分就业做出重要贡献。

2 中国企业面临的境外公共安全风险变化趋势

近年来，由于中美战略竞争带来的地缘政治格局发生深刻变化，也使得中国企业在境外运营的过程中经历了相较其他企业更为复杂的地缘政治风险，在一些发达国家的投资运营环境由于对华关系风险升高而恶化。与此同时，新冠疫情对全球经济民生的冲击，加之乌克兰危机风险外溢，使得供应链安全、能源供应安全等问题成为国家安全的核心内容。随着中国企业的脚步逐渐迈向世界，除了传统安全如政权波动、战争、社会骚乱、地震和公共卫生等危险外，新的非传统安全如恐怖袭击、黑客网络攻击、极端气候事件等全球性危机对中国企业境外运营的负面影响也日益凸显。此外，中国企业还面临西方国家对“一带一路”项目的抹黑、打压等负面宣传的影响。尤其是中国企业境外非金融类投资和工程承包项目较为集中的中东、亚洲、非洲、拉丁美洲国家，这些风险因素更是相互交织、互为影响，需要动态分析、综合研判、充分准备、快速应对。

2.1 乌克兰危机叠加中美对抗脱钩，全球发达国家政策监管风险加大

中国和平崛起无疑是21世纪最伟大的人类成就之一，其对旧有世界秩序的冲击，无疑引起了以美国及其所属“五眼联盟”为首的既得利益国家的竞争和对抗，随之而来针对中国的外交霸权主义、贸易保护主义、仇外民粹主义不断抬头，使得中国企业在境外的运营面临越来越多的地缘政治风险。自2020年初至今美国政府的一系列针对中国企业的打压围堵政策，是前述风险的具体体现，使得中国企业在境外的机构人员和资产受到前所未有的安全威胁，这些安全威胁包括但不限于：技术及商业机密被窃取、管理和技术人员被无故跟踪拘押、项目合同被搁置或毁约、资产设备被扣押袭击损坏等。随着中美竞争加剧，这些安全威胁不仅将进一步上升，还会影响中国与美国之外的其他世界主要经济体之间的经贸合作关系，为中国企业带来全球性的运营风险。

投资类油气项目较为集中的北美及欧洲地区，中美对抗、美俄对抗造成的运营环境复杂化，将为油气项目运营带来更大的法务和合规性运营风险。项目受到不公平商业技术打压，无故承担法务责任风险日益增大，包括但不限于：管理和技术人员在“五眼联盟”国家被构陷、审讯、羁押、策反；公司技术及商业机密被刺探、窃取，市场技术专利及设备被禁用；公司合规运营被打压，无故承担法务风险责任、撤销市场准入资格；项目合同被无故搁置或毁约，工程设备和不动产被查封，资金被冻结等。中国海油在2020年被列入美国所谓的“实体清单”和“军工企业相关清单”是一个典型的例子。

另外，2022年2月爆发的乌克兰危机，对全球地缘政治格局带来结构性、持续性影响。能源、金融、科技已成为不同阵营国家之间重要的对抗手段，对抗阵营国家之间上述产业脱钩趋势日益明显。各国政府在制定本国经济发展和外商投资政策时，越来越多地考虑地缘政治因素，追求核心资源技术自给自足，通过对本土企业大规模政府补贴和对外商投资的严格审查，将国际投资者和跨国运营企业排除在核心行业之外。根据Willis Towers Watson 2022年的研究报告显示，因地缘政治对抗导致境外运营损失的受访公司比例，从2020年的35%上升到2022年的73%[8]。由于地缘政治因素对跨国运营公司实施制裁的国家，也从传统较为常见的阿根廷、伊朗、委内瑞拉、利比亚等，转移到美国、英国、澳大利亚以及一些欧盟成员国。

2.2 中国斡旋助推中东总体和平发展，中东地区社会安全风险仍然高企

在油气项目收益率较高、发展较为成熟的中东和中亚地区，美伊、美俄、中美持续对抗造成复杂多变的地缘政治环境。2023年3月，中国斡旋沙特与伊朗恢复外交关系，沙特后又与叙利亚恢复外交关系，这一良好势头最终使得叙利亚于2023年5月加入32届

阿拉伯国家联盟首脑理事会，结束长达12年的外交孤立。沙特、伊朗、叙利亚外交关系改善，也使也门内战局势得以缓和，也门内战双方在2023年4月达成停火二月协议，区域和平形势进一步改善。虽然沙特与美国长期战略合作伙伴关系在可见的未来将继续主导沙特在区域内的外交和国防政策，但中国斡旋沙特与伊朗恢复外交关系的成功努力，为中东区域和平稳定做出巨大贡献，也为中东区域地缘政治难题提供更加有效的解决路径，将使中国在未来成为中东地区有影响力的经济和政治参与者。随着沙特等中东国家寻求国际关系多元化，构建独立于美国的外交经贸政策，中东大量贸易和投资关系正在转向亚洲，尤其是与中国的经贸往来规模将不断扩大，合作关系愈加坚实稳固。

社会治安及暴力犯罪方面，2023年中东部分地区的社会紧张局势仍将持续下去，伊朗、伊拉克、黎巴嫩、叙利亚和也门爆发的大规模示威和抗议活动风险仍然较高。埃及、约旦和土耳其高通胀率和失业率导致的社会问题可能引发一定程度的社会动荡。加之新冠疫情和自然环境恶化带来的社会经济矛盾持续发酵，电力供应及基础设施持续恶化，民众生活压力激增，使得这些区域的油气项目公共安全风险日益增大。油气项目的设备设施和外派人员遭到恐怖袭击、暴力冲击、绑架劫持、偷盗抢劫、严重伤害的风险逐步上升。根据经济学人智库预测，中东地区2023年社会动荡风险等级中，伊朗、伊拉克、叙利亚、黎巴嫩、巴勒斯坦为高风险，埃及、约旦为中高风险，土耳其为中风险，沙特阿拉伯、阿曼、以色列为中低风险，阿联酋、科威特、卡塔尔为低风险[9]。

2.3 拉美与非洲运营可持续风险加大，有组织犯罪和恐袭是最大安全威胁

在油气项目规模和收益逐步壮大的拉丁美洲和非洲地区，新冠疫情造成的供应链断裂、劳动力短缺、电力燃油紧缺、物价飞涨、货币贬值、项目延迟，以及属地和国内政府的疫情防控要求，将使这些区域的油气项目运营成本大幅上涨。乌克兰危机导致非洲粮食、能源危机愈演愈烈；巴西、尼日利亚等多国由于政府换届大选导致的公共服务质量下降、社会秩序紊乱等因素，都导致这些地区运营可持续性风险提高。

拉丁美洲是全球一些最强大和最暴力的犯罪组织的所在地。这些组织涉及广泛的犯罪活动，包括毒品走私、武器走私、人口贩卖和绑架勒索等，每年创造数十亿美元的收入，用于资助暴力活动，并大规模贿赂政府官员。社会贫困、经济发展不平等、执法薄弱和腐败等导致了拉丁美洲有组织犯罪的猖獗发展。社会广泛贫困以及机会不平等有利于犯罪组织招募对象，政府执法薄弱使得逮捕和起诉犯罪分子变得困难，腐败使犯罪组织得以渗透政府机构并保护自己免受起诉等，都加重了有组织犯罪在拉丁美洲的严重程度[10]。

撒哈拉以南非洲面临的恐怖袭击威胁日益加剧。根据经济与和平研究所分析，2021—2022年，全球恐怖袭击风险恶化的21个国家中，有7个国家位于撒哈拉以南地

区。虽然该区域的恐怖袭击事件从2021年的1445起降至1332起，减少了8%，但恐袭致死人数从2021年的3719人增加到2022年的4023人，增加了8%，表明整个区域的安全形势仍处于恶化之中。萨赫勒地区的布基纳法索、马里和贝宁在恐怖袭击中死亡人数增加最多，占全球恐袭致死总人数的45%以上。2022年，仅布基纳法索就有1135人死于恐怖袭击，同比2021年上升近50%，是该地区恐怖袭击死亡人数最多的国家，也是全球2022年恐怖袭击致死超过1000人的唯一国家。萨赫勒地区的恐怖袭击事件相信多由伊斯兰国（IS）在该地的分支，以及基地组织分支"支持伊斯兰与穆斯林（JNIM）"所为。索马里恐怖袭击风险仅次于布基纳法索。索马里恐袭致死人数从2021年的661人增加到2022年的755人，增长了14%，是2018年以来死亡人数最多的一年。索马里青年党仍然是索马里最恶劣的恐怖组织，2022年该国97%的死恐袭亡是由青年党袭击造成的[11]。

2.4 全球气候变化和极端天气导致社会不稳定因素增加

全球气候变化以多种方式加剧了灾害风险。它增加了气候灾害事件发生的可能性、频率和强度。过去二十年间，每年报告的灾害事件都有明显增加。尽管与2010—2019年相比，2000—2009年十年间的灾害高峰年份相对较多，但2010—2019年总体灾害频率仍处于历史最高水平。在1970—2000年间，平均每年约有90～100起中型和大型灾害的记录，但在2001—2020年间，此类事件的报告数量增加到每年350～500起。其中包括如地震、海啸和火山等地球物理灾害、与气候和天气有关的灾害，以及包括农作物病虫害和流行病在内的生物致灾因子的暴发。如果按目前的趋势继续发展，到2030年，全球每年发生的灾害数量可能会从2015年的约400起增加到560起[12]（图1）。

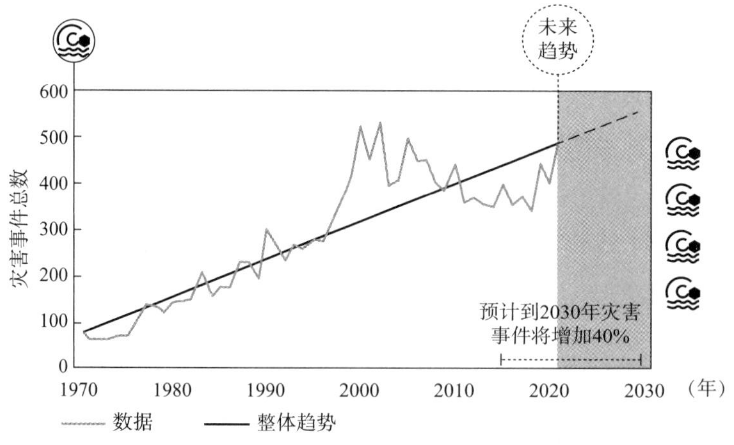

资料来源：联合国减少灾害风险办公室（UNDRR）

图1 灾害事件数据及趋势

Figure 1 Disaster event data and trends

根据经济与和平研究所发布的《环境威胁报告（2022）》显示，全球有83个国家超过14亿人面临极端的水资源压力，同时有41个国家面临严重的粮食安全问题，这些国家大多位于撒哈拉以南非洲。处于撒哈拉以南非洲及中东北非的27个生态环境极度恶劣的国家，同时也是国家政体和社会极度脆弱国家。全球安全环境最差的20个国家中，有90%的国家面临至少一种灾难性生态威胁[13]。

粮食短缺是国家社会动荡的重要诱因，这一趋势在乌克兰危机中越发明显。刚果（金）及刚果（布）、津巴布韦等非洲国家存在严重的粮食安全问题。水资源短缺是引发冲突的另一个重要原因。根据IEP报告，2000—2019年，与水资源争夺相关的武装冲突数量增加了两倍。越来越多的跨境河流被筑坝，因水资源管控导致的国家间冲突数量大幅上升。过去二十年中，与水有关的冲突最多的国家是伊拉克、索马里、也门和苏丹[13]。

预计到2050年，全球人口将增加25%，达到98亿。而撒哈拉以南非洲的15个国家的人口增长率预计将超过100%，生态恶化、卫生设施差、基础设施不足，将使得该地区安全形势进一步恶化[13]。对于中资油气项目较为集中的近海区域，日益常见的台风海啸带来的海上严重作业航行事故、岸基设备设施损毁及其次生灾害风险日益增大，相应利益损失风险不断增大。在非洲萨赫勒地区，与气候变化有关的干旱和多变的季节性降雨正在影响水资源可用性，不可持续的农业生产模式使得土壤质量持续恶化，对依赖农林渔业生存的当地社群形成负面影响。

2.5 能源基础设施受到蓄意破坏攻击风险加大

乌克兰危机中，两国能源基础设施均遭受对方多次军事打击，北溪天然气管道被蓄意破坏，多架次无人机威胁北海油气田平台安全，也门胡塞武装对沙特油气生产设施的无人机轰炸等事件说明，在未来可能的区域地缘政治军事冲突中，能源基础设施或将首当其冲，成为冲突方争夺或攻击重点。新技术的快速发展和应用，与社会生活的方方面面融合日益紧密，也将带来一系列新的不可控因素和安全风险。网络攻击犯罪成本低、辐射广、难防控、难追责，水电、能源、交通、医疗、教育等民用基础设施成为频繁攻击对象；针对大型基础设施、重工业、军工及军民两用工业基础设施的攻击有向武器化方向发展趋势，进一步加大基础设施带来的整体安全风险。两起比较典型的例子包括：

2016年3月，一家大型水务公司遭受网络攻击。受攻击的系统已运行十年之久。黑客入侵后控制了该水务公司的水质化学处理系统，幸好被及时发现并纠正了化学试剂用量，避免了水质受到污染后导致更大范围的健康损害。黑客在攻击水流和化学处理系统的同时，还盗取了水务公司超250万用户个人信息数据，导致用户受到更广范围的黑客网络攻击和敲诈风险。

2023年4月，伊朗的纳坦兹核设施遭到一次网络攻击，导致停电并损坏部分离心机。据称这次攻击是由一群名为“黑影”的黑客组织进行的，黑客声称他们使用了一种复杂的恶意软件“Triton”来获取纳坦兹设施的计算机系统权限并实施攻击。对纳坦兹设施的袭击是对伊朗核设施的一系列网络攻击中的最新一次。2010年，被称为Stuxnet的黑客攻击严重破坏了伊朗的核设施，导致伊朗核工业发展计划实施至少延迟数年时间。

3 境外公共安全风险识别体系：以中国海油的实践为例

中国企业境外面临的公共安全风险往往是错综复杂的，需要从项目所在地的国际地缘政治格局、军事及反恐形势、民族宗教成分、社会经济结构和治安现状、自然环境可持续性、基础设施可靠性等多个方面综合考察研判，才能系统地辨识各类风险因素，并掌握其间的启承和影响关系，从而形成准确全面的风险分析结果。国内外各类机构组织往往都以国家为单位对公共安全风险因素进行定义和识别，根据组织机构的性质不同，对公共安全风险定义和识别的侧重不同：世界和平基金会、经济与和平研究所等各类世界性公益组织的风险识别评价结果，往往侧重于无国界平民安全[3, 14]；国际SOS、化险集团等国际咨询类机构的风险识别评价结果，侧重于国际商业运营安全[15-16]；中国社科院世界经济与政治研究所等国内智库和咨询评价机构的风险识别评价结果，则在具备国际视角的同时，考察中国企业境外投资运营所面临的特殊风险[6, 17]。中国企业应从自身境外业务特点、区域分布出发，以上述各类机构的识别侧重为基础，定制适合自身特点的境外公共安全风险识别体系。

以中国海油为例，作为确保中国国家能源安全的排头兵，坚持合规运营的国际作业者，中国海油主要从以下三个方面的考量出发，制定自己的境外安全风险评估体系[18]。

3.1 以中国各项对外政策为准绳，研判国际安全形势变化

积极跟随外交部、商务部和国资委等政府部门各项对外政策指针，分析别国对华经济、军事、外交政策变化，研判中国海油境外人员、机构、资产所在地公共安全现状及发展趋势。尤其是关注中国外交部及各驻地使领馆发布的各类境外投资、运营、旅行安全提醒和建议，以及别国针对中国制定的限制性商务旅行、劳工政策等。

3.2 综合考察国别国情各项特征，提高公共安全风险识别维度

一个国家的公共安全现状，是该国国际地缘政治格局、军事及反恐形势、民族宗教成分、社会经济结构和治安现状、自然环境可持续性、基础设施可靠性等多个方面综合

作用的结果。因此，在进行公共安全风险识别时，须仔细甄别、评估可能存在于该国的所有公共安全风险因素，以便提高评价依据信息的维度，从而能更加准确地反映所在国的公共安全风险水平及特征。

3.3 细化境外安全风险分析结论，体现企业境外业务特点

有别于国际公益组织和商业咨询评价机构所做的一般性公共安全风险识别评价，中国海油在进行境外公共安全风险识别时，需更多地考虑公司属地业务规模及特点的影响。尤其是需根据境外项目人力资源结构、固定资产配置、经营战略规划等对公共安全识别分析结果作出调整和修正，以便能够更加准确地反映出各类事件对中国海油带来的公共安全风险。

从上述考量出发，中国海油共定义了如下5大类、19小类境外公共安全风险因素，如图2所示。

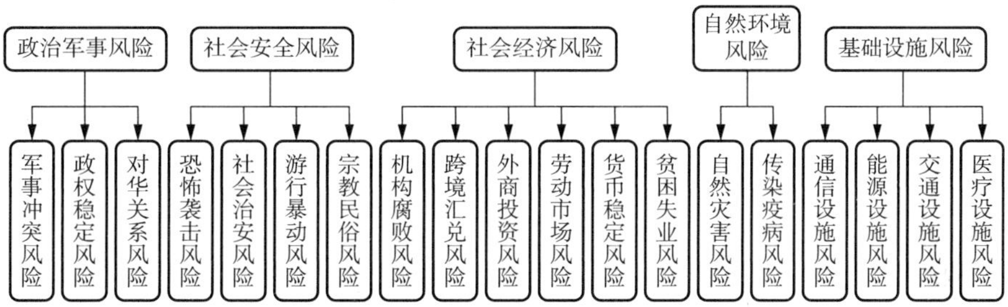

图2 中国海油境外公共安全风险识别体系

Figure 2 Public security risk identification system for CNOOC's overseas operations

综合公共安全风险是指该国整体公共安全风险水平。综合公共安全风险由政治军事风险、社会安全风险、社会经济风险、自然环境风险和基础设施风险五大类风险综合情况决定。政治军事风险主要考察所在国存在能够影响国家稳定正常运转、破坏其商业投资运营环境的重大风险因素，包括但不限于军事冲突风险、政治稳定风险、对华关系风险。社会安全风险主要考察所在国能够影响公民人身财产安全的系统性风险因素，包括但不限于恐怖袭击风险、游行暴动风险、社会治安风险、宗教民俗影响。政治军事风险和社会安全风险均是影响境外公共安全的直接因素。而社会经济风险则是判断一个国家未来发生社会安全风险事件或者政治军事事件的先导性指标，一个社会经济风险比较高的国家更容易发生社会骚乱、游行示威、偷盗绑架等社会安全事件，也更有可能存在更大范围的政治动荡风险。自然环境风险考察所在国自然环境对公司人员资产带来的安全风险，包括突发性自然灾害风险和流行传染疫病风险。基础设施风险考察所在国各类基础设施易得及可靠程度，评估因基础设施欠缺导致的人员和运营安全风险，包括但不限

于通信设施风险、能源设施风险、交通设施风险和医疗设施风险。基础设施风险不仅可以直接衡量发生安全风险事件的概率，而且更重要的是可以评估在发生安全事件后进行应急撤离或应急救援的可能性。

在考虑不同风险因素之间的综合作用时，应注意由于不同国家之间现行政治体制结构、社会经济发展程度、宗教种族分裂程度、文化信仰渊源不同，各类风险在不同国家之间的重要性也应不同，不能一概而论。例如，欠发达国家往往政治体制尚未健全，军事能力较弱，国家机构运转低效、治理能力较弱，因而政治军事和公共安全风险事件多发，且对于社会经济、自然灾害防控、基础设施风险规避方面都会形成较大影响，因此，具有最高的权重。发达国家往往政治体制健全，军事实力强，国家机构日常运转与政治军事相对独立，治理能力较强，因此，政治军事风险事件较少，同时对整体国家安全风险水平影响相对较低。发展中国家处于发达国家和欠发达国家之间，各方面风险因素对整体国家安全形势影响基本持平，但政治军事和公共安全风险对于整体国家安全水平的影响比重仍然较高。一个国家的公共安全风险权重体系的分析和定义，本身就是必不可少的步骤，应在各类风险值（等级）估算分析之前进行。在近几年的实践当中，中国海油充分运用该安全评价体系，广泛应用到国际业务决策、外派人员政策、项目安保指南等境外业务管理中，提高了中国海油的风险应对能力，保证了企业财产与员工安全，提高了企业声誉。

4　中国企业境外公共安全风险管理策略

中国政府高度重视中国企业境外公共安全风险管控工作，商务部联合各部委专门就境外风险管控发布《中国企业境外安全风险防范指南》《对外投资合作境外安全风险预警和信息通报制度》《对外投资合作境外安全事件应急响应和处置规定》《境外中资企业机构和人员安全管理指南》等若干管理规定[19]。对中国企业境外风险管控提出管理要求和综合指导建议，是各企业建立境外公共安全风险防控体系需要遵循的基本政策和管理原则。在此基础上，笔者结合中国海油经验认为，中国企业境外公共安全风险管理，应重点加强以下方面。

4.1　以国别风险分析为基础，强化对境外项目源头风险分级管控

境外运营企业应建立适合自己境外业务特点的国别风险分析体系，定期对业务所在国的公共安全风险进行系统性评估和更新，并将国别风险分析评估结果作为境外作业运营的重要决策支撑。应牢固树立“人民至上、生命至上”发展理念，从思维方式和价值

观念上推动项目投资、人员动复员决策模式转变，实现从“重项目、重利润”向“重安全、重健康”的高质量发展理念，坚持“危地不往，乱地不去”，原则上禁止进入极高风险国家或地区。对于高级及以下风险等级国家和地区项目，应根据风险等级制定相应的安保安防标准，从物防和技防上做好防控；坚持不培训不派出，理论知识培训和现场技能培训双管齐下，从人防上做好防控。

4.2 创新安全管理体制机制，做好境外重大运营安全风险管控

应构建“上下联动、多维一体、内外协同”境外公共安全管理体制，形成“项目安全、人员安全、外事安全”一体协同管理机制，实现“事前预防、事中响应、事后提升”三阶段闭环管理。从企业内部要压实境外业务企业主体责任，构建企业总部、所属单位和境外项目机构的三级联动体制。同时为了提升响应速度，考虑在业务集中的境外区域成立区域协同机构指导当地单位加强信息共享、资源共享和统一协调。在企业外部，通过企业总部与政府部门沟通协调、境外区域协作机构与其他中国企业、驻外使馆、当地政府部门沟通协调形成多维一体的联动体制，提升应对公共安全风险事件的应急响应能力。

4.3 完善安全管理制度标准，做到境外安全风险场景全面覆盖

通过完善贯通境外公共安全管理制度体系，构建“管理办法+操作细则+最佳实践”三级管理制度体系，实现境外公共安全管理场景全覆盖，为境外项目机构提供公共安全管理标准依据。通过完善境外公共安全管理制度和标准体系，科学研判新形势下全球境外公共安全风险普遍性和差异性，做到“一国一策”“一项目一策”，提高境外公共安全管理科学化、专业化、精细化水平。

4.4 加强风险信息跟踪共享，提高境外安全风险预警响应速度

应建立与国别风险分析体系相对应的公共安全风险信息实时识别、预警和应急响应体系，并通过该体系，将收集到的各类风险信息与企业各级主管部门、境外兄弟单位、我驻地使领馆及时分享，以提高境外风险信息的共享速度，加大境外安保安防协作力度，避免消息闭塞或单打独斗。通过对风险信息的实时采集和分析，动态跟踪调整国家和地区的安全风险等级，提高风险预警提示发布速度及准确度，提高应急响应措施速度、效率等。

4.5 因时因势调整应急级别，强化应急响应的针对性和有效性

应建立企业公共安全风险分级分类应急响应机制，在企业综合应急响应框架基础上，

根据不同公共安全风险类型及风险等级编制细化应急预案，在综合应急响应的框架下，根据实际风险类型及风险等级执行相应的细化预案，并在这个过程中根据情况变化实时调整应急预案类型和执行等级，强化应急响应的针对性和有效性。尤其是在公共安全风险形势变化无常、复杂严峻的高风险及以上国家和地区，细化应急预案并能动态实时调整是有效应对风险的必由途径。

4.6 构建国际事务管理平台，做深做实安全管理数字化转型

世界安全形势瞬息万变，各种风险因素交错影响，仅凭人工手段难以掌握分享最新信息动态、分析实时风险数据、协调各方安防措施资源等。构建一体化的境外公共安全风险管理平台势在必行，通过平台发布风险预警信息、掌握人员出入境实时动态、境外避险应急资源实时位置分享、高风险地区人员实时定位、一键报警等。国际事务平台可以将人员证照，具体从事业务，人员基本情况包括健康状况、培训情况、实时位置等一体化集成，从而将常态化下的风险预警和培训以及应急情况下的人员动员无缝衔接。与此同时，国际事务管理平台应深度植入并固化前述公共安全管理流程、标准和做法。做到分层级、分场景、分角色业务流程自动选择导入，系统登录人员数据操作权限自动控制，减少人为操作失误导致的流程错误、数据完整性遭到破坏等情况发生，提高业务办理质量和效率。

5 构建境外中国企业权益保护体系的政策建议

中国企业在不断建立完善自身的境外公共安全管理体制机制外，更需要借助国家层面的境外中国企业权益保护体系，在抵御恐怖袭击、应急撤离救援、国际企业、劳工权益保护等方面加强多边协作。境外中国企业权益保护体系的有效建立和运行需要国家和地区政府机构、中资企业联盟、兄弟单位之间的通力协作配合，相关政策建议如下。

5.1 以我驻外使（领）馆为核心，构筑中国企业境外公共安全互助网络

我驻外使（领）馆一直是境外中资企业公共安全风险应对的探照灯和主心骨。在国际公共安全形势日益复杂的背景下，中国企业应依靠驻外使（领）馆的核心纽带作用，在信息共享、安保协作、应急互助等方面加强与所在国其他中资企业、华人华侨、当地政府和公共安全管理部门等之间的互通有无和协作；用好商务部及外交部针对境外公共安全发布的各类预警信息，各类管理指南措施及旅行建议，用好领事服务、落实领事要求；在高风险地区成立中国企业境外区域应急避险中心，共筑中国企业境外公共安全互

助网络。

5.2 推动国内相关立法，为保护中国境外企业和员工提供法理依据

在以美国为首的西方国家不断立法限制打压中国企业国际化发展、制裁拘留中资企业企管人员的前提下，中国加强统筹国内法治和涉外法治建设，为保护中国企业境外运营机构和人员安全，为对等反制中国企业境外遭遇不公平待遇提供法理依据。如商务部于2021年发布的一号令《阻断外国法律与措施不当域外适用办法》即是一例。在日益完善的立法基础上，还需进一步明确国家各部对于境外公共安全突发事件的协作处理机制，增强境外公共安全保护的国家资源投入[20]，才能在应对境外大型突发公共安全事件时更有效地保护境外中国企业和个人安全。

5.3 在区域战略合作伙伴关系构建中强调境外企业和员工安全保护

目前国际上较为成功的公共安全多边协作模式主要有欧盟设立的人道主义救援和民防总局，以及应急响应中心，来协调处理欧盟各成员国所属企业和个人境外安全突发事件。中国政府可根据此模式，在“一带一路”沿线国家、东盟、RECP① 成员国等区域战略合作伙伴之间倡导建立公共安全突发事件应急协调和资源共享机制，将各成员国境外企业和员工的安全保护列为各次峰会的重要议题加以强调，承担区域公共安全协作领导者的同时，也为中国企业境外公共安全风险管理创造良好条件。

5.4 合理利用各类国际安保救助力量，构建一体多元的境外安保资源体系

中国企业应多措并举，合理搭配各类安保救助力量，构建一体多元的境外安保资源体系，以加大抵御黑天鹅事件的抗风险能力。安保撤离救助资源包括但不限于国际SOS、化险集团等风险管理咨询服务公司，境外本土应急撤离和安保护送公司，中国本土成立的、具备中国特色的国际安防保卫力量的安保护送公司，以及企业自建的境外应急救助和安防护卫力量。

5.5 依靠中国驻外维和及军事力量部署，为境外企业提供应急保障

随着中国企业在中东、非洲、中亚等“一带一路”沿线国家的投资规模日益扩大，国家应考虑在联合国维和框架协议下，或在区域战略合作伙伴关系协议内，加大在这些地域的维和武装力量战略部署，进一步深入地参与区域维和、反恐和应急救助，履行大

① RECP：《区域全面经济伙伴关系协定》（Regional Comprehensive Economic Partnership）

国国际责任义务的同时，加大周边中国企业的安防信心，震慑潜在敌对势力，为中国企业境外公共安全保护做好最后防线。

参考文献

[1] 郭济．政府应急管理实务［M］. 北京：中共中央党校出版社，2004.

[2] Buzan B, Waever O, Wilde J de. Security:a new framework for analysis［M］. London: Lynne Rienner, 1998.

[3] Garland D. The culture of control: crime and social order in contemporary society［M］. Oxford: Oxford University Press, 2001.

[4] United Nations Office on Drugs and Crime. Handbook on police accountability, oversight and integrity. Criminal Justice Handbook Series［R］. Vienna: UNODC, 2011.

[5] 商务部．2023年1—5月我对“一带一路”沿线国家投资合作情况［EB/OL］.（2023-06-27）［2023-07-01］. http://fec.mofcom.gov.cn/article/fwydyl/tjsj/202306/20230603418780.shtml, 2023.

[6] 中国社科院世界经济与政治研究所，国家全球战略智库等．中国境外投资国家风险评级报告（2023）［M］. 北京：中国社会科学出版社，2023.

[7] Institute for Economics & Peace. Global Peace Index 2023, Measuring Peace in a Complex World［R］. Sydney, Institute for Economics & Peace, 2023.

[8] Willis Towers Watson. How are leading companies managing today's political risks?［R］. London: Willis Towers Watson, 2022.

[9] Economist Intelligence UniT. Middle East outlook 2023［EB/OL］.［2023-07-01］. http://www.eiu.com/n/campaigns/middle-east-outlook-2023/.

[10] Enact. Global Organized Crime Index［EB/OL］. (2023-04-20)［2023-07-01］. https://ocindex.net.

[11] Institute for Economics & Peace. Sydney. Global Terrorism Index 2023［EB/OL］. (2023-06-01).［2023-07-11］. https://www.economicsandpeace.org/reports/.

[12] 联合国减少灾害风险办公室．2022年减少灾害风险全球评估报告：我们的世界正身处险境：转变治理体系，创造具有恢复力的未来［R］. 日内瓦：联合国减少灾害风险办公室，2022.

[13] Institute for Economics & Peace. Ecological threat report［EB/OL］. (2022-10-01)［2023-07-05］. https://www.economicsandpeace.org/reports/.

[14] Fund for Peace. Fragile states index: methodology［EB/OL］. (2023-06-14)［2023-07-03］. https://fragilestatesindex.org/methodology/.

[15] International SOS. Risk map［EB/OL］.［2023-06-28］. https://www.internationalsos.com/.

[16] Control Risks Group Limited. Riskmap [EB/OL]. (2022-11-16). [2023-06-05]. https://www.controlrisks.com/.
[17] 张蕴岭等. 境外公共安全与合作评估报告 [M]. 北京：社会科学文献出版社，2020.
[18] 中国海洋石油集团有限公司. 中国海油境外安全风险报告 [R]. 北京：中国海洋石油集团有限公司，2022.
[19] 商务部. 境外安全风险防范 [EB/OL]. [2023-07-05]. http://fec.mofcom.gov.cn/article/jwaq/.
[20] 李昕蕾. 境外公共安全与合作中的危机管理机制探析 [M]. 北京：社会科学文献出版社，2020.

The Conception and Management of Chinese Enterprises Overseas Public Security Risks

Yugao XU
China National Offshore Oil Corporation

Abstract: At the 20th National Congress of the Communist Party of China held in October 2022, General Secretary Xi Jinping emphasized the need to safeguard national security from the perspective of "Holistic Approach to National Security", which proposes close integration of domestic and international security, traditional and non-traditional security, and individual and collective security. After the outbreak of the Russia-Ukraine conflict in February 2022, the reshaping and disruption of the global geopolitical landscape further exacerbated the complexity of public security risks for Chinese enterprises operating abroad. Consequently, the task of managing these risks has grown progressively more challenging. Therefore, it is vital for Chinese corporations to adhere to the guidance of the Holistic National Security perspective to proficiently evaluate and strengthen the management of public security risks for overseas operations in the aspects of managing philosophy, organization, institutions and instruments.

This study initially explicates the conception and management of overseas public security risks under the Holistic National Security. Subsequently, it delves into the trending shifts in risk exposure encountered by Chinese enterprises in their international operations. Thereafter, it encapsulates the insights and accomplishments gleaned from the China National Offshore Oil Corporation's (CNOOC) experiences throughout its international operations, explicating the author's understanding of the primary principles and focal points of overseas public security risk management. Lastly, building upon the overseas public security risk management experiences and insights, the author advances policy recommendations and insights for the development of a protective system safeguarding the overseas interests of Chinese companies.

Keywords: Holistic approach to national security; Public security risk; Overseas operations; Policy recommendations

海洋油气勘探开发投资特点及启示

刘明明*[1]，李树峰[2]，赵林[2]

1. 中国石油大学（北京）；
2. 中国石油国际勘探开发有限公司

摘要：广袤的海洋孕育了丰富的油气资源，且近年来海洋油气的潜力不断释放，成为全球油气资源的重要接替。当前，海洋油气开发贡献了全球近三分之一的石油和天然气产量，围绕海洋油气勘探开发活动也形成了作业者与服务商相互依存、共同发展的良好生态。从投资来看，海洋油气投资支出规模呈现两个“三分之一”，具有典型的高投资、高收益特征，并表现出显著的油气项目差异、地区经济性差异，在国家层面和公司层面均存在垄断特征，合作成为资源国和油公司发展海洋油气业务的重要法宝。针对海洋油气发展特征，建议中国石油企业重视海洋油气开发机遇，重视全球供应链统筹和规划能力，重视海洋油气开发技术储备、商务人才等保障能力，敢于布局重大海洋油气资产，有效借力全球技术、全球装备、全球人才，尽快形成海洋油气项目核心竞争力。

关键词：海洋油气；深海；投资特征；合作；供应链

0 引言

海洋约占地球71%的表面积，孕育了丰富的油气资源，是推动人类持续发展的重要空间和资源保障。1887年，美国在加利福尼亚近海岸6米水深海域钻探了世界上第一口探井，正式开启了海洋油气勘探开发的序幕。一百三十多年来，海洋油气勘探开发随着技术的进步，逐渐从浅水走向深水，从深水迈向超深水，不断释放的潜力吸引了更多的国家和公司参与，投入与产出的共振推动了海洋油气工业不断取得新的突破，越来越多的油气资源也得以发现和开发[1-6]。根据国际能源署的统计，全球海洋石油技术可采储量超过1万亿桶、天然气技术可采储量超过310万亿立方米，占全球油气技术可采储量的比例分别超过30%和55%，而探明率均低于35%，尚处于早期阶段[7]。从剩余可采储量来

* 刘明明，男，博士，副教授，主要从事能源经济、能源金融、能源公司战略与政策等研究。Email：liumingming@cup.edu.cn

基金项目：教育部人文社会科学研究青年基金“规模与环境友好双导向下海洋油气开发激励机制设计与政策研究”（编号：19YJCZH106）。

看，截至2022年底，全球海洋油气剩余可采储量合计1434亿吨油当量，约占全球总剩余可采储量的34%。从产量来看，2022年全球海洋石油产量11.70亿吨，约占全球石油产量的27%，其中400米以上深水石油产量2.84亿吨（图1）；全球海洋天然气产量12087亿立方米，约占全球天然气产量的30%，其中400米以上深水天然气产量1500亿立方米（图2）。与陆上油气开发相比，海洋油气开发在资源分布、投资规模、勘探开发、参与方式等方面存在显著不同，本文将着重探讨海洋油气开发过程中蕴含的经济特征，提出中国石油企业参与海洋油气勘探开发的一些启示和建议。

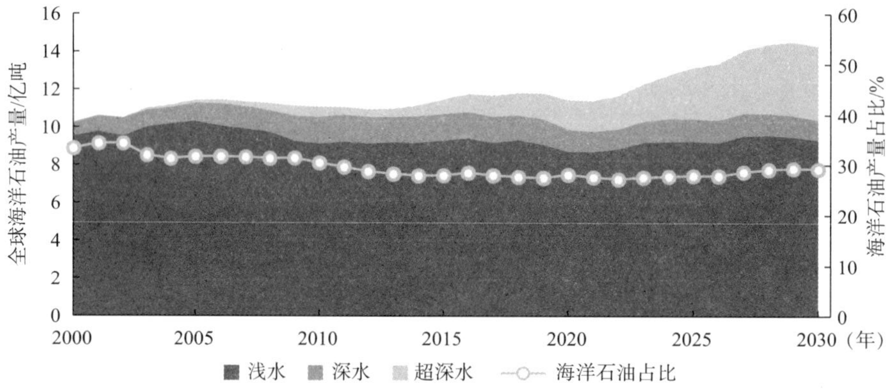

注：根据Wood Mackenzie分类，浅水、深水、超深水水深分别为0～400米、400～1500米、1500米以上。

资料来源：Wood Mackenzie

图1　全球海洋石油历史产量、趋势及占比

Figure 1　Global offshore oil historical production, trends and share

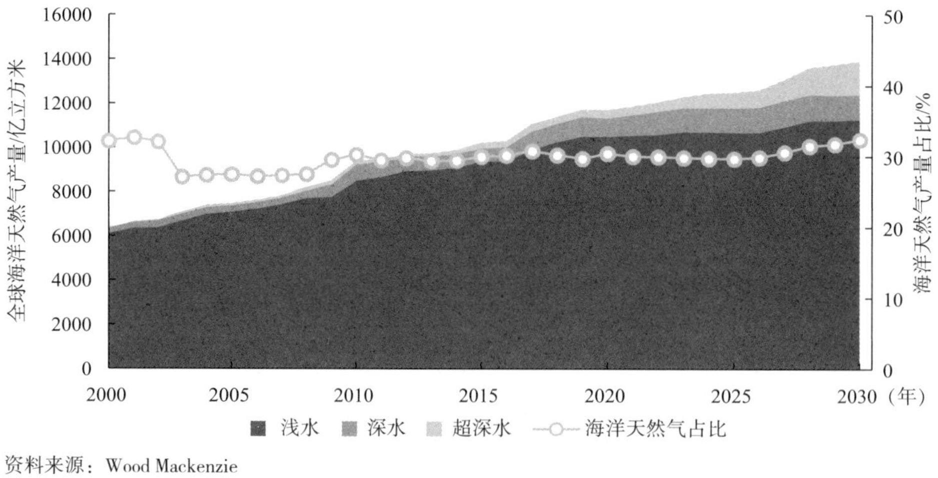

资料来源：Wood Mackenzie

图2　全球海洋天然气历史产量、趋势及占比

Figure 2　Global offshore natural gas historical production, trends and share

1 海洋油气勘探开发投资的八个特点

1.1 海洋油气勘探开发具有高度的系统协同复杂性

与陆上油气田全生命周期类似，海洋油气田开发生命周期包括购买区块、勘探、评价、方案筛选、方案确认、执行、运营、弃置等阶段[8]（图3）。不同阶段对作业团队的要求不同，勘探与评价团队参与购买区块、勘探、评价等环节，项目执行综合团队参与评价、方案筛选、方案确认、执行等环节，运营团队参与执行、运营等环节，项目弃置综合团队负责弃置环节。除了担任油田作业者的公司外，海洋油气开发还需要油藏顾问、钻井工程顾问、钻井承包商、前端设计公司、EPC承包公司、水下承包商、起重承包商、铺管承包商等不同服务公司参与，以及餐饮/设施管理、海洋/航空运输、仓储物流等不同支持服务商，这些参与者共同形成了海洋油气开发生态系统。受不同环节技术的约束，海洋油气开发几乎没有一体化作业模式，更多的是全球供应链之间的互相合作。对海洋油气开发参与者来讲，除了要有技术等硬实力的要求外，商务谈判等各种软实力的要求也不容忽视。

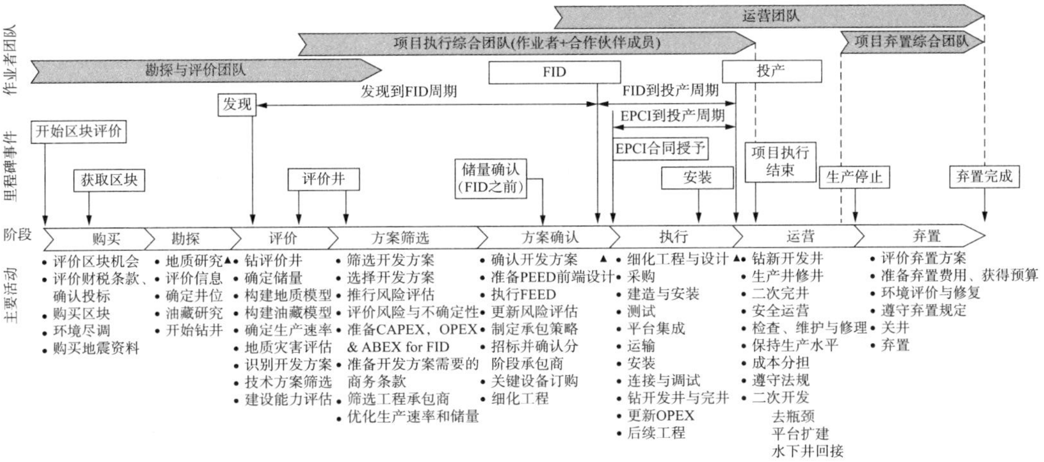

资料来源：Offshore Magazine

图3 典型海洋油气田开发生命周期

Figure 3 Typical offshore oil & gas field life-cycle phases

海洋油气开发全生命周期的关键节点包括发现、最终投资决策（简称“FID”）和投产，整个生命周期的长短与发现到FID、开发方式、生产周期等息息相关。以开发方式为例，深海油气开发方案有张力腿平台（TLP）、半潜式平台（SEMI-Submersible）、立柱式平台（Spar）、浮式生产储油卸油轮（FPSO）等，从FID到投产，TLP平台在16.8～53.0个月，平均37.47个月；SPAR平台在23.0～66.2个月，平均35.0个月；半潜式平台在16.2～85.3个月，平均38.4个月；FPSO（改造）在7.0～76.4个月，平均30.9个月；FPSO（新建）在25.4～96.9个月，平均58.8个月[8]。较长的开发周期导致海洋油气勘探开发决策十分谨慎，而低油价下大平台投资大、回收期长等的约束，也刺激国际石油公司更多选择模块式分期开发、水下生产系统回接、平台设计方案复制等简化的开发方式。

1.2 海洋油气投资支出规模呈现两个“三分之一”特征

与海洋油气产出规模相匹配，全球海洋油气投资规模也水涨船高，勘探开发支出和操作费用支出均超过千亿美元，后者更是接近两千亿美元。但与规模整体增长不同，海洋油气投资规模在全球油气整体投资中的比例相对较为稳定，表现出两个“三分之一”特征。

一是海洋勘探开发支出约占全球上游油气勘探开发支出的三分之一。2006年，全球海洋油气勘探开发支出首次突破1000亿美元；2008年，突破1500亿美元；2010年短暂下降至1266亿美元之后，逐年增加至2014年历史最高的1867亿美元；之后，在持续低油价影响下，海洋油气勘探开发支出连续下降，2020年跌破1000亿美元；2022年回升至1410亿美元，预计未来几年仍将持续增加[9]（图4）。从海洋勘探开发支出占比来看，2006年以来位于23%～35%，平均在29%左右。具体到水域，1000英尺以下浅水和1000英尺以上深水勘探开发支出几乎相同，平均占比分别为49%和51%。

二是海洋上游操作费用支出约占全球上游油气操作费用支出的三分之一。2004年，全球海洋油气操作费用支出首次突破1000亿美元，此后连续上涨，2014年最高至1841亿

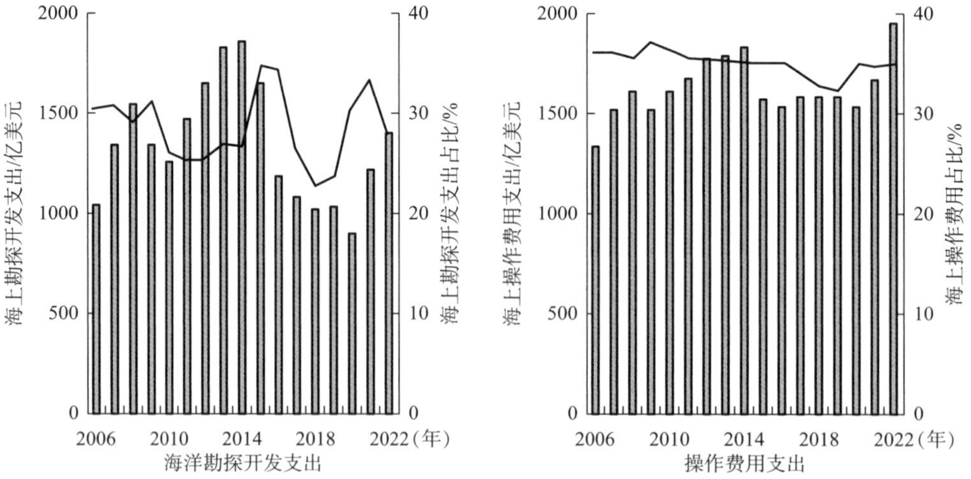

资料来源：S&P Global

图4 海洋油气投资支出规模与占比

Figure 4 Offshore oil and gas investment volume and share

美元；受低油价影响，2015年回落至1583亿美元，并一直维持至2020年；2021年，海洋上游操作费用支出重启上升趋势，2022年回升至1956亿美元，超过2014年水平，创造新的历史纪录，预计未来几年仍将持续上升[9]（图4）。从海洋上游操作费用支出占比来看，2006年以来位于32%～37%，平均在35%左右。

1.3 海洋油气勘探开发支出主要集中在钻井与生产平台部分

海洋油气勘探开发支出涉及科目众多，存在不同的划分方式。根据《海上油气田开发工程项目投资估算、概算编制指南》，海上油气开发项目开发费包括勘探费、开发费，其中开发费涵盖前期工程费、钻井完井工程费、工程设施费[10]。勘探费分为既往投资和预计即将发生的投资；前期工程费包括前期研究费用、海况调查等；钻井完井工程费包括钻井、完井过程发生的直接费、间接费和预备费；工程设施费直接费用包括平台、单点系泊、浮式生产储油轮、海底管线、海底电缆、水下生产系统等，以及管理费等间接费和预备费。在所有费用中，钻完井费用支出比例较高，其次是平台投资[11]。国际能源署在其能源展望中指出，巴西深水盐下油气田开发投资中，钻完井的成本大约占据50%，FPSO本身大约占20%，其余30%则归于其他的水下设备[12]。

S&P Global统计了全球海洋油气勘探开发过程主要环节的投资规模情况，考虑的环节包括前端设计（FEED）、钻井及井下服务、上部组块工程总承包（EPC）、导管架、水下生产系统、不同生产平台船体、海上安装、管道铺设等。统计结果显示，钻井及井

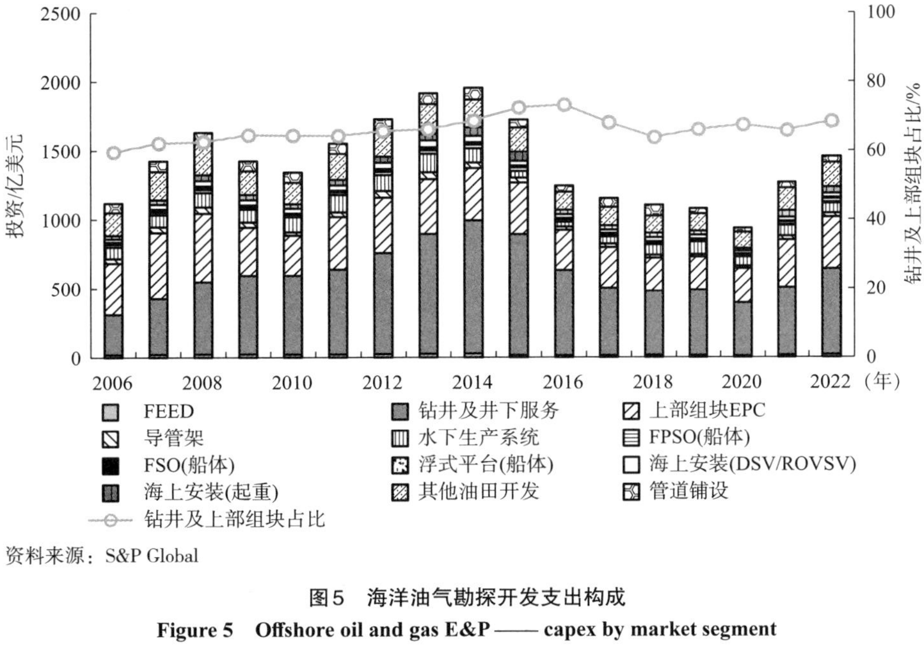

资料来源：S&P Global

图5 海洋油气勘探开发支出构成

Figure 5 Offshore oil and gas E&P —— capex by market segment

下服务是海洋油气勘探开发的第一大支出，2006—2022年平均年钻井及井下服务支出586亿美元，约占海洋油气勘探开发支出的41.4%；上部组块EPC支出是第二大支出，2006—2022年平均支出约350亿美元，约占海洋油气勘探开发支出的24.8%；水下生产系统平均支出约86亿美元，占比6.1%；管道铺设平均支出约64亿美元，占比4.5%；包括起重船、潜水支持船（DSV）/遥控潜水器（ROV）等在内的海上安装平均支出约73亿美元，占比5.2%[9]（图5）。当然，具体到每一个海洋油气项目，由于开发方案不同，各环节的投资占比将存在较大差异。

1.4 海洋油气开发具有高投资、高收益特征，且石油项目收益高于天然气项目

由于开发环境的巨大差异，海洋油气开发需要进行更复杂的方案设计和开发装备。以钻井为例，陆上钻井受场地约束少，搭建固定井架后即可进行钻井；海上钻井钻机与井口之间隔着深度不同的海水，需要将钻井装置集中放置在海上装置上，并需要隔水套管隔离海水，水下井口安装也更为复杂，涌现出了适应不同水深的作业平台，如桩基式平台、重力式平台等固定平台，以及坐底式、自升式、半潜式等浮式平台，而这些平台的建造费用普遍较高。根据S&P Global的统计，2006—2022年全球海上钻井平均在500座左右，约为全球钻机数量的13%。具体到钻井及井下服务投资，2006—2022年陆上钻井数量年均约8万口井，年均钻井及井下服务投资1469亿美元，平均每口井约189.4万美元；海上钻井数量年均约3000口，年均钻井及井下服务投资586亿美元，平均每口井约1968.0万美元；可以看到，海上每口井的投资支出大约为陆上每口井的10倍[9]。根据咨询公司Rystad的估计，2022年深水、超深水石油开采成本在18美元/桶以上，浅水石油开采成本则在17美元/桶以上，均高于陆上石油开采成本（不到10美元/桶）。

与高投资特征相对应，海洋油气开发也普遍具有较高的收益率，尤其是深水油气资产。根据Wood Mackenzie的统计，299个商业深水油气资产加权内部收益率为24%，只有17%的资产内部收益率低于15%[13]。此外，石油项目的内部收益率要普遍高于天然气项目，这也导致了天然气发现的开发概率要低于石油项目，开发周期则远远高于石油项目。同时，大量中小油气田，由于采用了水下回接的方式，普遍具有较高的收益率。

1.5 海洋油气开发项目经济性具有较强的地区差异

全球海洋油气开发广泛分布在各大洲，受不同资源国海洋油气资源禀赋及财税条款的影响，不同国家间海洋项目的盈利能力存在较大差异。根据S&P Global对未来几年可能开发的典型项目盈亏平衡油价的估算，在考虑20%收益率的条件下，全球27个参

与海洋油气开发的重点资源国的典型项目盈亏平衡油价最低值平均为26.6美元/桶油当量，最高值平均为68.12美元/桶油当量，盈亏平衡油价平均在44.86美元/桶油当量左右，这一数值高于陆上油气田的37.78美元/桶油当量的水平，这也解释了2016年低油价以来大量深水油气项目FID被迫推迟背后的原因[14]（图6）。中东地区盈亏平衡油价处于最低水平，尤其是沙特，盈亏平衡油价在5.53～33.58美元/桶油当量，平均仅为19.00美元/桶油当量；委内瑞拉、阿塞拜疆、哈萨克斯坦、越南等国海洋油气开发盈亏平衡油价较高。

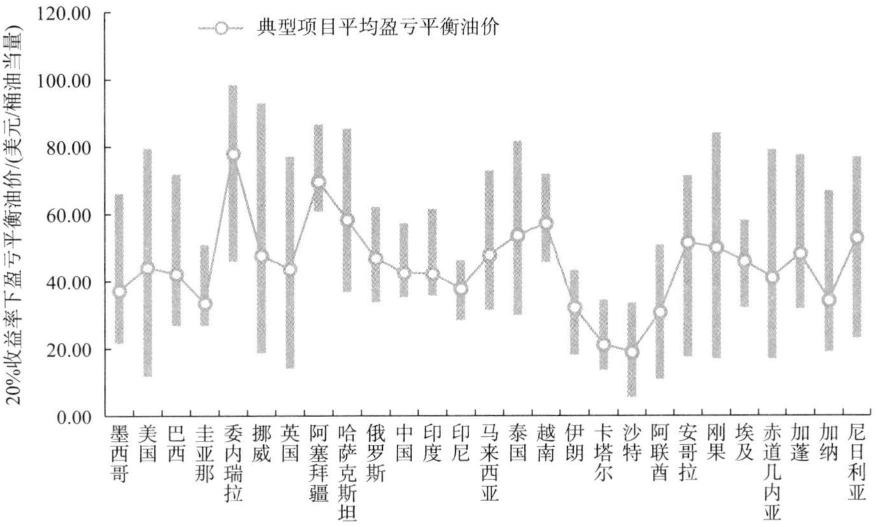

资料来源：S&P Global

图6　不同国家海上油田盈亏平衡油价

Figure 6　Offshore oil fields break-evens by country

1.6　海洋油气开发在国家层面具有明显的垄断特征

油气资源分布具有典型的不均衡特点，多数的资源和产量集中在少数几个国家，形成了显著的垄断特征，而随着水深的增加，海洋油气开发在国家层面的垄断特征越发明显。除资源禀赋外，深海油气开发需要的高技术、高投资等也间接导致了这一特征。统计来看，陆上油气开发中储量最多的五个国家合计拥有全球60%的剩余油气可采储量，相比之下，浅水、深水、超深水的比例分别为72%、59%、75%；陆上油气产量最高的五个国家合计拥有全球62%的油气产量，而浅水、深水、超深水的比例分别为50%、70%、93%（图7）。无论是储量还是产量，超深水油气开发在国家层面具有更高的集中度。资源上，巴西、圭亚那分别拥有全球36%、18%的超深水剩余油气可采储量，澳大利亚、尼日利亚分别拥有全球22%、14%的深水剩余油气可采储量，卡塔尔、沙特分别拥有全球37%、11%的剩余油气可采储量；产量上，挪威、伊朗、沙特分别贡献全球12%、11%、11%的浅水油气产量，美国、澳大利亚、巴西分别贡献全球22%、15%、14%的深水油气产量，巴西、美国、以色列分别贡献全球42%、27%、11%的超深水油气产量。

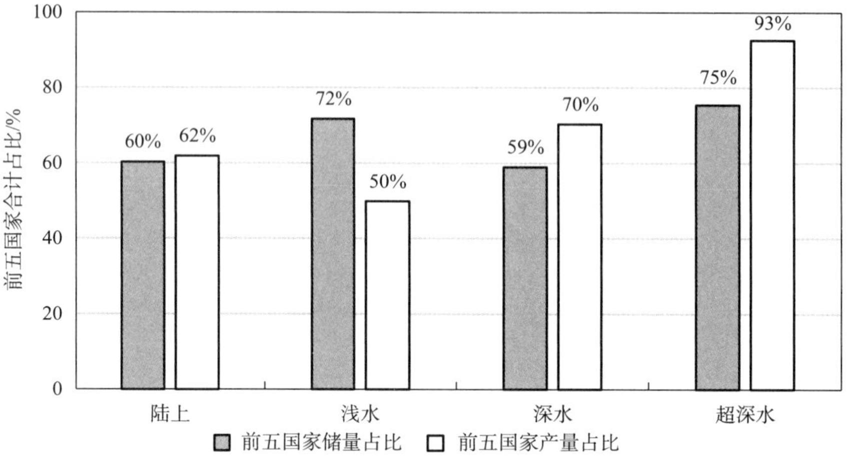

资料来源：Wood Mackenzie

图7　不同领域油气储量与产量前五国家占比

Figure 7　Share of top 5 countries in oil & gas reserves and production by terrain

1.7　海洋油气开发在公司层面具有明显的寡头垄断特征

近年来，随着技术的不断进步，越来越多的石油公司参与海洋油气开发，尤其是深水油气开发。根据Wood Mackenzie统计数据发现，拥有深水油气产量的公司数量，从2000年30余家增加到了目前的130多家，涌现出一批代表性的国家石油公司、国际石油公司和独立油公司。除了国家层面，海洋油气开发在公司层面也具有明显的垄断特点，头部企业集中了更多的资源和产量。根据《中国海洋能源发展报告2022》统计，2011—2021年海上油气权益产量排名前列的30家公司中，93%的可能开发项目、92%的开发项目、92%的在产项目分别集中于排名前三分之一的公司，海洋项目数量分布高度集中。现有在产项目数量最多的公司包括道达尔能源、埃尼、壳牌、雪佛龙等，数量均超过200个；现有开发项目数量最多公司包括中国海油、印度国油、埃尼、bp等，中国海油位列第一[15]。以深水油气开发为例，65%的产量集中在巴西国家石油公司、壳牌、bp、雪佛龙、埃克森美孚、道达尔能源、埃尼、艾奎诺八家公司，其中巴西国家石油公司就超过20%；在全球剩余净现值（10%折现率）最高的25大深水资产中，这八家公司担任其中的22个深水资产的作业者，在深水剩余净现值方面，遥遥领先其他石油公司。

1.8 合作是资源国和油公司发展海洋油气业务的重要法宝

合作是参与者共担风险、优势互补的必然要求。海洋油气开发高投资、高技术、高风险等特征，对参与的石油公司构成了非常高的进入门槛，对资源国也形成了一定的挑战，需要结合技术、资源、资本情况采取一些必要的激励政策[16]。与陆上油气开发经常看到的一家独大情况不同，合作共担风险在海洋油气开发中更为常见，也是很多资源国发展的重要手段。以中国海油为主体的中国深水油气开发，就是一部非常典型的对外合作史，自成立以来中国海油与来自21个国家和地区的超过80家国际石油公司共签订了超过230个对外合作石油合同和协议，成功实现了从非作业者到作业者的跨越，成功开发了“深海一号”超深水大气田等，使得海洋油气资源成为我国近年来增储上产的最主要力量。

合作因参与者的类型不同而形成了多元化的表现形式。油公司之间的合作更为宽泛，既有直接拥有权益的作业公司之间的相互合作，也有作业公司与供应链服务公司之间的深度捆绑。此外，国际石油公司、国家石油公司、独立油公司在公司自身实力约束下，也形成了不同的合作策略。以广泛活跃在海洋油气开发中的七大国际石油公司为例，这些公司直接引领了海洋油气开发的进程，如壳牌连续创造了海洋油气开发的多个水深纪录，它们之间的相互合作，已经成为拓展海洋油气版图的重要途径。平均来看，对于深水油气资产，七大国际石油公司平均52%的权益储量是与其他同类公司合作，其中艾奎诺公司最高83%，bp公司最低19%，雪佛龙公司、埃尼石油公司均超过60%，埃克森美孚公司接近50%。对于优势地区，国际油公司更多的是选择高权益和担任作业者，而对于非优势地区，则主动采取跟随策略、与当地优势企业相互合作，如国际油公司在巴西深水的发展，更多与巴西国家石油公司开展合作。独立油公司作为规模较小的公司，面对高投资的海洋油气资产，选择跟随的数量更多，仅赫斯石油、伍德赛德等少数公司能够独立担任作业者。美国墨西哥湾作为赫斯公司的优势地区，公司在70个区块中担任58个区块的作业者，而在圭亚那、苏里南等前沿地区均以非作业者身份参与，合作伙伴包括埃克森美孚、壳牌、bp等国际油公司。

合作促进了海洋油气产业的快速发展。拥有权益的作业公司，与不同环节的供应链服务公司的捆绑，极大推动了海洋油气产业的发展。在海洋油气开发生态系统中，作业公司通常会创造对技术和服务的需求，而大量的服务公司则积极响应需求。国际石油公司不断创造水深纪录的发展经验显示，最大化地利用好各个领域的优质供应商，并积极构建自己的优选服务合作伙伴，是这些公司在海洋油气领域做大做强的最重要法宝。例如，在全球合计209艘FPSO中，99艘由油田作业者拥有并运营，91艘由承包商拥有并运营，17艘由油田作业者拥有、承包商运营，形成了良好的运营生态。

2 对中国石油企业参与海洋油气开发的启示

2.1 重视海洋油气开发的前景，敢于布局重大海洋油气资产

从全球油气发展趋势看，海洋油气资源毋庸置疑已经成为油气供应的重要接替，在众多石油公司资产组合中也占有相当的地位。近年来，全球十大油气发现中深水、超深水的数量遥遥领先，在全球风险探井发现2P可采储量中，海洋占比平均超过70%，勘探发现潜力不断释放[2, 17–20]。国际石油公司对海洋油气业务的重视更加明显，从产量看，七大国际石油公司2022年海洋油气产量占比在44%～88%，平均占比高达61%，其中深水的比例平均为28%，预计2030年海洋油气产量占比将提高至63%，深水油气产量占比将提高至32%（图8）。除以海上为主营业务的中国海油外，中国石油、中国石化参与海洋油气的规模还比较小，对深水油气业务的参与程度相对更低，如中国石油在海外业务中海洋油气产量的比例仅在7%左右，深水比例仅在2%左右。

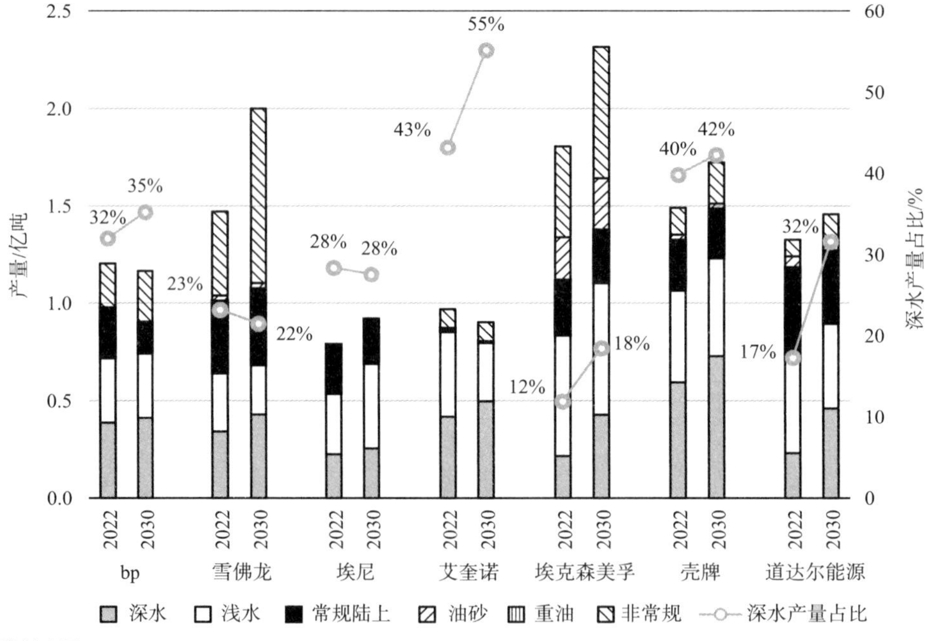

资料来源：S&P Global

图8 七大国际石油公司产量结构及趋势

Figure 8 Seven majors' production mix and trends

针对海洋油气开发的机遇，建议中国石油企业要顺势而为、积极布局，尤其是深海油气资源。当下，不同地区与国家之间海洋油气资源、开发技术、资本存在较大差异，主要的参与者也存在区别，如南美多油，巴西独大；东非多气，新兴前沿；西非油气并

举，投资环境多变；澳大利亚多气，人工等商务约束较大。根据S&P Global涵盖油气勘探开发活动及成功率、财税制度、开发风险的综合评价体系，在全球深海油气开发活动的国家中，美国、圭亚那、中国、墨西哥、巴西五个国家的评价结果位列前茅。综合来看，结合现有海洋项目的分布情况，可以优选南美、非洲两大区域，逐渐做大南美、做优非洲。首先，推动现有项目尽快上产，如莫桑比克LNG项目、圭亚那深水项目、巴西布兹奥斯项目等；其次，依托现有项目，重视资源国国家石油公司进一步的合作机会，积极布局重大海洋油气资产，如巴西深水，充实勘探、做大开发、长期发展，尽快形成深水作业群，实现协同高效发展；最后，积极参与资源国组织的区块招投标活动，在发现之前获取一批海洋油气勘探区块，建立从勘探到开发的可持续资产发展链条。

2.2 重视全球供应链统筹和规划能力，有效借力全球技术、全球装备、全球人才

国际石油公司拓展深水的历程，充分体现了统筹全球供应链、整合利用全球先进技术和装备的能力，相互依存的产业链生态也推动了作业公司和服务公司的高效协调发展。当前，海洋油气开发已经在深水钻井船、铺管船、水下生产系统等环节涌现了一批强大的服务队伍，如水下生产系统技术先进的TechnipFMC、OneSubsea等公司，FPSO领域的MODEC公司等。这些公司活跃在海洋油气开发的热点地区，例如承包商MODEC拥有15艘FPSO，其作为FPSO运营主体，有10艘参与巴西国油担任作业者的油气田开发；SBM Offshore公司拥有14艘FPSO，合作伙伴包括巴西国油、埃克森美孚等公司。壳牌公司开发水深近2900米的美国墨西哥湾Stones项目，FPSO由SBM Offshore建造，水下生产系统由OneSubsea公司承包。我国也涌现出了一批先进的服务企业，如作为中国海上服务中坚力量的中海油服，业务覆盖油气田勘探、开发和生产的全过程，已成长为世界第三大的海上钻井船队，管理和运营36座自升式钻井平台、12座半潜式钻井平台和6台海洋模块钻机，可为客户提供作业水深15～10000英尺、钻井深度15000～30000英尺的钻探服务。建议中国石油企业培养服务伙伴供应链生态系统，有效借力全球技术、全球装备、全球人才，第一阶段优选国外优质供应商，辅选国内的供应商，可以通过主攻分包合同的方式，选择性地带动国内供应商参与海洋油气业务；第二阶段，在发展到一定水平后，要统筹国内外深海业务服务供应商，并提高自身的一体化程度，发挥甲乙方的优势。

2.3 重视海洋油气开发技术储备、商务人才等保障能力，尽快形成海洋油气项目核心竞争力

海洋油气开发，不仅是技术硬实力的竞争，也存在人才、商务等软实力的竞争。近

年来，中国石油企业奋起直追，已经在海洋油气钻井、装备制造等方面取得了一定的进展，但是与项目实践的需求相比、与竞争对手的进展相比、与世界一流综合性国际能源公司的要求相比，依然存在着很大差距。一方面，要充分利用国内外全球同行、上下游合作伙伴、高校、研究院所等的智力，采取“国内联盟、国际合作”的开放式研发之路，在国内组建大联盟体系，在国外推进与先进服务公司的合作，联合攻关，尽快攻克海洋油气开发卡脖子技术难题；另一方面，重视海洋油气开发过程中的商务运作，坚持全球化视野、全球招聘经验丰富的海洋业务管理专家，确保中国企业在项目全生命周期中的有效行权，同时依托现有项目不断培养中方商务专家。最终，通过硬实力的提升和软实力的构建，形成中国石油企业在海洋油气开发中的核心竞争力。

参考文献

[1] 常毓文，李宏伟，郜峰，等．全球海域油气开发形势与展望［J］．国际石油经济，2022，30(03)：1-11.

[2] 中国石油勘探开发研究院．全球油气勘探开发形势及油公司动态（2022年）[M]．北京：石油工业出版社，2022.

[3] 王陆新，潘继平，杨丽丽．全球深水油气勘探开发现状与前景展望［J］．石油科技论坛，2020，39(02)：31-37.

[4] 刘忻蕾，王兆明，史卜庆，等．2018年全球油气勘探形势分析与启示［J］．国际石油经济，2019，27(03)：23-28.

[5] 刘小兵，贺正军，计智锋，等．全球油气勘探形势分析与发展建议［J］．石油科技论坛，2018，37(06)：48-52.

[6] 王震，刘明明．全球及主要地区深水油气开发现状［J］．世界石油工业，2013，20(6)：38-42.

[7] International Energy Agency. Offshore Energy Outlook 2018 [R]. Paris, 2018.

[8] Offshore Magazine. 2019 Deepwater Technologies & Solutions for Concept Selection [R/OL]. https://www.offshore-mag.com/resources/maps-posters/document/14036485/wood-2019-deepwater-technologies-solutions-for-concept-selection. 2019.

[9] S&P Global Commodity Insights. Global Upstream Spending (Issue 44) [R]. New York, 2023.

[10] 中国海洋石油集团有限公司．海上油气田开发工程项目投资估算、概算编制指南［R］．北京，2002.

[11] D'Souza R B, Basu S. Field development planning and floating platform concept selection for global deepwater developments [C]. Offshore Technology Conference. Houston, Texas, 2011.

[12] International Energy Agency. World Energy Outlook 2013 [R]. Paris, 2013.

[13] Wood Mackenzie. Global deepwater: 2022 state of the industry [R]. Edinburgh, 2022.

[14] S&P Global Commodity Insights. Cost of Oil Report 2022 [R]. New York, 2023.

[15] 王震，鲍春莉. 中国海洋能源发展报告2022 [M]. 北京：石油工业出版社，2022.

[16] 刘明明，王震，潘燕妮. 深海油气开发财税支持政策比较研究 [J]. 国际经济合作，2014(02)：31-35.

[17] 刘小兵，窦立荣. 国际大油公司深水油气勘探实践及启示——以圭亚那斯塔布鲁克区块为例 [J]. 中国石油勘探，2023，28(03)：78-89.

[18] 刘小兵，温志新，宋成鹏，等. 跨国油气勘探形势与启示 [J]. 中国石油勘探，2022，27(06)：1-12.

[19] 李志，李富恒，侯平，等. 国际油公司勘探战略对标评价方法初探 [J]. 中国石油勘探，2022，27(06)：137-144.

[20] 窦立荣，袁圣强，刘小兵. 中国油公司海外油气勘探进展和发展对策 [J]. 中国石油勘探，2022，27(02)：1-10.

Features and Enlightenment of Offshore Oil&Gas Exploration and Development Investment

Mingming LIU, Shufeng LI, Lin ZHAO

1. China University of Petroleum, Beijing;

2. China National Oil and Gas Exploration and Development Co. Ltd.

Abstract: The vast ocean has rich oil and gas resources, and offshore oil and gas has continuously released its potentials in recent years, making it an important replacement for global oil and gas resources. At present, offshore oil and gas development contributes nearly one-third of the world's oil and gas production, and offshore oil and gas exploration and development activities have formed a good ecology of mutual dependence and common development of operators and service contractors. From the perspective of investment, offshore oil and gas investment expenditure presents two "one-third" features, with typical characteristics of high investment and high income, and shows significant economic differences in oil and gas projects, as well as regional countries. Monopoly characteristics at the national level and the company level are found in offshore players, and broad cooperation has become an important tool for resource countries and oil companies to develop offshore oil and gas business. In view of the characteristics of offshore oil and gas development, it is suggested that Chinese oil and gas enterprises attach importance to offshore oil and gas development opportunities, attach importance to global supply chain coordination and planning capabilities, attach importance to offshore oil and gas development technologies, business talents and other support capabilities, dare to lay out major offshore oil and gas assets, effectively leverage global technology, global equipment and global talents, and form the core competitiveness of offshore oil and gas projects as soon as possible.

Keywords: Offshore oil and gas; Deepwater; Investment characteristics; Cooperation; Supply chain

能源经济

Energy Economy

能源转型与现代化演进的逻辑关系研究

王震*，梁栋

中国海油集团能源经济研究院

摘要：能源是国民经济的命脉，是人类生存和发展的重要物质基础。从历史的角度来看能源转型与现代化相伴而生，在前三次工业革命进程或者说现代化进程中起到引领作用。特别是欧美国家凭借先发科技优势和殖民政策而加以广泛使用传统化石能源相继实现了现代化。随着更多像中国这样的发展中国家进入现代化进程的快速推进期，大量消费化石能源面临着气候环境和供应安全两难。面对当前密集活跃的全球科技创新，新一轮科技革命和产业变革必然催生新一轮能源转型。我们必须要加快发展方式绿色转型，规划构建新型能源体系，为实现中国式现代化提供重要能源保障。

关键词：中国式现代化；能源转型；新型能源体系

0 引言

现代化（Modernization）一词首次出现于1770年[1]，正值第一次工业革命如火如荼进行之际。尽管现代化与工业革命、工业化并不完全相同，但在内涵上存在显著的相关性。如罗荣渠所述，现代化是一个全球性的历史进程，起源于工业革命，高度发达的工业社会是现代化完成的主要标志[2]。亨廷顿则将现代化视为进步的过程。尽管在转型期间会伴随着巨大的代价和痛苦，但从长远来看，现代化为人类带来了文化和物质领域的幸福[3]。今天，现代化的内涵已扩展为发展中国家在经济、社会、政治、文化等领域赶超全球先进水平的进程。在气候问题日益严重、人类发展方式亟待转型的背景下，基于化石能源的西方式现代化模式已经难以复制。党的二十大报告指出："科学社会主义在21世纪的中国焕发出新的蓬勃生机，中国式现代化为人类实现现代化提供了新的选择"。新一轮能源转型将在中国式现代化建设过程中发挥不可替代的作用。本文将从能源转型的视角回顾人类社会现代化历程、分析新一轮科技革命和产业变革与能源转型间的关系，并探讨实现中国式现代化所需的能源转型路径。

* 王震，男，博士，教授，主要从事能源经济和绿色金融等领域研究工作。Email：wangzhen66@cneei.com.cn

1 能源是人类文明演进的物质基础

1.1 能源利用催生人类文明

早在“现代化”一词出现之前，能源就已经引领人类走向文明社会。能源是人类文明演进的物质基础。火是人类最早认识的一种能量形式，而薪柴则是第一种能“源”。人类使用薪柴后，可以获得稳定高温，从而使冶金技术得到飞速发展。从石器时代到青铜时代、铁器时代，新材料制造的新工具让社会生产力显著提高，逐渐规模化的农业生产带来更多人口，人类可以组织到一起形成更大更有凝聚力的团体，大量陌生人之间的合作最终形成村寨、部落、国家，并产生以物易物为基础的原始的经济体系。能源的使用让人类脱离野蛮状态，产生了文明的社会行为。但薪柴的能量来源是光合作用，只能将不到0.5%的太阳能转化为生物质能。植物生长缓慢，进一步降低了薪柴的使用效率。人类文明实现进一步的演进发展需要更加高效的能源支持。

1.2 能源转型开启现代化篇章

相比于薪柴，煤炭更加高效。按照中国现行标准，每千克标准煤燃烧可以释放7000千卡的热量，约是干木材的2.4倍。而且煤炭燃烧可以提供1800摄氏度的高温，进一步促进冶金业发展。第一次工业革命是能源转型和现代化相伴而生的最好例证。对煤矿抽水的需求迫使人们寻找更高效的解决方案，煤炭本身就是优质燃料，可以高效率驱动机械。1769年，瓦特改良蒸汽机，用于煤矿抽水。蒸汽机大大提高了煤炭开采效率，同时，蒸汽机将化学能转化为动能的工作方式拓展了煤炭的应用领域，进而对人类生活产生巨大影响。以交通为例，伴随着蒸汽机车高速发展，1900年，世界铁路总里程达77万公里[4]。

19世纪末，第二次工业革命在欧美发达国家相继爆发，液态的石油使用场景更加灵活，逐步取代煤炭，成为主要的一次能源。全球工业化进程将越来越多的国家纳入现代世界经济体系，各国发展对于全球市场和国际社会的依赖性明显提高。石油作为“工业的血液”，已经成为国际秩序的重要元素。石油的使用渗透到人类社会的方方面面，并使得西方式现代化逐渐成为人类政治经济生活的重要模板：内燃机汽车的普及改变了城市交通方式；飞机帮助人类突破天空的限制，扩大了人类移动范围；以石油化工为基础的有机化学的飞速发展，提高了人类生活质量。石油驱动的战斗机、坦克、军舰改变了人类战争形态，让石油从普通商品成为重要战略资源。在煤炭、石油等帮助下，率先实现现代化的西方国家通过战争等手段建立殖民地，掠夺原材料，逐渐建立起围绕殖民主义的国际秩序雏形。

石油的战略价值对全球政治经济的影响催生了现代国际治理体系。布雷顿森林体系崩溃后，通过与沙特等重要产油国达成利益交换的共识，美国将世界上最重要的商品之一石油与美元挂钩，从而形成了所谓的石油美元机制。围绕着石油美元等多种机制，“二战”以来特别是“冷战”之后世界逐渐形成西方式现代化主导下的现代国际治理体系。

实现现代国际治理体系的效率最大化，需要一套统一的标准。石油、天然气的运输、储存、使用受到各种物理条件约束。不同终端用能设备使用不同的能源带来的分权化导致整个社会系统效率低下。而电力作为二次能源，能可靠地输送到消费大众，并可以有效地转化为消费者需要的形式，实现了终端用能的扁平化、网络化、同质化，极大地提高了社会系统效率。电力作为有效的媒介，使太阳能、风能、地热能等可再生能源的利用得以实现。电力系统的发展为新一轮能源转型奠定了基础。

综上所述，能源转型是西方式现代化的重要驱动力，在西方式现代化中，煤炭、石油为代表的化石能源是重要基础，电力是将西方式现代化成果传播到世界各角落的重要途径。

1.3　基于化石能源的西方式现代化带来的问题与挑战

首先，欧美国家的现代化进程建立在巨量的化石能源消费上。直到今天，化石能源仍是G7国家的主要消费能源种类。2021年，除法国外，其他G7国家能源消费结构中化石能源消费均超过60%[5]。随着冷战结束、全球化深入，发展中国家进入现代化进程的快速推进期，化石能源消费大幅提高。开采成本较低的浅层煤、原油、天然气已大规模开发，未来开采成本或提高，能源价格攀升。尽管近年来油气勘探开发不断有新发现，但基本可以认为油气资源是不可再生的，地球上的有限资源很难持续支持更多国家采取西方式现代化模式实现高效发展。

其次，人为增加的温室气体排放是全球气候变化的直接原因已成为科学界的普遍共识。政府间气候变化专门委员会（IPCC）历次报告均指出：温室气体浓度上升，加剧了大气层的温室效应，导致全球变暖。2018年，IPCC发布特别报告[6]，表示已经观察到的全球气温升高的事实，以及气温升高给人类造成的影响远远高于之前的预测。如果不加以控制，未来人类可能面对更频繁的极端的天气，更快速的海平面的上升以及冰川的减少等问题。气候环境危机发生可能性远超预想，高于重大传染病等灾害，是全球最大的系统性风险。气候环境危机具有全球性、系统性、灾难性特点，影响和损失呈指数级上升，人类难以承受相关后果。而能源是温室气体排放的重点领域。

最后，为了解决气候问题，各国纷纷提出“双碳”目标，碳中和已成为政治共识。但需要注意到，“双碳”目标与各国的发展权和话语权高度相关。各国经济发展程度不同，产业结构不同，导致各国对于能源转型过程的具体路径有不同的认识。欧美国家已经进入了后工业化时代，而很多国家尚没有解决基本的温饱问题。根据《跟踪可持续发展目标7（SDG7）：能源进展报告》[7]，全球仍有7.33亿人用不上电。预计到2030年，这一数字仍将高达6.7亿。同时，大量发展中国家和第三世界国家仍是全球制造业的主力。在化石能源为主体能源的今天，更多的制造业意味着更多的能源消耗，也意味着更多的碳排放。所以，对发展中国家来说，碳排放权也是发展权的问题。从人均年碳排放量指标可以明显看出过去现代化进程带来的发展不平衡。高收入人群人数显著少于低收入和中低收入人群，但是人均碳排放量是后者的数十倍。北美是人均碳排放量最高的地区。亚洲排放总量最大，但人均量不足北美的25%。7.5%的北美人口贡献了16.5%的碳排放量，而17.6%的非洲人口只排放了3.9%[8]。化石能源的分布特点和当前全球治理体系的运行模式进一步加剧了西方式现代化的不平等问题。

2 新一轮科技革命和产业变革与新一轮能源转型相伴而生

2.1 新一轮科技革命和产业变革的主要特点

习近平总书记指出，“进入21世纪以来，全球科技创新进入空前密集活跃的时期，新一轮科技革命和产业变革正在重构全球创新版图、重塑全球经济结构”。相比过去，本轮科技革命和产业变革有如下特点：一是群发性创新。第一次工业革命的代表是蒸汽机，第二次工业革命的代表是内燃机和电力。而正在进行中的科技革命和产业变革并没有单独一个代表性的技术或产品，而是在多个领域同时涌现出成果。二是系统性创新。各新兴技术和产业间高度融合，对人类社会进行系统性改造。信息技术已经是我们社会系统的基础中的基础，从公共管理到街头支付，有力推动社会系统高效运转。三是渗透性创新。技术间的边界不断模糊，相互渗透，形成新产品、新业态、新模式。新兴技术对于人类生活的渗透也达到前所未有的高度。无人机是过去从未想象过的产业，甚至只把它当成玩具，而现在无人机产业已经是大国角力的主战场，在热战冲突中也得到广泛应用。四是同步性创新。本轮科技革命和产业变革源头带有多元性，创新具有去中心化特征。尽管各个大国的技术创新能力仍有明显差异，但即使是经济发展比较落后的国家或地区，依然可以享受技术突破带来的福利。

2.2 能源转型是新一轮科技革命和产业变革的必然需求

能源的效率决定了人类演进的速度。以照明为例，蜡烛将能量转化为光的效率约为0.01%；燃煤发电厂发电后点亮白炽灯泡，其转化效率约为0.1%；燃气发电厂发电后点亮发光二极管，其转化效率约为9%。更先进的科技和更智慧的产业，自然也更需要更加高效的能源，当前化石能源的效率很难支撑科技和产业实现跨越式发展。从热值和热效率的角度看，在化石能源中，天然气明显高于煤炭和石油，同时电动机的效率也远远高于内燃机。考虑到碳排放问题，“清洁能源+电”模式可以同时应对科技革命和产业变革对能效的要求和气候变化议题对发展模式的要求。近年来，绿色低碳成为能源行业主旋律，全球一次能源消费结构中清洁能源占比不断提升，这也是人类通过开发利用新能种推动新一轮科技革命和产业变革的体现。清洁能源和可再生能源对传统化石能源的替代将为人类探索新型现代化模式提供能源基础。2007年，不包括水力的可再生能源在全球一次能源消费结构中可以忽略不计；而到2022年，其在全球一次能源消费结构中已达到7%，非化石能源占比达18%，清洁能源比例高达41%[9]，接近石油占比的历史峰值。2023年天然气资产并购交易的评价价格与2020年、2021年和2022年同期相比，有较大幅度上涨[10]，充分体现传统油气行业对作为清洁能源的天然气资产的重视程度。在消费端，科技革命和产业变革带来的电气化在各类终端中应用的普及也在推动能源转型渗透到各个领域。国际能源署的数据显示[11]，电动汽车在全部汽车市场中的份额已经从2020年的低于5%快速上升到2022年的14%，交通领域绿色低碳转型效果明显。

2.3　新一轮科技革命和产业变革大力推动能源转型

技术进步帮助可再生能源在经济性上越来越有竞争力，让能源转型在各领域都越来越有可操作性。根据国际可再生能源署的数据[12]，2010年，全球陆上风电和光伏的加权平均平准化发电成本（LCOE）比最便宜的化石燃料成本分别高95%和710%，到2022年，新建陆上风电和光伏项目的LCOE已经比最便宜的化石燃料成本分别低52%和29%。依托先进信息通信技术和软件系统的虚拟电厂，可以在可再生能源发电占比持续提升的时代发挥电力市场和电网运行的电源协调管理的作用，可以有效解决可再生能源发电的不稳定性给电网带来的挑战。另外，大数据、云计算、物联网、5G、AI、区块链等新技术与能源生产、能源运输、能源贸易等深度融合创新，能源系统灵活性与可靠性将显著提升。数字化、智能化产业规模化发展，能源设施无人化、自动化的特点将更加凸显，特别是将给传统油气行业带来质的改变。国际能源署预测[13]，数字技术的大规模应用，能够让油气生产成本降低10%～20%，让全球油气技术可采储量提高5%。油气行业的降本增效，事实上也在降低碳排放。

3　新型能源体系是中国式现代化建设的重要基础

3.1　中国能源行业取得的成就和面临的挑战

党的十八大以来，在能源安全新战略的科学指引下，中国深入推进能源生产和消费革命，能源供应保障能力持续增强，能源供需总体平衡。中国目前是世界第一大煤炭生产国，第六大石油生产国，第四大天然气生产国，可再生能源发电总装机增长约3倍，水电、风电、光伏、生物质发电和在建核电规模多年位居世界第一，非化石能源消费比重由2012年的9.7%提高到2022年的17.5%[14]，以年均不到3%的能源消费增速支撑了年均超过6%的经济增长。但也要看到，中国面临能源消费过高、煤炭占比过大的问题，同时国内生产的油气无法满足工业化过程中经济高速发展的需要，导致石油和天然气对外依存度已多年分别在70%和40%以上，风险敞口过高引发普遍担忧。在“双碳”目标下，传统的基于化石能源的现代化方式已经无法满足中国高质量发展的需求，加快能源转型是当务之急。

在转型过程中，中国能源行业面临三大外部挑战。首先是全球经济治理不复以往。全球经济增长受多重冲击显著放缓、动力不足、下行压力增大，主要因素是全球性的通胀、仍然存在的疫情和地缘政治不稳定。全球衰退的几个历史指标已经发出警告，多国央行纷纷加息应对通胀。全球经济实力“东升西降”与传统治理格局的不匹配构成了当前全球经济治理变革的主要矛盾。当前世界经济正在进入复苏轨道，但仍存在诸多不确定性，需要国际社会共同努力，坚持多边主义、坚持自由贸易，加强全球经济治理合作。

其次，大国博弈、贸易战打破了传统的“三链”秩序，即“供应链、产业链、价值链”。中国得益于第三轮全球化，也就是20世纪90年代以来苏东剧变之后美国主导的全球化，在全球化“三链”发挥了比较优势，提升了在全球的地位。但随着中国地位不断上升，“修昔底德陷阱”越发得到美国关注。2021年，国家主席习近平同美国总统拜登举行视频会晤时强调，“地球足够大，容得下中美各自和共同发展”。但美国想重新打造一个更能够发挥其优势的全球化。而中国希望通过变革让全球化能够更加符合新的趋势。这些变化使得“三链”的成本进一步增加，国际贸易原有局面可能会打破，进一步影响脆弱的世界经济。疫情叠加乌克兰危机，更加速了现有的全球化体系的瓦解。

最后，能源安全上升到前所未有的高度，政治因素成为影响能源行业的关键。持续近三年的疫情吞噬全球多年发展成果，联合国2030年可持续发展议程落实进程受阻，南北鸿沟继续拉大，全球将近70个国家的12亿人口面临疫情、粮食、能源、债务危机。在这一背景下，能源安全内涵也在不断丰富并上升到新的高度：确保普遍获得可负担、可靠、可持续的现代能源至关重要；能源安全对实现可持续发展目标起根本性作用。而随着乌克兰危机长期化，政治安全成为能源安全内涵的重要组成部分。俄罗斯是全球重要的油气生产国和出口国，欧洲缺乏化石能源，与俄罗斯形成天然的互补关系。即便是在冷战时期，苏联与欧洲也保持了紧密的能源进出口联系。而乌克兰危机之后，欧洲停止进口俄罗斯管道气，作为对俄制裁战的一部分。运往欧洲的廉价俄罗斯管道气被昂贵的美国LNG替代。

除了外部挑战，中国推进能源转型、实现碳达峰、碳中和目标也面临“两重”“两大”内部挑战。

一是产业结构重。中国仍处于工业化发展阶段，经济发展任务艰巨。2022年，中国工业增加值突破40万亿，占GDP比重达33.2%。其中制造业增加值占GDP的 27.7%[14]。近年来，中国主要工业品的能源消耗强度呈现显著降低趋势，但距世界先进水平还有较大差距。钢铁行业、电解铝行业比世界同期先进水平多消耗3%～5%的能源[15]。在可见的未来，第二产业的增长还将继续导致中国能源需求的刚性增长。

二是能源底色重。中国能源结构偏煤、能源利用效率偏低。2009年以来，煤炭在中国能源结构中的占比大约每年降低1%，2022年我国煤炭消费比重为56.2%。根据《关于完整准确全面贯彻新发展理念做好碳达峰碳中和工作的意见》的内容，到2060年，中国的非化石能源消费比重达到80%以上，考虑到石油和天然气未来的消费比重，煤炭消费占比的优化调整还需要更多的谋划。中国单位GDP能源消耗0.45吨标煤/万元[14]，约是世界平均水平的1.5倍、发达国家平均水平的2.9倍，未来还有很大的升级空间。

三是排放总量大。《中国应对气候变化的政策与行动》显示，2020年中国碳排放强度比2005年下降48.4%，超额完成了中国向国际社会承诺的到2020年下降40%～45%的目标，累计少排放二氧化碳约58亿吨。尽管在减排上取得了一系列成就，2022年，中国与能源相关的排放量约为121亿吨[16]，绝对值仍然巨大。同时，2016年以来，中国的人均碳排放也呈上升趋势，叠加中国的庞大人口，碳排放总量已经成为中国通往碳中和目标道路上的最大难题之一。

四是减排斜率大。历史上看，从碳达峰到碳中和，欧盟经历约70年，美国、日本经历40年左右，而中国仅有30年时间，这将体现为中国碳减排过程是一条斜率很陡的曲线。而且，欧、美、日等主要发达经济体的碳达峰，是伴随着经济发展到一定阶段出现发展模式变革后自然实现的碳达峰、碳中和，而中国的绿色发展模式变革与碳中和将同步进行，这也对中国统筹减排与发展的能力提出了极高的要求。

3.2 加快规划构建新型能源体系，推进中国式现代化

面对内外部挑战，中国能源行业必须结合资源禀赋实际，从更高的站位思考在碳中和愿景下如何发展的问题。党的二十大报告提出的新型能源体系建设为未来中国能源行业的发展提供了基本遵循。能源是国民经济的命脉，是人类生存和发展的重要物质基础。要想实现以中国式现代化全面推进中华民族伟大复兴，就必须在中国式现代化的理论框架内讨论新型能源体系建设。

第一，新型能源体系必须能够满足中国庞大人口带来的巨大能源需求，这包括获取足够的能源资源量，同时在保证发展和人民生活质量的基础上降低人均能耗，以有效控制总能源消耗量。中国作为制造业大国，能源产业的发展对于支撑国家现代化至关重要。

第二，新型能源体系必须符合全体人民共同富裕的愿景。在构建新型能源体系时，政府和国有企业在保障民生方面发挥着不可替代的作用，而民营企业则在新领域如可再生能源等领域具备强大的创新和发展能力。通过建立平衡的政府与市场关系，促进二者共同作为。

第三，新型能源体系必须坚持高水平的可持续发展。新型能源体系的建设不是一蹴而就，巨大的传统化石能源存量要求我们必须牢牢坚守“先立后破”的战略次序，不对存量搞破坏式替代。在增量方面，要控制新建化石能源项目，大力发展可再生能源项目，通过增加清洁能源的比重来减少化石能源在能源消费结构中的占比。

第四，新型能源体系必须与人与自然和谐共生的精神理念相契合。从精神文明角度解决开发与保护的关系，也就是厉行节约与促进消费的关系。让每一个人深刻理解消费是经济发展的目的，而节约是让人民以更低的成本获得更多商品与服务的有效手段。

第五，新型能源体系要打造开放合作的新格局。新型能源体系的构建也要与国内大循环为主体、国内国际双循环相互促进的新发展格局一脉相承。要把新型能源体系建设与构建人类命运共同体的伟大目标相结合。

4 相关建议

一是坚持战略思维，融入新发展格局。新型能源体系构建应始终将能源安全放在首要位置，旨在提高对能源的控制力，进而提升能源安全韧性，也就是要让能源体系在受冲击后，不会形成永久性的损伤，同时在较短时间内恢复，并且提升应对未来冲击的能力。一个能应对不确定性未来的能源安全体系应是韧性与可持续性兼顾，不仅能在冲击

后快速恢复，同时也能保持不断增长，因此能源韧性与能源转型同样相辅相成。

为了建设同时具备韧性与可持续性的新型能源体系，需要将能源行业充分融入新发展格局。既立足国内资源禀赋走中国式的能源发展道路，也要让技术和资源同步走出去、引进来，将能源资源紧紧嵌入全球产业链供应链中，形成回流循环的可持续贸易，让能源成为深化全球化、打造人类命运共同体的重要助力。如果不用国外的能源资源，又希望别的国家用我们的产品、用我们的服务，这种发展模式是无法持续的。

二是坚持辩证思维，兼顾绿色与安全。中国的资源禀赋特点决定了煤炭在能源结构中的安全托底保障作用。党的二十大报告指出，要立足我国能源资源禀赋，坚持先立后破，有计划、分步骤地实施碳达峰行动。在当前阶段，煤炭是“立”的重要基础，是存量的保证。推动煤炭清洁高效利用将是现阶段平衡绿色与安全的重要手段。从中长期来看，天然气是支持国家清洁低碳战略实现的重要方式。

在增量上，要持续推动风光等各类可再生能源的快速发展。而随着可再生能源大规模开发利用，相关的稀有材料、关键矿产资源等需求将供不应求。未来能源地缘政治焦点可能由油气转移至铜、锂、镍等金属上。确保关键矿产资源供应链安全稳定是发展可再生能源带来的新挑战，将成为能源安全的重要组成部分。

三是坚持创新思维，开拓能源前沿领域，把握当前新一轮科技革命和产业变革带来的机遇，谋划布局能源产业技术发展路径，充分利用政策支持、金融市场、企业投入等手段全方位地刺激、鼓励创新，坚持“三个一代”的原则，即“应用/生产一代”“储备/试验一代”“探索/研发一代”，实现科技创新与市场需求、保障能源短期消费与推动长期可持续发展间的平滑过渡，并在引领性、颠覆性技术上争取突破。

构建新型能源体系，要重点关注能源领域各板块互补融合的技术需求和融合方式，并以构建产业链为核心，将基础研究、关键技术与产业和商品有机结合起来，要特别重视企业在科技创新中的重要作用，不断提高中国能源技术的国际竞争力。

四是坚持系统思维，加强能源治理能力。在构建新型能源体系的过程中，形成配套的能源治理能力是关键。对内，围绕建设全国统一大市场的目标，激发市场主体活力，进一步吸引社会投资进入能源领域，健全油气期货产品体系，规范油气交易中心建设，构建绿色金融体系，完善绿色金融激励机制，加快建设现代能源市场。

对外，立足全球资源，聚焦“一带一路”沿线国家，统筹国际油气合作顶层设计，推进与周边国家油气基础设施互联互通，在多元拓展油气进口来源的同时，推动中国技术与中国标准走出去。深度参与国际能源市场，提高中国在国际市场的价格话语权和市场影响力，真正发挥世界第一大能源生产国和消费国的市场“风向标”作用。

参考文献

[1] Kumar, K. modernization [M]. Encyclopedia Britannica, 2023.

[2] 罗荣渠. 现代化新论：中国的现代化之路[M]. 上海：华东师范大学出版社，2013.

[3] 萨缪尔·亨廷顿. 变化社会中的政治秩序[M]. 上海：上海人民出版社，2008.

[4] Mitchell, B. International historical statistics : Europe, 1750–1993 [J]. Macmillan Reference, 1998.

[5] bp. bp statistical review of world energy [R/OL]. https://www.bp.com/content/dam/bp/business-sites/en/global/corporate/pdfs/energy-economics/statistical-review/bp-stats-review-2022-full-report.pdf.

[6] Intergovernmental Panel on Climate Change. Global warming of 1.5℃ [R/OL]. https://www.ipcc.ch/site/assets/uploads/sites/2/2018/07/SR15_SPM_version_stand_alone_LR.pdf.

[7] IEA, IRENA, UNSD, World Bank, WHO. Tracking SDG7: the energy progress report 2022 [R/OL]. https://un-energy.org/wp-content/uploads/2022/06/sdg7-report2022-full_report.pdf.

[8] Ritchie, H. Global inequalities in CO_2 emissions [R/OL]. https://ourworldindata.org/inequality-co2.

[9] Energy Institute. 2023 statistical review of world energy [R/OL]. https://www.energyinst.org/statistical-review.

[10] 鲁东侯. 全球油气资源并购市场呈复苏态势[N/OL]. 中国石化报，[2023-08-18]. http://www.sinopecnews.com.cn/xnews/content/2023-08/18/content_7073818.html.

[11] IEA. Global EV outlook 2023 [R/OL]. https://www.iea.org/reports/global-ev-outlook-2023.

[12] IRENA. Renewable power generation costs in 2022 [R/OL]. https://www.irena.org/Publications/2023/Aug/Renewable-power-generation-costs-in-2022.

[13] IEA. Digitalisation and energy [R/OL]. https://www.iea.org/reports/digitalisation-and-energy.

[14] 国家统计局. 中华人民共和国2022年国民经济和社会发展统计公报[R/OL]. http://www.stats.gov.cn/sj/zxfb/202302/t20230228_1919011.html.

[15] 陈素梅. 中国工业低碳发展的现状与展望[J]. 城市，2022(01)：63-69.

[16] IEA. CO_2 Emissions in 2022. [R/OL]. https://www.iea.org/reports/co2-emissions-in-2022.

Study on the Logic and Relation of Energy Transition and Modernization

Zhen WANG, Dong LIANG

CNOOC Energy Economics Institute

Abstract: Energy is the lifeline of the national economy and an important material basis for human survival and development. From a historical point of view, energy transformation and modernization go hand in hand, and have played a leading role in the process of the three previous industrial revolutions or modernization processes. Especially in Europe and the United States by virtue of first-mover scientific and technological advantages and colonial policy and the extensive use of traditional fossil energy successively achieved modernization. As more developing countries like China enter the rapid advancement of the modernization process, the massive consumption of fossil energy is facing the dilemma of climate environment and security of supply. In the face of the current intensive and active global scientific and technological innovation, a new round of scientific and technological revolution and industrial change will inevitably give rise to a new round of energy transformation. We must accelerate the green transformation of the development mode and plan for the construction of a new type of energy system, in order to realize the important energy security provided by the Chinese-style modernization.

Keywords: Chinese path to modernization; Energy transition; New energy system

美国Midland加入Brent原油定价体系的影响分析

田广武*，刘畅，张夏，陈琛

中国海油集团能源经济研究院

摘要： Brent基准原油相关的一揽子原油产量持续下降，为保证Brent原油流动性，2023年5月2日起，洲际交易所、普氏能源资讯等机构将美国Midland原油纳入Brent原油定价体系。Midland原油供应量大，性质与Brent原油接近，但需从墨西哥湾船运至鹿特丹。此次Brent一揽子原油首次增加欧洲北海油田以外的原油品种，引起了市场很大关注，国际基准原油价格及其结构发生较大变化。建议国内相关企业及研究机构加大对Brent基准原油跟踪监测和研究力度，必要时制定应对措施和方案，有效控制风险；加大对美国原油市场和跨大西洋船运市场的跟踪研究，更全面把握国际原油市场动向；加大对Platts和Argus等评估机构和评估过程的研究，作为国内原油期货业务拓展和原油贸易工作的参考。

关键词： Midland；WTI：Brent；原油定价

0 引言

洲际交易所（ICE）、普氏能源资讯（Platts）、阿格斯（Argus）联合宣布，自2023年5月起将美国米德兰原油（WTI Midland，简称Midland）加入布伦特（Brent）原油定价体系[1-2]。Midland原油产自美国得克萨斯州西北部，与Brent原油产地间隔大西洋，地理距离较远。在当前逆全球化形势下，在Brent原油定价体系中增加产自美国的原油，引起了市场热议。

1 Brent定价体系市场影响力大，增加Midland原油缓解流动性不足的问题

目前国际石油市场主要有三大基准原油，分别是ICE的Brent原油、纽约商品交易所（NYMEX）的WTI原油和中东的迪拜/阿曼（Dubai/Oman）原油。其中Brent原油对国际市场影响力最大，主要有四方面原因：一是基于海运原油定价，物流运输方便[3]；二

* 田广武，男，硕士，高级工程师，主要从事石油及原油加工经济性相关研究工作。E-mail：tiangw2@cneei.com.cn

是期货到期后采用现金交割，交易方便，期货市场参与者中产业用户占比约50%，远超WTI的10%；三是期货市场规模大，总持仓量比WTI多出20%，远超其他原油期货；四是作为多数原油的计价基础，全球78%的原油贸易量价格挂靠Brent原油（销售至亚洲的中东原油，定价基准原油Dubai/Oman通过金融工具与Brent市场相关联），有关数据如表1所示。因此，Brent原油更充分地反映了市场，标杆作用更大。

表1　2019年挂靠各基准的原油实货贸易量（单位：万桶/天）

Table 1　2019 global live crude oil trade volumes based on various benchmarks

原油品种	现货	长协	合计
Brent	1140	720	1860
WTI	160	360	520
ASCI	40	180	220
Dubai/Oman	400	1240	1640
Other	80	190	270
总贸易量	1820	2690	4510

资料来源：ICE

1.1　Brent原油市场结构科学合理，可不同角度实现市场价格发现

总体上看，Brent体系内部大致可分为四层[4]：Brent现货（Brent Spot）、Brent远期（Brent Forward）、Brent期货（Brent Futures）及掉期和期权市场（Brent Swaps and Options），如图1所示。其中，Brent现货和Brent远期属于实货范畴，随着时间的推移，远期不断转变成现货；Brent期货有不同月份的标的，随着时间的推移，远月期货也不断转变成近月期货，然后到期；三者之间通过互换合约相连。同时，Brent市场可通过金融

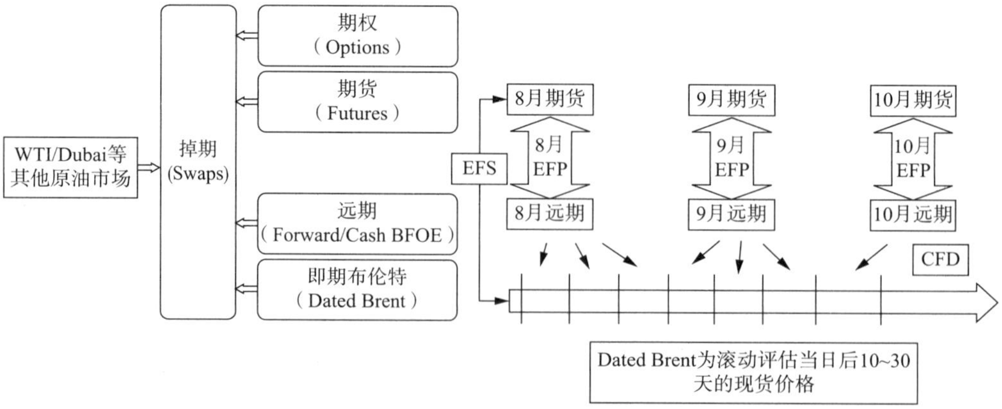

图1　Brent定价体系

Figure 1　Brent pricing system

工具与WTI、Dubai/Oman市场之间相连。上游石油生产商、下游炼油商、原油贸易商、衍生品交易商和管理基金等市场参与者可以根据自身需求选择不同点或多点介入该市场。

Brent的价格体系与Brent体系相对应，由现货价格、远期价格、期货价格和各种相关金融衍生品的价格组成。市场参与者在Platts报价窗口中询价或报价，在一定时间窗口达成一系列现货交易，Platts根据这些交易信息、期货走势等因素综合评估，形成即期布伦特（Dated Brent）评估价、远期布伦特（Brent Forward）评估价、各种转换合约价格、地区间（WTI、Dubai）原油价差等，并为全球原油实货贸易提供基准价格。洲际交易所使用价格评估机构数据编制Brent指数价格（ICE Brent Index Price）作为期货市场标的，通过大量的期货交易，形成市场普遍认可的布伦特期货价格（Brent futures），同时市场参与者频繁在期货和远期市场上套利，保证期货与现货之间价格良好的联动性。

1.2 Brent原油期货现金交割避免了实物交割的风险，期货与现货互转顺畅保证了价格的合理性

连接Brent期货与Brent远期的EFS（Exchange for Swap）合约、连接Brent远期与即期布伦特的CFD（Contracts for Difference）合约、连接Dated Brent与ICE Brent期货的DFL（Brent dated to Frontline）合约等均为Brent市场的一部分，加深了Brent定价体系各部分间的联系，如图2所示。目前Platts和Argus评估临近1～3个月的远期合约价格，远期合约中的卖家指定交付日后，其价格将被用来制定“即期布伦特”。在Brent期货到期前，买卖双方可对未来一定数量实物原油达成交易意向，通过期转现（Exchange for Physical，即EFP）机制将Brent期货持仓转为Brent远期，实现实货订购的效果。Brent期货到期后，可以用Brent指数价格作为交割价进行现金交割，即按照交割价格结算后自动平仓，无须实物交割。通过此机制，既可保证期货自由交易，避免因实物交割受限导致类似2020年WTI原油期货负油价现象；同时可将期货和现货市场有效结合，允许期货和现货市场存在一定差异，也一定程度上控制了这种差异的大小[3]。

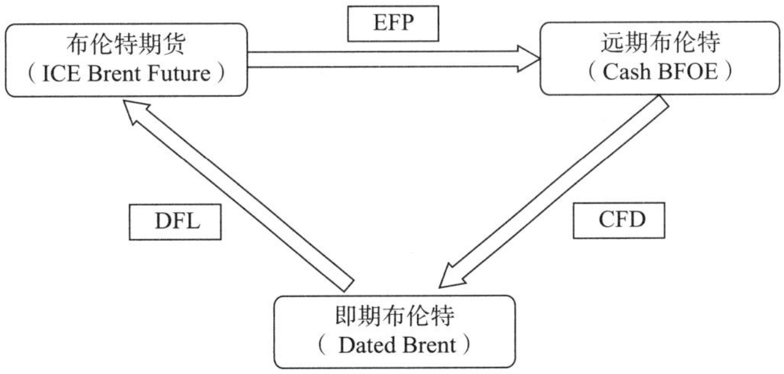

图2　Brent定价体系直接通过价差合约相连

Figure 2　The Brent pricing system is directly linked through spread contracts

1.3 为保证流动性，Brent体系不断增加新的原油品种

作为全球基准的Brent原油持续面临其产量下降的问题，Brent油田于1976年投产，1980年后Brent现货原油价格被定为北海原油现货价格基准，影响力不断扩大。随着Brent油田产量衰减，其市场流动性下降，被操纵的风险增加。为解决流动性问题，期货交易所和价格评估机构不断将新的原油品种纳入Brent价格体系。先是1990年尼安（Ninian）原油加入Brent原油形成Brent/Ninian Blend原油，2002年福蒂斯（Forties）原油和奥斯博格（Oseberg）原油加入，2007年埃科菲思科（Ekofisk）原油加入，2017年特劳尔（Troll）原油加入，形成BFOET（五种原油首字母）一揽子原油（或称Brent一揽子原油）。这五种原油均为北海地区原油，其整体产量仍在不断下降中，至2021年，BFOET一揽子原油的总产量再度降至83万桶/天（见图3），Brent现货市场再度面临流动性风险。

Midland原油对外流通量大，且其性质与Brent原油接近，最终被确定纳入Brent体系。为解决Brent现货流动性风险，期货交易所和价格评估机构研究将其他原油纳入Brent体系备选方案。北海地区的约翰-斯弗德鲁普原油（Johan Sverdrup）因产量较大（52万桶/天），曾经被考虑加入Brent体系，但由于性质（如表2所示）差别大，最终放弃[5]。此后，考虑了近年来大量流入欧洲市场的Midland原油，该原油源自美国得克萨斯州米德兰市，而米德兰市为原油运输枢纽，汇集了美国二叠纪产区生产的原油，可运至库欣地区用于WTI期货交割，也可运往墨西哥湾进行加工或出口。二叠纪产区是页岩油主要产区，产量大，据咨询机构伍德麦肯兹（Wood Mackenzie）数据，2022年，二叠纪产区产量为532万桶/天，占美国石油产量的29.9%，该地区仍有增产潜力，2030—2035年将增长至700万桶/天以上，如图4所示。Midland原油性质（如表2所示）与Brent原油性质较为接近，可满足欧洲炼油厂对原油性质的要求，出口量增长明显；2022年，美

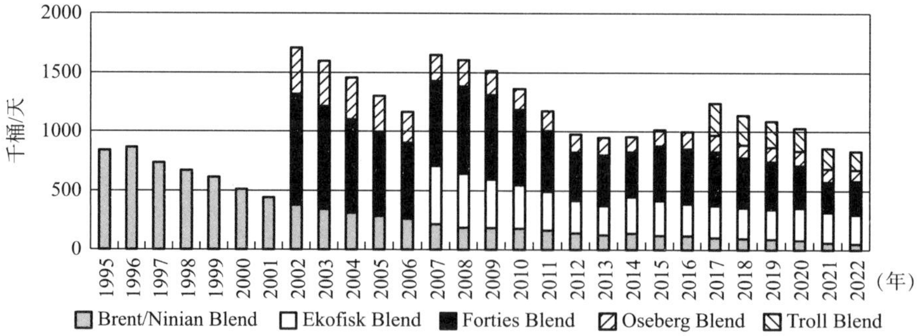

资料来源：Rystad

图3 Brent一揽子原油产量

Figure 3 Production of Brent basket

国出口的Midland原油超过90万桶/天，超过了BFOET五个油种的总产量，可大大缓解Brent体系流动性风险。

表2 相关原油性质

Table2 Property of related Crude oil

原油品种	地区	API	硫含量/%
Brent/Ninian Blend	北海	37.5	0.4
Ekofisk	北海	38.5	0.19
Forties	北海	38.7	0.64
Oseberg	北海	37.8	0.25
Troll	北海	35.9	0.14
Midland	美国	42.2	0.13
Johan Sverdrup	北海	28	0.8
Unity Gold	圭亚那	33.9	0.48
Buzios	巴西	27.7	0.28

资料来源：Platts、Argus

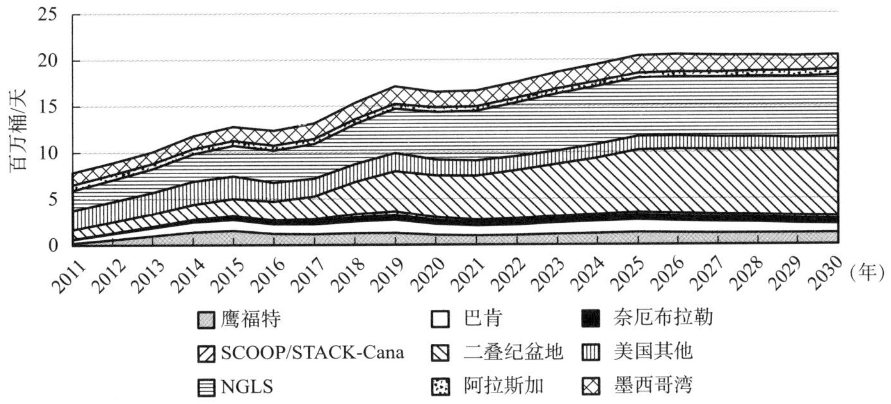

资料来源：Wood Mackenzie

图4 美国石油产量预测

Figure 4 US oil production forecast

2 Midland加入Brent体系后的效果和问题分析

2.1 Brent与WTI两大原油期货的联动性将有所加强，WTI主导了基准原油价格走势

Argus对外公布，5月2日至6月5日的24个交易日内，共有19船Midland通过Brent

原油交易体系的Platts窗口成交，而其他五种Brent体系的原油仅有1船Forties成交；同时，在24个交易日中14天Midland的价格最低，并被作为Dated Brent的定价油种。6月全月，Midland交易了13船，其他五种原油共交易了5船；价格方面，Midland在22个交易日中有18天最低，指定为即期Brent价格，并已基本主导Brent价格走势。近年来，欧洲和亚洲公司参与WTI市场的频度增加，不仅为了采购WTI原油，也为更直接地跟踪国际原油市场变化，以应对价格波动风险。

2010年以前，由于Brent原油性质略低于WTI原油，因此Brent原油价格一般低于WTI价格。2010年后，美国页岩油产量大幅增加，所在区域范围内WTI供过于求，其价格下降，最终低于Brent油价。2015年，美国解除原油出口禁令，WTI与Brent价差收窄并保持相对稳定[6]。2010年以来Brent和WTI的价格数据及关系如图5所示。2022年下半年，Brent–WTI为6美元/桶，每日变化率为0.48美元/桶；2023年5月底，价差收窄至4美元/桶左右，变化率收窄至0.12美元/桶。由于Brent原油期货增加了WTI因素，两者价格关系更加紧密。目前Brent与WTI的价差与跨大西洋运输及保险等费用直接相关。

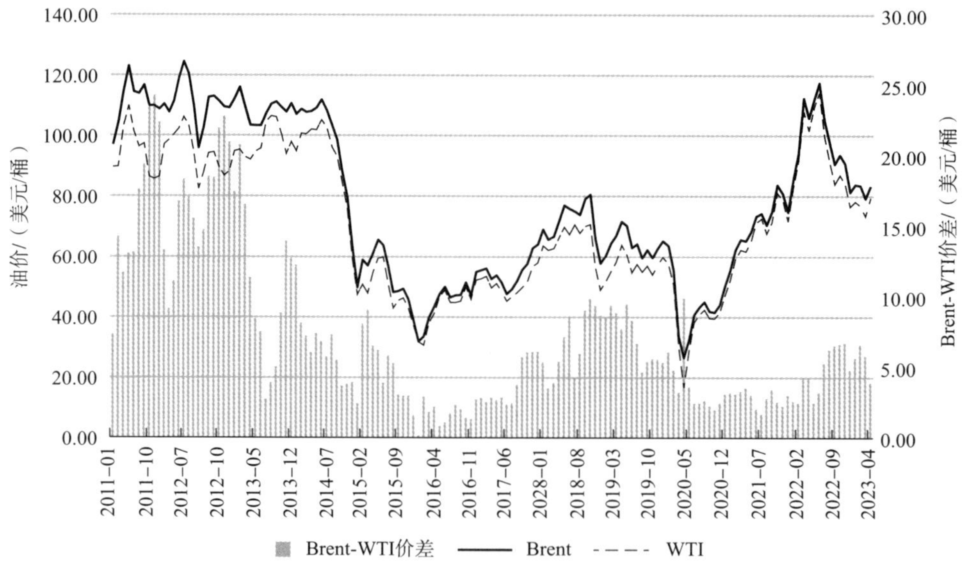

资料来源：Wind

图5 Brent与WTI期货价格走势

Figure 5 Brent and WTI future prices

2.2 短期看对国际原油市场的影响相对有限，但长期看必将进一步提升美国对国际原油定价的影响力

作为相对独立的Brent国际基准原油，其价格与全球经济、供需、库存、货币、地缘

政治等诸多因素相关。短期看，Midland加入Brent体系未引起明显的影响，但是Midland原油产于美国，其生产供应及销售受美国政府及相关政策（如释放战略石油储备等）影响，进而有可能影响Brent原油价格走势。美国凭借综合国力强、石油产量大和金融控制手段多，对国际原油价格有很大的影响力[7]。Midland加入Brent体系标志着美国将能够直接影响Brent原油市场，对国际原油定价权进一步提升。

2.3 Midland原油由墨西哥湾船运至欧洲，跨大西洋运杂费和运输所需时长成为Brent油价的影响重要因素之一

此前，Dated Brent的价格是以BFOET一揽子5种原油的评估价的最低价为标准，且按各油田的装船价为计价基准。Midland原油加入后，机制基本保持不变，Dated Brent的价格是取这6种原油的最低价，其中将Midland相关运费计入，计算方法如下：假定Midland美国墨西哥湾离岸价为80美元/桶，到欧洲鹿特丹的运费为3美元/桶，同一情景下北海至鹿特丹运费为1美元/桶，最终Midland评估价将为80+3–1=82美元/桶。美国墨西哥湾到欧洲的原油运费将体现在Midland的价格中。

跨大西洋运杂费直接反映在Midland的评估价中，将对即期布伦特价格产生直接影响，影响因素增加。乌克兰危机后，全球原油贸易格局向“区域化”演进，形成以俄罗斯为中心的“亚太石油贸易圈”，和以美国、欧洲为中心的“大西洋石油贸易圈”，全球原油贸易距离和运力需求显著增加，油轮运费整体走高，波动幅度增加，到目前尚未平息，未来Brent原油价格会受到运费的波动影响。

Midland原油由休斯顿船至欧洲14天的运输时间成为市场的关注点。Brent价格评估窗口时间跨度为10～30天，而对于Midland原油评估时间跨度有所拉大，未来市场或将更关注30～60天价格变化，Argus专业评论员认为该机制存在一定的割裂，存在潜在的风险。

2.4 受Brent基准原油体系调整影响，我国进口原油价格实际受WTI基准原油的影响程度上升

据中国海关总署数据（见表3），2022年，中国进口原油5.08亿吨，其中进口非洲、欧洲、亚太、中东的原油合计约4.52亿吨，而这些原油原本直接或间接挂靠Brent定价。后期，这些原油实际会受到WTI基准原油定价的影响，在原油进口交易中应予以关注。

表3　2022年分地区中国进口原油进口量

Table3　2022 China crude oil imports by region

地区	进口量/万吨	进口额/亿美元	挂靠油种
北美洲	1189.62	84.363139	WTI
南美洲	3731.68	270.262854	WTI
非洲	3997.63	353.572794	Brent
欧洲	9446.17	643.431229	Brent
亚太	4593.91	295.537646	Brent、Dubai
中东	27165.57	2002.717341	Brent、Dubai、中东官价
总计	50833.84	3649.885048	

注：从俄罗斯进口量统计在欧洲中。
资料来源：中国海关总署

3　结论及相关建议

由于欧洲北海油田不断下降，2021年底Brent一揽子原油产量合计仅为83万桶/天，其流动性问题凸显。洲际期货交易所和价格评估机构研究最终决定并实施了Midland原油加入Brent体系方案。从短期运行看，国际原油市场较为稳定，Brent期货持仓量及实货交易量明显增加，Brent与WTI两大原油期货的联动性有所加强，WTI主导了基准原油的价格走势。长期看，由于Midland产自美国，美国对国际原油定价的影响进一步增强；同时由于需计算Midland原油由墨西哥湾船运至鹿特丹，跨大西洋运杂费成为Brent油价的重要因素之一。建议如下：

一是我国原油对外依存度高达70%，国际原油价格变动对我国经济运行影响较大，需密切关注国际原油价格变动，在当前中美关系持续转冷趋势下，美国对国际油价影响力加大，需深入系统研究分析Brent基准原油价格的影响因素，并密切跟踪这些因素的变化，一旦发生异常情况，就制定预警和应对方案。

二是Brent一揽子原油中50%以上是运至鹿特丹港口的WTI原油，而中东原油价格主要挂靠阿曼或迪拜原油现货价，间接挂靠Brent[4]，亚太原油期货市场目前尚不统一、影响力有待提升，国际基准原油价格标杆实际仅剩WTI，风险加大。建议抓住时机进一步完善上海原油期货交易体系和相关配套措施，努力扩大我国原油期货的影响。

三是Platts和Argus评估机构在国际基准原油定价中发挥了作用，目前国内没有类似的机构和平台，应该加大对Platts和Argus评估过程的研究，建立健全类似的交易窗口/平台，不断完善国内原油期货。

四是由于Brent原油定价中增加了跨大西洋的运杂费因素，且跨大西洋运输所需时间跨度对Brent基准原油价格产生一定影响，不仅需加大对原油船运及相关配套服务的关注，努力降低进口原油的成本，而且需关注运输所需时间因素对Brent基准原油价格及相关交易的影响。

参考文献

[1] ICE Future Europe. Proposed Amendments to ICE Brent Index Calculation Methodology Implementation [R]. ICE Futures Europe, 2022,7.
[2] S&P Global Platts. Platts to reflect WTI Midland in Dated Brent, Cash BFOE from June 2023 [R]. S&P Global Platts, 2022.6.
[3] Global Crude Benchmarks: Brent Sets the Standard Part 1 [EB/OL]. https://www.theice.com/global-crude-benchmarks-brent-sets-the-standard.
[4] Global Crude Benchmarks: Brent Sets the Standard Part 3 [EB/OL]. https://www.theice.com/evolution-of-brent-its-markets-and-why-its-ecosystem-is-relied-upon-by-commercial-participants?utm_source2=ICE_FY21_Energy_Oil_Brent_EI_Report_Series_3_03302021.
[5] S&P Global Platts. Brent Benchmark Complex: Evolving necessity [R]. S&P Global Platts, 2021.6.
[6] Isabella Ruble, John Powell, The Brent-WTI spread revisited: A novel approach [J]. The Journal of Economic Asymmetrie, 2021.
[7] 徐建山，安雨康，梁萌，彭盈盈. 论石油市场权[J]. 国际石油经济，2020，28(07)：1-21.

Analysis of the Impact of US Midland Included into the Brent Pricing System

Guangwu TIAN, Chang LIU, Xia ZHANG, Chen CHEN
CNOOC Energy Economics Institute

Abstract: As the production of Brent basket declines,to ensure Brent crude oil liquidity, the Intercontinental Exchange (ICE), Platts as well as other pricing assessment agencies include US Midland crude oil into the Brent crude oil pricing system from 2 May 2023. Midland crude oil is available in large quantities and has similar property with Brent crude oil. However, it is shipped from the Gulf of Mexico to Rotterdam. This is the first time that crude oil other than European

North Sea fields have been added to the Brent crude oil basket. It is suggested that relevant domestic enterprises and research institutions strengthen the tracking and research on Brent pricing system, and prepare risk control measures. Secondly, pay more attention to the US crude oil market and the transatlantic shipping market; thirdly, since pricing assessment agencies such as Platts have influence on the international crude oil market, do more research on their pricing process and gradually try to use domestic crude oil futures as the price benchmark.

Keywords: Midland; WTI; Brent; Crude oil pricing

烷基化油征收成品油消费税的影响分析

贾曌*，田广武，于佳玉，王殿铭

中国海油集团能源经济研究院

摘要：2023年6月30日，财政部和税务总局发布《关于部分成品油消费税政策执行口径的公告》，其中重要内容之一是对烷基化油按照汽油征收消费税。此政策有效封堵了调油商税收漏洞，有利于成品油市场进一步规范化发展；政策对汽油市场价格影响较小，但对烷基化油产业链利润影响很大，生产销售液化气和醚后碳四利润下降，外购醚后碳四生产烷基化油的独立烷基化企业生存空间被大幅压缩，对于配置催化装置但未配置烷基化装置的炼油企业效益影响也较大。建议：一是企业应当准确把握政策要求，持续做好合规经营；二是炼油企业应优化调整生产方案，适当降低醚后碳四和液化气的产销量，并积极开展醚后碳四加工利用方案研究；三是有需要的炼油企业与独立烷基化生产企业应探索建立合作机制，实现互利共赢。

关键词：烷基化油；消费税；产业链

1 我国成品油消费税发展历程及本次政策出台背景

1994年，我国开始征收成品油消费税，随着国民经济发展和能源消费结构的逐步转变，成品油消费税政策也在不断改革完善。成品油消费税对于理顺成品油价格机制、规范税费收入、引导节约利用、减少大气污染物排放，促进绿色发展具有重要意义。我国成品油消费税发展历程可分为以下几个阶段：

立税开征，确定税目税额。1993年，《中华人民共和国消费税暂行条例》（国务院令〔1993〕第135号）确定消费税的征收范围、征收方式及税率等，规定生产、委托加工和进口汽柴油的单位需要缴纳消费税，汽油税额0.2元/升，柴油税额0.1元/升；2006年，调整消费税税目，增列成品油税目，汽油、柴油为成品油税目下的子目，新增石脑油、溶剂油、润滑油、燃料油、航空煤油五个子目，航空煤油暂缓征税；2008年，取消公路养路费、航道养护费、公路运输管理费、公路客货运附加费、水路运输管理费、水运客

* 贾曌，女，博士，高级工程师，主要从事石油石化市场分析、流程优化、产业规划研究。E-mail：jiazhao@cneei.com

货运附加费六项费用，提高成品油消费税单位税额，汽油、石脑油、溶剂油、润滑油税额提升至1.0元/升，柴油、航空煤油和燃料油税额提升至0.8元/升。

正向列举、反向兜底，持续完善消费税规定。2008年，规定进口石脑油和国产的用作乙烯、芳烃类产品原料的石脑油免征消费税；2012年9月，明确催化料、焦化料按照燃料油征收消费税；2012年11月，规定常温常压条件下呈液态状的产品，除沥青和标准石化产品外都需要征收消费税；2013年，引入《中国现有化学物质名录》《新化学物质环境管理登记证》《全国工业产品生产许可证》等文件来界定产品是否需要缴纳成品油消费税。

税额三连跳。2014年11月—2015年1月，三次调整成品油消费税税额，汽油、石脑油、溶剂油和润滑油税额提升至1.52元/升，柴油、航空煤油和燃料油税额提升至1.2元/升，航空煤油继续暂缓征收。

加强消费税监管，严堵税收漏洞。2018年，规定成品油发票须通过增值税发票管理系统开具，实现“以票控税，以进控销”。2021年，对进口混合芳烃、轻循环油、稀释沥青视同石脑油或燃料油征收进口环节消费税[1-3]。

持续查漏补缺，烷基化油等产品征收消费税。尽管成品油消费税历经多次调整完善，但仍有一定量未全额缴纳消费税的成品油流入市场。此次政策出台前，烷基化油在《中国现有化学物质名录》中，不征收成品油消费税。部分调油商通过外购烷基化油等汽油组分，经过简单调和，外售不缴税或少缴税的汽油，获取较高利润，扰乱市场秩序。2023年6月30日，财政部和税务总局联合发布《关于部分成品油消费税政策执行口径的公告》（2023年第11号文），主要内容如下：对烷基化油（异辛烷）按照汽油征收消费税，税率为1.52元/升，折合约2170元/吨；对石油醚、白油、混合芳烃、稳定轻烃等产品分别按不同标准征收消费税。

2　烷基化油产业链概况

2.1　烷基化油是理化性质最理想的商品汽油调和组分

烷基化油的主要成分为异辛烷，分子式为C_8H_{18}，纯异辛烷的辛烷值为100，工业生产的烷基化油辛烷值通常在95～98。近年来，我国油品质量升级步伐加快，表1为国Ⅳ到国ⅥB汽油标准部分指标上限变化情况，可以看到，汽油指标中对硫、苯、芳烃、烯烃等组分含量要求日趋严格。表2为主要汽油调和组分的性质，与现行国ⅥB汽油标准相比，催化汽油烯烃含量超过限值，重整汽油芳烃和苯含量超过限值，MTBE（甲基叔丁基醚）氧含量是限值的5倍，轻石脑油辛烷值达不到标准，甲苯和乙苯则全是芳烃。而烷基化油不含烯烃、芳烃、苯等物质，硫含量和其他污染物含量也很低，辛烷值高，是理化性质最理想的汽油调和组分。

表1　我国车用汽油标准部分指标上限变化

Table 1　The index limits of gasoline standards

指标	国Ⅳ	国Ⅴ	国ⅥA	国ⅥB
硫含量/（mg/kg）	50	10	10	10
苯含量（体积）/%	1.0	1.0	0.8	0.8
芳烃含量（体积）/%	40	40	35	35
烯烃含量（体积）/%	28	24	18	15
氧含量（质量）/%	2.7	2.7	2.7	2.7

表2　主要汽油调和组分性质

Table2　Properties of main gasoline components

指标	国ⅥB	烷基化油	催化汽油	重整汽油	MTBE	轻石脑油	甲苯	乙苯
辛烷值	92/95/98	94～98	90～95	97～105	110	75～85	106	100
硫含量/（mg/kg）	10	＜8	200～1000	＜1	＜8	＜1	＜1	＜1
苯含量（体积）/%	0.8	0	小于1	5～10	0	0	0	0
芳烃含量（体积）/%	35	0	15～40	65～85	0	0	100	100
烯烃含量（体积）/%	15	0	20～35	小于1	0	0	0	0
氧含量（质量）/%	2.7	0	＜1	＜1	18	＜1	0	0

2.2　烷基化装置产能增速趋稳，开工负荷偏低

我国烷基化装置起步于20世纪90年代，2011年后随着油品质量升级步伐加快，烷基化装置迎来快速发展，2019年后增速逐步放缓，图1为近年来我国烷基化装置产能和开

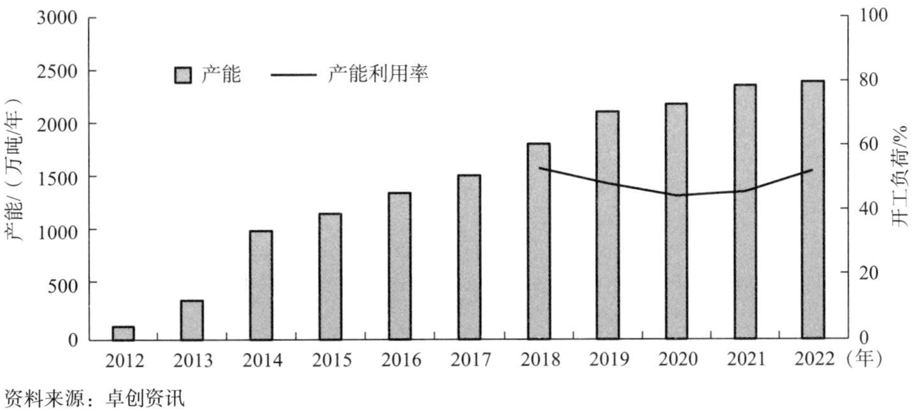

资料来源：卓创资讯

图1　我国烷基化装置产能和开工负荷

Figure 1　Capacity and load of alkylation unit

工负荷情况，截至2022年，我国烷基化装置总产能约2400万吨/年。烷基化装置按原料供应情况可分为两类：一是市场上采购原料的独立烷基化企业；二是企业内互供原料的一体化企业。

2014—2020年我国烷基化产能增速较快，目前产能基本趋稳，装置开工负荷偏低，近五年基本在50%左右。烷基化装置开工负荷低的主要原因包括：一是原料醚后碳四供应量不足，图2是近五年我国醚后碳四产量，基本维持在1000万吨/年左右，无法满足下游2400万吨烷基化产能需求；二是目前我国烷基化装置主要采用硫酸法工艺，产能占比近95%，硫酸废酸处理较复杂；三是烷基化装置能耗较高，典型装置能耗约150千克标油/吨，对企业节能降耗、降低碳排放影响较大[4]。

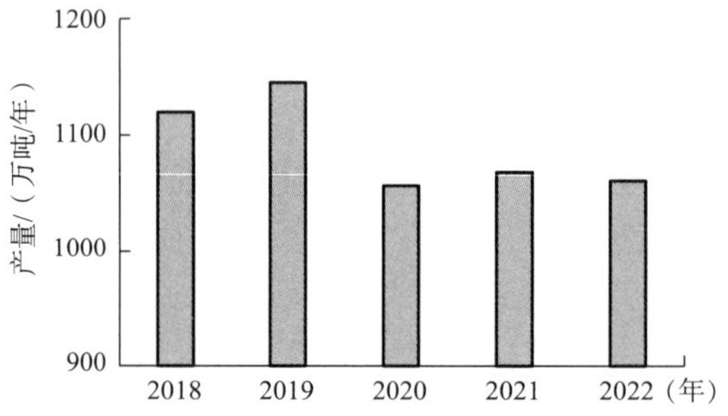

图2　我国醚后碳四产量

Figure 2　The output of C4

我国烷基化装置企业和地域分布较广泛，图3和图4分别为分企业和分地区产能分布情况。其中，中国石油、中国石化产能占比最大，分别为14%和12%，中国海油占比1%，新兴大型民营炼化产能也较大，浙江石化、恒力石化、盛虹石化分别占比4%、2%和1%，其余产能主要为民营企业，包含地方炼厂和独立烷基化油生产企业。我国主要省份均有烷基化产能分布，山东省产能最大达到650万吨/年，辽宁、浙江、安徽、广东等地产能也较大，烷基化装置产能与炼油产能分布趋势大致相同。

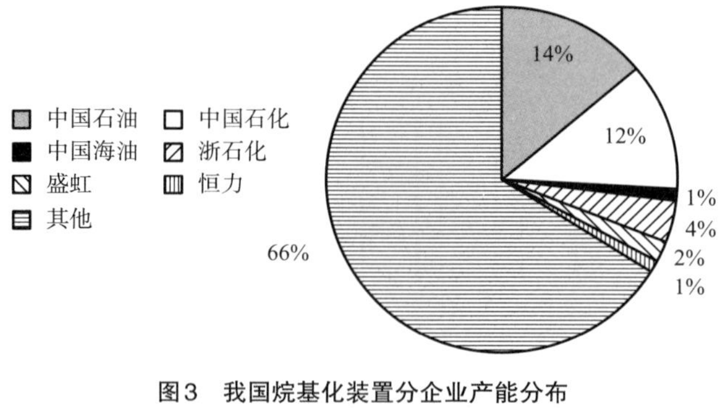

图3　我国烷基化装置分企业产能分布

Figure 3　Alkylation units distribution by ownership

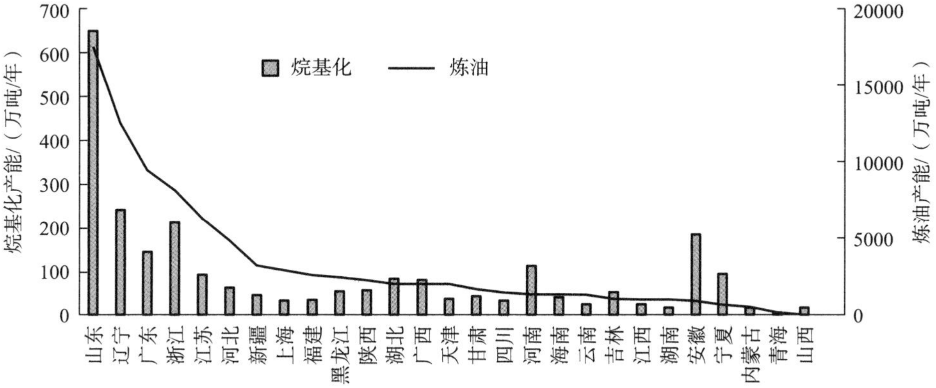

图4　我国烷基化装置分企业产能分布

Figure 4　Alkylation units distribution by region

2.3　烷基化油产业链较长，影响面较广

烷基化油的生产流程较长，图5为烷基化油生产流程示意图。原油进入炼厂后首先经过常减压装置，根据蒸馏点将轻重组分大致分开，其中较重的蜡油组分（通常为360℃以上的馏分）进入催化裂化装置。催化裂化装置主要生产催化汽油等组分，同时副产一定量的不饱和液化气。不饱和液化气经过气分装置将碳三和碳四组分分开，碳四组分进入MTBE装置，其中，异丁烯与甲醇反应生成MTBE，剩余碳四组分叫作醚后碳四。醚后碳四继续进入烷基化装置，其中，丁烯与异丁烷反应生成烷基化油，最后剩余少量丁烷等组分作为液化气外卖。

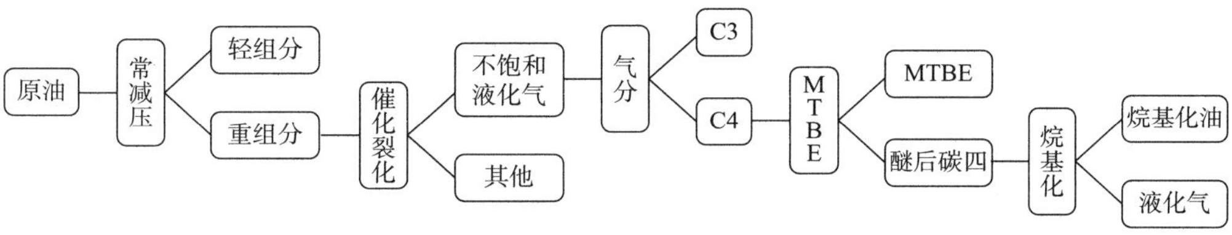

图5　烷基化油生产流程示意图

Figure 5　Alkylated oil production process

3　政策影响

3.1　对汽油价格影响很小，对烷基化油产业链影响显著

对汽油产品市场价格影响很小。2022年，我国汽油产量约1.6亿吨，烷基化油产量约1200万吨，烷基化油仅占汽油总量的7.5%。假设最极端情况下，2170元/吨的烷基化油

税费完全传递至汽油产品，按照7.5%的调入比例，汽油价格最多上涨163元/吨。实际价格变动情况如图6所示：7月初汽油批发价格上涨，之后震荡上行，截至8月中旬，汽油价格相比6月底上涨约500元/吨，而同期国际油价（Brent连续期货）上涨约10美元/桶、折合约500元/吨（油价涨幅 × 汇率 × 吨桶比），扣除同期原油成本变化影响，汽油价格变化不大。从汽油价格变化来看，对烷基化油征税基本没有影响市场汽油的价格。

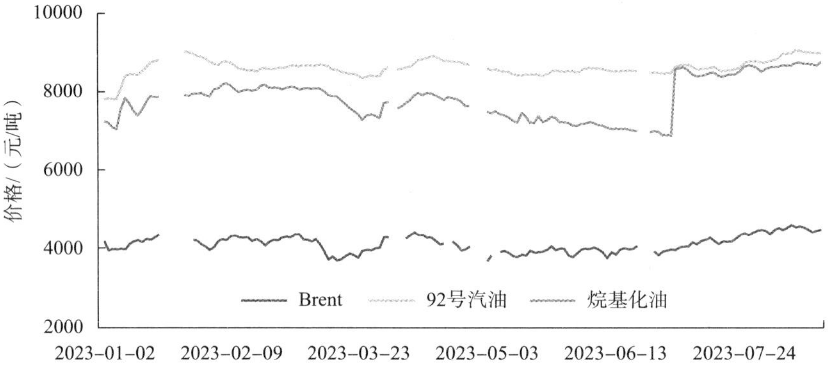

资料来源：卓创资讯

图6　原油、汽油、烷基化油价格走势

Figure 6　The price of crude oil, gasoline and alkylated oil

烷基化产品价格大幅上涨，原料价格大幅下跌，以烷基化装置为主的企业因税负增加效益空间大幅收窄。如图7所示，7月初烷基化油价格跳涨后小幅波动，截至8月中旬，烷基化油价格相比6月底上涨约1800元/吨，扣除同期国际油价变化影响，烷基化油价格上涨约1300元/吨。5月初关于烷基化油征收消费税的非正式消息传出后，醚后碳四价格应声下跌，之后大幅波动，截至8月中旬，醚后碳四价格相比4月底下降约600元/吨。尽管烷基化产品价格大幅上涨、原料价格大幅下跌，但消费税额高达2170元/吨，烷基化油生产的毛利增幅小于税负的变化，以烷基化油生产为主的企业效益空间大幅压缩。

国内民用液化气价格走弱，炼油厂液化气生产的效益下降。液化气价格影响因素较多，波动幅度较大，仅价格变化不易说明问题，因此通过分析国内外液化气价差关系说明国内液化气价格走势。国内选取民用液化气市场价，国外选取华东丙烷到岸价，以国内液化气价格减去华东丙烷到岸价差值进行分析。长期看，由于影响因素较多，国内外液化气价差波动较大，在乌克兰危机后，其价差基本维持正值。5月初，随着醚后碳四价格下跌，国内民用液化气价格随之下行，价差快速缩小，甚至由正转负，国内液化气相对价格显著走低，国内炼油厂外卖液化气的效益下降。

对烷基化油产业链利润影响显著。以原油价格为基准零点，将烷基化油产业链中各组分相对原油价格作图（含消费税和增值税），如图8所示。可以直观看出政策前后产业

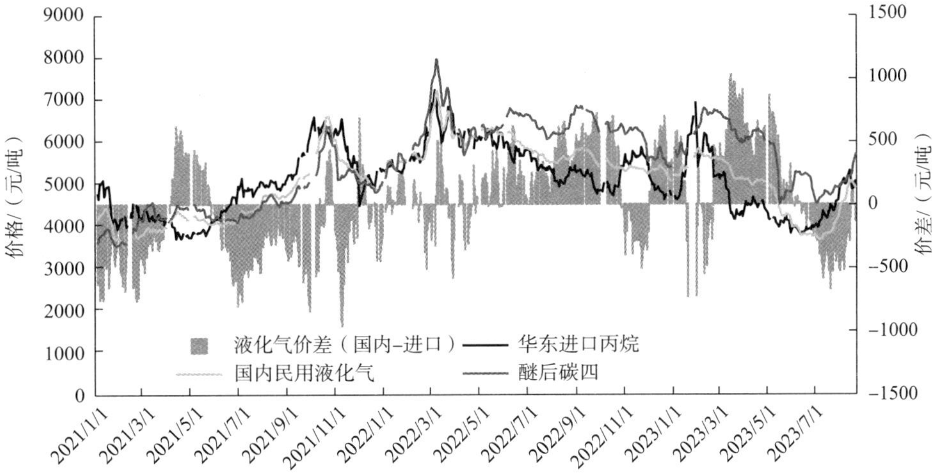

资料来源：卓创资讯

图7 醚后碳四、液化气价格及液化气价差走势

Figure 7 The price of C4 and liquefied gas

链利润的变化情况。政策出台后，国内液化气和国际原油价差显著缩小，价差从约900元/吨缩减至约500元/吨；醚后碳四和液化气价差显著缩减，价差从1000元/吨缩减至约400元/吨；烷基化油和醚后碳四价差扩大，价差从约1700元/吨增长至约3300元/吨，增长约1600元/吨，但考虑到税收增幅为2170元/吨，仍有约570元/吨的税收成本由烷基化装置承担；汽油和烷基化油价差显著缩小，由1000元/吨下降至200元/吨，外购烷基化油作为汽油调和组分的性价比降低；最终产品汽油和原油间的价差基本保持稳定。由此可见，烷基化油征税政策对汽油产品市场影响较小，对具备“原油–烷基化油–汽

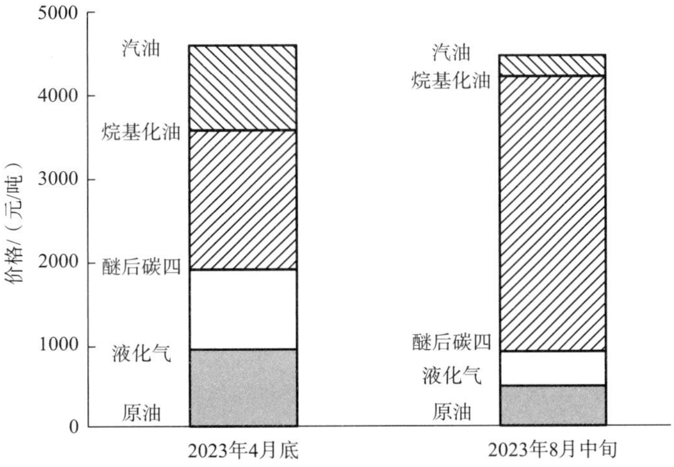

资料来源：卓创资讯

图8 烷基化油产业链相对价格

Figure 8 The price of alkylate oil production chain

油”全产业链且依法纳税的企业影响较小，但对产业链中各组分的利润影响显著，外售液化气和醚后碳四的企业利润显著降低，外售烷基化油企业售价提高但不足以弥补税收成本，利润也显著降低。

3.2 重点打击调油商，对正规汽油生产企业影响较小

调油商的原料成本显著增加，竞争力下降。此前，部分调油商外购烷基化油等汽油组分，经过简单调和，外售不交税或少交税的汽油产品，可获取较大利润空间，尽管数量不大，但竞争力很强，且扰乱市场秩序。政策出台后调油商很难再获得不带税的低价烷基化油，外购完税的烷基化油价格提高导致原料成本增加，利润空间大幅压缩，竞争力和生存空间显著下降，面临淘汰风险，正是此次政策的重点整治对象。

对依法缴纳消费税的炼油厂成品油业务影响较小，但催化裂化装置的操作需进行调整。对于生产烷基化油并用于企业内部汽油调和的炼厂，此次政策不涉及税收调整。对于外购烷基化油生产汽油，并依法缴纳汽油消费税的炼厂，根据我国消费税相关规定，外购汽油、柴油、石脑油、燃料油、润滑油用于连续生产应税成品油的，可以扣除已纳消费税税款，因此外购烷基化油增加的消费税可以用于抵扣外售汽油时需缴纳的消费税，总缴费额度不会增加，会占用少量资金成本，但总体影响较小。但催化裂化装置作为醚后碳四的源头生产装置，其液化气的价值下降，需优化操作，调整产品收率，实现该装置的最优化操作。

烷基化装置开工负荷进一步下降，行业有待整合。对于大型炼油企业中的烷基化生产装置，其产品可全部进入厂内汽油调和，但对于生产并外售烷基化油的企业，产品销售难度加大，装置利润大幅压缩，图9为我国烷基化装置开工负荷，可以看出政策实施后，装置开工负荷显著下降，截至8月中旬，烷基化装置开工负荷已下降至43%。部分烷基化油生产企业正研究如何转型，但难度较大。预计社会烷基化装置闲置可能量会进一步增加。

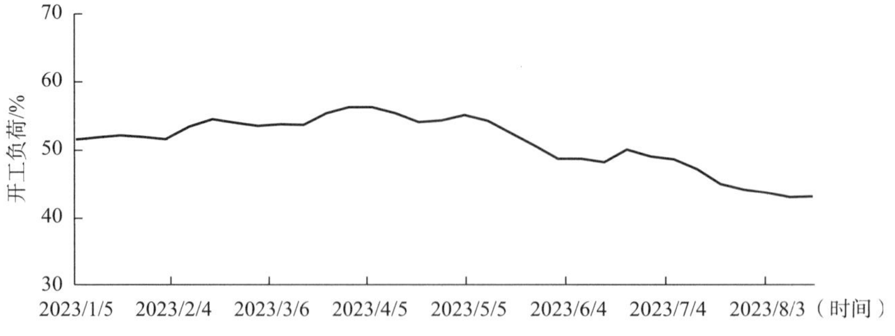

资料来源：卓创资讯

图9　我国烷基化装置开工负荷

Figure 9　The load of alkylation units

3.3 MTBE、甲苯、乙苯等作为汽油调和组分的性价比上升，需求量有所增加

目前常见的汽油调和组分中，MTBE、甲苯、乙苯等物质仍属于《中国现有化学物质名录》中，不征收消费税，性价比提升，下游需求量增加，图10为地方炼厂MTBE装置和我国甲苯装置开工负荷,可以看出政策实施后，装置开工负荷提升。MTBE开工负荷从6月的57%大幅上涨至8月的63%，甲苯开工负荷从6月的70%大幅上涨至8月的76%。但需注意的是，目前MTBE、甲苯、乙苯等物质确有部分用于化工品生产，不征收消费税符合政策要求，但若在效益驱动下大量转向汽油调和，也有可能面临和烷基化油一样的结果，最终被列入成品油消费税征收范围。

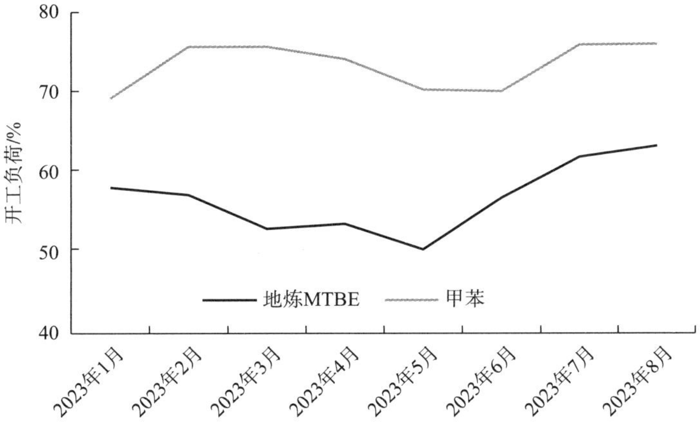

资料来源：卓创资讯

图10 地方炼厂MTBE和我国甲苯装置开工负荷

Figure 10 Load of local refinery MTBE and toluene unit

4 结论及建议

一是建议企业加强与税务部门沟通，准确理解和掌握成品油消费税政策的最新要求，及时调整企业的税务策略。进一步加强相关企业内部税务管理，持续做好合规经营。

二是建议炼油企业优化调整生产方案，积极开展醚后碳四加工方案研究。大部分炼油企业都具有催化裂化和催化裂解装置，并配套有MTBE装置，副产较多的液化气和醚后碳四。在目前醚后碳四和液化气外卖效益较差的情况下，建议炼油企业优化调整运行方案，特别是催化裂化装置的操作条件，适度降低液化气和碳四组分收率，增加自用量。同时建议企业与研究院合作开发研究醚后碳四的下游更多用途，提升其价值。

三是建议不具备烷基化装置的炼油企业与独立烷基化生产企业探索建立合作机制，定向供应醚后碳四并回购烷基化油，形成相对紧密的上下游一体化产业链，对炼油企业来说可以稳定醚后碳四销售渠道并优化汽油调和成本，对于烷基化汽油来说可以稳定烷基化油销售渠道，实现互利共赢，提高企业竞争力。

参考文献

[1] 刘伟琳．我国成品油消费税的绿色发展效应研究［D］. 石家庄：河北经贸大学，2022.

[2] 孟瑶．成品油消费税对交通运输业碳排放的影响研究［D］. 上海：上海海关学院，2022.

[3] 张静．成品油消费税征收环节的利弊分析及改革建议［J］. 当代石油石化，2021，29(04)：24–28.

[4] 何晓京．烷基化装置节能优化实践石油石化绿色低碳［J］. 石油石化绿色低碳，2022，7：54–58+64.

Analysis of the Impact of the Consumption Tax on Alkylate Oil

Zhao JIA, Guangwu TIAN, Jiayu YU, Dianming WANG
CNOOC Energy Economics Institute

Abstract: On June 30th, 2023, the Ministry of Finance and the State Administration of Taxation issued the announcement of the adjustment of the consumption tax on refined oil. One of the important contents is to levy the consumption tax on alkylated oil in accordance with gasoline. This policy effectively closes the tax loophole of social oil traders, which is conducive to the further standardization of the market; It has little impact on the price of gasoline, but has a great impact on the profits of the alkylated oil production chain. The profits of LPG and C4 decline. The living space of independent alkylating enterprises is greatly compressed, and the profit of refineries equipped with FCC but no alkylating units is also greatly declined. The first suggestion is that refineries should accurately grasp the policy requirements and continue to do a good job in compliance management. Second, refineries should optimize and adjust the production plan, appropriately reduce the yield of LPG and C4; Third, refineries without alkylation units and independent alkylating enterprises should cooperate to achieve mutual benefit and win-win results.

Keywords: Alkylate oil; Consumption tax; Production chain

美国页岩油气革命创新因素分析及对我国的启示

鲍春莉*，郝宏娜，周媛媛，夏玉涵

中国海油集团能源经济研究院

摘要： 页岩油气革命是创新的最佳实践之一。理论创新、技术创新、管理和商业模式创新共同促进了页岩油气的发展。其中，理论创新是基础，技术创新是最为重要的驱动力，管理和商业模式创新则是促进页岩油气规模化发展的有力保障。分析发现，美国政府对基础研究的长期投入及相应的财税政策保障、高竞争性的自由市场机制和专业协同分工的体系为美国页岩油气革命创新奠定了良好基础。在肯定创新对页岩油气革命的正向积极促进作用的同时，也要深刻认识我国页岩油气开采面临地质资源、政策机制等方面的差异，建议加强产学研融合布局创新，强化政策供给，创新商业模式和重视数字化智能化发展。

关键词： 页岩油气；创新；差异

0 引言

页岩油气革命被誉为21世纪以来石油工业最伟大的创新实践，彻底改变了美国油气产业，并深刻影响了世界能源格局。页岩油气革命既是资源、政策、技术、市场、基础设施等多重因素叠加的结果，更是创新发展的最佳实践。本文研究了美国页岩油气革命中的创新因素及作用，并结合实际对我国页岩油气创新发展提出了相关启示与建议。

1 美国页岩油气革命成功的创新因素

理论创新、技术创新、管理和商业模式创新共同促进了页岩油气的发展，其中，理论创新是基础，技术创新是最为重要的驱动力，管理和商业模式创新则是促进页岩油气规模化发展的有力保障。

1.1 理论创新开启美国页岩油气革命序幕

早期，受限于人们对常规油气藏地质和勘探的认识，在长达百余年的石油工业史中，

* 鲍春莉，女，博士，正高级经济师，主要从事能源经济与企业管理研究。E-mail：baochl@cneei.com.cn

页岩油气的发展非常缓慢，发展潜力曾备受质疑，直到理论界突破常规圈闭型油气藏地质理论，创立非常规连续性“甜点区”理论，突破了美国页岩油气发展禁区，页岩油气得以快速发展。以页岩油为例，美国1953年在威利斯顿盆地发现第一个页岩油田，之后几十年发展非常缓慢，直到2000年，“巴肯组烃源岩生成的油气可能更多地聚集在中段”的勘探新认识成功扭转了美国页岩油勘探局面，并发现了埃尔姆古丽油田，该理论创新在美国页岩油产业发展中具有里程碑意义。在此基础上，逐渐形成了稳定宽缓构造条件下海相页岩油气大面积连续聚集、在局部地区富集成藏的基本地质认识。2005年，美国EOG能源公司将地质理论创新与工程应用相结合，在帕歇尔油田的开采测试中取得了成功，从此揭开美国页岩油大开发的序幕[1]。

1.2 技术创新推动美国页岩油气革命突破式发展

技术突破是推动美国页岩油气高效开发、快速发展的关键因素。在美国页岩油气的众多技术体系中，水平井和压裂技术是促进上产、降低成本至关重要的技术，以页岩气为例，2002年以前，美国页岩气以垂直井为主，采取凝胶或泡沫压裂技术，成本较高、效果较差。2003年，戴文能源公司在美国政府的资助下，将随钻测井设备技术应用到页岩气水平井开发，在巴肯的7口页岩气试验水平井取得巨大成功[2]。水平井的采收率是垂直井的3倍，同时相较于凝胶压裂技术，水力压裂技术可节约50%～60%的成本。到2009年，Barnett页岩储层水平井在新钻井中的比例超过95%，助推页岩油气革命的实现[3]。根据美国知识产权局的数据，2014—2019年，页岩油气领域的专利数量呈现出了爆发性的增长趋势，标志着进入技术的高速发展（图1）。这一时期，水平井技术逐步向“井工厂”模式发展，压裂技术向多级分段压裂、同步压裂和重复压裂方向发展，压裂

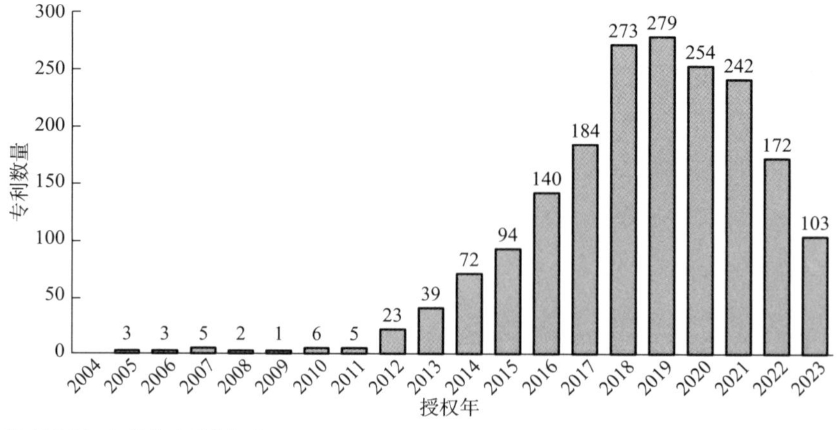

资料来源：智慧芽专利数据库

图1 2004—2023年美国页岩油气相关技术专利数量

Figure 1 Patents in the United States Shale Oil and Gas industry from 2004—2023

效率不断提升，据美国能源署（EIA）报告，2020年北美水平井压裂井数超过15.3×10^4口[4]，水平井压裂技术总体上已趋于成熟[4]。

1.3 管理和商业模式创新推动页岩油气大规模开发

页岩油气的发展历程伴随着油价的多轮起伏，管理和商业模式创新对页岩油气规模化开发起到至关重要的作用。首先，根据甜点预测结果对页岩油气进行分级管理。例如页岩油按照平衡油价分为5级，平衡油价也从第一级的30美元/桶到80美元/桶，页岩油公司可根据国际油价的实际变化情况进行分级开发，提升页岩油开采的经济性。其次，采用“井工厂”的开发模式，借助于水平井技术的进步，尤其是大位移水平井技术的应用，在同一井场里集中布置建设多口井，可有效扩大页岩油气的开发范围，提高经济效益,单一平台工程成本降低30%以上。最后，创新性地采用“库存井”的管理模式。即先钻井，根据油价决定完井投产的时机，具有前期投资少、投产周期短的特点，可对市场变化迅速做出反应，从而提高资本的生产效率。例如，在2019年下半年至2020年，页岩油公司在二叠纪盆地外输限制缓解后快速通过库存井投产来提高产量。2019年核心区库存井投产的盈亏平衡价为21美元/桶（1吨 = 7.35桶）（西德克萨斯中间基原油价格，即WTI油价），而新钻井投产的盈亏平衡价为34美元/桶[5]。最后，油公司与油服公司建立共同发展新机制。例如，斯伦贝谢与作业者围绕“提高单井产能”目标，协商提出服务标准和目标，建立风险共担的合作机制，由斯伦贝谢开展技术研究和一体化增值技术服务，若达到目标，作业者按约支付费用，超产则按比例分成，若未达标，则由斯伦贝谢承担相应责任。该模式在北美大获成功，在二叠系盆地实施效果尤为突出，钻井效率大幅度提高，单井平均产量提高近40%[6]。

2 美国页岩油气创新具备良好的政策与市场条件

美国页岩油气革命创新的成功，不仅因为其具有丰富的资源和良好的地质条件，更归功于政策、研究、资金、机制等各方资源的投入。良好的创新生态与深度融合创新为美国页岩油气行业的蓬勃发展奠定了扎实的基础。

2.1 政府长期的基础研究投入和财税政策支持技术创新

美国政府在促进页岩油气创新方面起到了关键的引领助推作用。一方面，美国政府出资并组织开展了大量的页岩油气基础研究活动。仅在非常规气领域，美国政府30年时间就先后投入了60多亿美元进行勘探开发，其中，10多亿美元用于研究和培训。例如，

2004年发布的《能源法案》规定十年内每年投资4500万美元用于非常规气研究。此外，美国还专门设立了非常规油气资源研究基金会，为美国企业在全球范围内开展页岩油气开发与合作提供必要的技术支持。一些半官方机构，如天然气研究所（GRI）也积极参与并支持了众多非常规气的技术研发项目。1978年，美国能源部发起并实施了东部页岩气工程，该项目着重于评价资源规模、拓展自然裂缝网络知识等基础研究，产出的大批基础研究成果对页岩气进入实质性开采起到了关键性作用[7]。另一方面，美国政府在财税政策方面也予以积极支持。例如，在页岩气开发早期，出台系列财政补贴和税收减免政策，刺激大量企业积极投身于页岩气产业中。例如，美国非常规天然气可享受每桶3美元的补贴政策从1980年开始持续了22年，并于1992年进行相关补充。1997年的《纳税人减负法案》和2005年的《能源法案》均延续和扩展了非常规能源的补贴政策和范围[8]。财税政策的强力支持大大激发了企业，尤其是中小企业对页岩油气开发的积极性，纷纷投入力量进行技术研发，促进了页岩油气领域技术的快速发展[9]。

2.2 较为完备的市场条件推进页岩油气资源规模化开发

美国高度市场化的页岩油气开发模式极大地提升了油气公司的创新效率。产权清晰和自由市场化运作模式让美国页岩油气开发中各参与主体可以高效率地分工协作[10]。第一，土地私有化制度保证了矿业权可以自主经营或通过市场交易自由出让。流动的土地购买和出售机制，使企业可以灵活地在不同产区不断钻井、试验，以寻找页岩成藏带的最佳位置，并将开采规模扩大至生产所需的数百或数千口井，大幅提高了投资效益[11]。第二，美国页岩油气产区大多与常规油气产区重合，储备了较为丰富的地质数据资料，市场化机制衍生出从事地质勘探和数据收集的专业服务公司，可以向市场主体销售其地质资料、数据和相关服务，从而大大缩短了页岩油气勘探开发的进程，降低了相应的风险和成本。第三，美国高度发达的金融业为企业融资提供良好基础，更为中小型油气公司提供了丰富的融资选择，2011年外国资本在美国页岩油气领域并购达40余例，总投资564亿美元[12]。这些风险投资和国际资本的注入，掀起了美国页岩油气开发热潮，加速了创新进程。

2.3 专业协同分工体系推动管理创新和繁荣创新生态

据统计，初期美国页岩油气产业中涉及8000多家油气公司，其中7900余家是中小企业，是推动页岩革命的主体[12]。2000年左右，美国大型油气公司通过并购、收购小型技术公司来获得关键核心技术，并与自身公司现有的技术进行整合，大大提升了页岩油气开采效率。同时，大公司注重对前瞻性技术项目的研发投入，即使是在2015—2016年国际油价暴跌期间，埃克森美孚、雪佛龙等企业依然保持着稳定的研发经费支出，其前瞻性科技战略部署既为自身留下了科技创新的“先手棋”，也为许多中小型技术公司的创意项目提供了资金支持和商业技术指导，促进了更多新创企业的诞生。此外，技术服务公司之间的专业化分工与协作也促进了页岩油气的开发，专业技术服务公司在开发过程中的高度分工和相互接替，使得页岩油气开采的单个环节具备了投入小、效率高、作业时间短、资金回收快、资本效率高等独特优势。大小企业共同参与页岩油气革命，专业分工协作共同促进管理创新，同时也繁荣了创新生态。

3 美国页岩油气产业革命为我国带来的启示与建议

美国页岩油气革命的成功是各类因素综合累积的结果。中国页岩油气虽然具有与美国类似的资源储备及开发潜力，但目前仍处于起步阶段。除资源赋存条件和技术水平等差异外，我国的矿权管理模式、政府监管框架、油气行业发展模式也都有别于美国。因此，自主创新是我国页岩油气开发，特别是海上页岩油气发展的必由之路。

3.1 中美页岩油气行业存在的差异

美国页岩油气行业之所以实现了大规模的商业化开发，除了多种创新因素与良好的创新生态深度融合发展外，还得益于其更好的地质条件、更高的市场化程度以及完备的法律制度等因素。中美页岩油气行业面临着不同的发展环境，应对其差异形成理性化的认识，以便找准发力点。

一是地质条件和开发方式方面的差异。北美页岩油生成于海相盆地，具有埋藏深度适中、单层厚度大、有机碳含量大、页岩脆性好等特点，因此开采时单井产量高，较易实现大规模的商业开发；而中国页岩油主要为陆相盆地，页岩沉积构造稳定性较差、非均质性强、地层能量较低，具有埋藏度深、成熟度偏低，储层非均质性强等特点，开发探索周期较长，单井产量低，利用现有的人工压裂改造技术较难实现大规模商业化开发。

此外，海上页岩油气开发与作业模式与陆上也存在较大差异。由于海上页岩油气开采成本高昂，以效益为目标的国际石油公司并没有做太多的海上页岩油气技术超前布局，相较于陆地，国际上可供借鉴的海上页岩油气开发先进技术不多。陆上一些成熟的页岩油气技术很难借鉴到海上，例如海上轻型压裂船的设计研发、海上压裂作业模式等均需要根据实际情况创新。因此，通过借鉴美国页岩油气创新的成功经验，我国要发展页岩油气大规模开发迫切需要战略性的超前布局与坚实的理论研究基础。

二是商业发展程度的差异。相较于我国，美国更加成熟和市场化的金融市场与信用市场能够为企业提供更多元化的融资方式。对于美国的中小型科创企业来说，募集资金用于技术研发更加便捷可行。在我国，非常规油气勘探行业的门槛仍相对较高，社会资本难以进入，因此中小型科技企业缺乏激励与动力去投入资金与精力进行技术创新攻关。高校、科研机构与企业的协同合作程度不高，许多学术性的理论创新缺乏落地的应用与实践，成果的应用转化率需要提升。

三是法律与政策方面的差异。美国严格的知识产权保护制度保障了技术研发者的权益，企业可以通过核心技术攻关占据极大的优势。此外，美国的私人矿权制度使得矿权者能够轻松地参与和退出市场。我国如果将发展大规模商业化的页岩油气开发作为目标，则需要更为明晰的矿权制度。目前，我国存在页岩气分布区与常规天然气分布区重叠的问题，另外在涉外方合作方面也缺乏足够明朗的政策，企业难以与技术较为成熟的外商展开合作或引入外方资本。

3.2 对我国页岩油气行业发展的建议

美国页岩油气革命的爆发虽有其独特条件的因素，但仍具有共性经验，值得我国油气行业进行学习和借鉴。良好的行业发展离不开政府部门的牵头引导作用，同时，油气行业的头部企业也应加强前瞻性、系统性思维，做好顶层设计与战略远景布局。

一是加强产研学融合布局。对于任何企业而言，其自身资源与优势都是有限的，合作共赢才是长久发展之道。因此，企业、科研机构与高校应协同分工、集成化发展，实现技术创新上、中、下游的对接与耦合。中国页岩油气行业若想要实现类似美国页岩油气革命的高速发展，便离不开前端性、系统性、融合性的战略布局。建议持续优化基础研究与应用实践相结合的模式，本着“优势互补、相互协作”的原则，促进科研机构与企业之间的合作，以应用目标为导向，加大理论研究力度与成果应用转化效率。

二是发展良好的商业模式。好的商业路径是行业蓬勃发展的关键，良好的商业模式甚至能带来比单一技术革新更大的影响力。建议着力提升技术创新与商业创新的融合发展，有效引入社会资本与外方资本，形成多元化的投资主体，为科技创新型企业拓宽市场融资渠道。

三是提供良好的政策支撑。中国的页岩油气行业探索周期长，技术难度大，成本高昂，不确定性较多。建议做出政策与体制机制上的调整，通过有效的产业政策与专项基金投入，引导大型油气企业做好战略性规划与顶层设计，激励中小型技术企业与民间力量积极参与，因地制宜地打造出中国页岩油气行业的独特产业优势。

四是扶持数字化智能化发展。通过数字化智能化与传统技术的叠加，可以实现

"1+1>2"的技术创新影响力，提升产业核心竞争力，推动高质量发展。建议推动数字化智能化赋能页岩油气行业，推动跨学科、跨领域的深度融合，引导企业创新发展；打破行业创新链上不同主体之间的信息壁垒，提升全产业链的协调应用效率。

参考文献

[1] 郭旭升，黎茂稳，赵梦云．页岩油开发利用及在能源中的作用［J］．中国科学院院刊．2023，38(01)：38–47.

[2] 王世秋，卫永刚，王国庆，等．美国页岩气技术代际特征及成功因素分析［J］．当代石油石化．2020，28(08)：25–28.

[3] 阎存章，李鹭光，王炳芳，等．北美地区页岩气勘探开发新进展［M］．北京：石油工业出版社，2009.

[4] U. S. Energy Information Administration. Drilling productivity report［EB/OL］. (2021–08–16)［2021–09–10］. https://www.eia.gov/petroleum/drilling.

[5] 张宇，崔发展．我国页岩气开发的路径思考——基于美国"页岩气革命的启示"［J］．西安石油大学学报（社会科学版），2016，25(05)：99–106.

[6] 王泽方．美国页岩气开发情况分析［N］．中国财经报，2013–10–31.

[7] 刘宝发．美国页岩气产业发展与融合创新对中国的启示［J］．重庆科技学院学报（社会科学版），2016(10)：30–32+41.

[8] 徐妍，赵喆，丁鹳，等．美国页岩气产业发展的成功经验及对我国的启示［C］//中国电机工程学会．2013年中国电机工程学会年会论文集．成都：中国电机工程学会，2013：2529–2535.

[9] 周杨．美国页岩气革命的启示——基于制度创新的视角［J］．经济论坛，2019(12)：149–152.

[10] 田甜，胡亚才．美国天然气市场法规及政策演化的启示［J］．能源工程，2004(6)：1–5.

[11] 孙海泳．小公司如何撬动能源大格局［N］．中国石油报，2016–07–07.

[12] 孙海泳．中小企业在美国页岩革命中的作用与启示［N］．国际融资，2014–9–15.

Analysis of Innovation Factors in the US Shale Oil and Gas Revolution and its Enlightenment to China

Chunli BAO, Hongna HAO, Yuanyuan ZHOU, Yuhan XIA
CNOOC Energy Economics Institute

Abstract: Shale oil and gas revolution in the United States is one of the best practices for innovation. Theoretical innovation, technological innovation, managerial innovation and business model innovation collectively promote the rapid development of shale oil and gas industry. While theoretical innovation provides solid foundation for the revolution, technological innovation acts as the most important driving force, managerial innovation and business model innovation facilitate the scale production of shale oil and gas. According to our analysis, the US government's long-term investment in basic research and corresponding preferential policies, the highly competitive free market mechanism and the system of professional synergy have laid a good foundation for innovation to take place. While affirming the positive role of innovation in promoting the shale oil and gas revolution, it is vital to acknowledge the differences in geological resources and policy mechanisms between China and the US. We suggest a stronger collaboration between institutes, enterprises and universities, better institutional environment, more managerial innovations, and a stronger integration of technology, digitalization and artificial intelligence.

Keywords: Shale oil and gas revolution; Innovation; Differential analysis

海上风电开发碳减排量指标的关键问题探究

张亦弛[*1]，蔺苑[2]

1. 中国海油集团能源经济研究院；
2. 亚洲基础设施投资银行

摘要： 在可再生能源产业逐渐成熟以及中国的核证减排机制亟待与国际接轨的行业背景下，本文分析了可再生能源电力开发碳减排量中额外性的内涵，指出了使用有关方法学传统实施方式存在的若干问题。在此基础上，探讨了新形势下开发集中式海上风电碳减排指标的新思路，探索研究了按"边际有效额外性"原则核定具有真实减排效应的发电量，并调整相应碳排放因子等实现方式。最后按本文所提思路，以我国典型沿海省份为例，依据实际资源数据，给出海上风电项目减排量开发的评估匡算示例。

关键词： 减排量指标；海上风电；额外性；CDM；CCER；电力市场

0 引言

自《联合国气候变化框架公约京都议定书》签订以来，碳减排量指标①的开发和抵消就成为不同控排（及非控排）体系间通过交易机制降低总减排成本，助力实现抑制全球变暖的重要手段。在已开发的清洁发展机制（Clean Development Mechanism，CDM）、核证自愿减排量（Voluntary Emission Reduction，VER）、中国核证自愿减排量（China Carbon Emission Reduction，CCER）等各种碳减排量指标中，可再生能源发电项目占比最大。

随着我国新能源产业的长足发展，电力市场、国家（及试点）碳市场等相关市场环境相比CDM时期发生了巨大变化。陆上风电光伏随着成本的大幅下降已很难认定具有开发碳减排指标的额外性，而海上风电、光热发电等逐渐进入规模化商业开发的新兴可再生能源技术路线体现出一定的碳减排量开发潜力。

* 张亦弛，男，（法国）通用工程师学位，工程师，主要从事全球能源转型和清洁能源产业研究。E-mail：zhangych52@cneei.com.cn

① 为了体现广义核证减排机制范畴下的海上风电碳减排量开发（含行业碳普惠等），避免指代范围与其包含的国家自愿减排核证机制等相混淆，本文统一按"碳减排量指标"指代已存在或未来可能建立的（海上风电）碳减排量核证机制这一整体概念。

2023年10月，生态环境部重启了CCER机制，并公布了第一批纳入新CCER的四类项目及其方法学，（并网）海上风力发电包含在内。在这一形势下，有必要对可再生能源发电的减排量开发方法学进行再认识，对新兴技术路线、尤其是海上风电碳指标开发中的额外性论证、减排量计算以及碳信用交易衔接等问题进行再探讨，必要时对相关方法学的未来实施方式提出创新性建议。

1 并网可再生能源发电开发减排量方法学及其相关机制概述

1.1 CDM

CDM即清洁发展机制，是《京都议定书》框架下三种灵活减排市场化机制之一。EU ETS（欧盟碳排放交易体系）第一、二阶段（2005—2012年）允许控排企业配额清缴履约时部分以CDM项目所产生的核证减排量（CER）进行履约，成为CER的最大使用场景和需求来源。中国注册的CDM项目中74%为可再生能源发电类项目，以风电和水电为主。随着EU ETS第二阶段于2012年末结束，欧盟规定2013年起仅接受最不发达国家新注册的CDM项目及新签发的CER，导致中国申请CDM的项目数量骤减。

根据联合国执行理事会公布的方法学，CDM机制下并网可再生能源发电项目的适用方法学为ACM0002。值得注意的是，该方法学中基准线情景的设定要求识别相关替代情景[1]，并从中选取基准线情景，用于判定额外性及核算减排量。同时，在（基准线）排放因子的计算中，给出了针对不同类型的可再生能源调整电量/容量边际排放因子权重的相关建议[2]。

1.2 CCER

CCER即中国自愿减排核证机制，为后CDM时代的产物。2013年由国家发改委启动，2017年暂停，2023年10月由生态环境部重启。在使用场景上，2013年起陆续启动的试点碳市场和国家碳市场均允许一部分需清缴的配额以CCER进行抵消，另外非纳管企业也可用CCER进行碳抵消和碳中和。

值得注意的是，CCER作为国内的减排标准，对项目额外性论证的要求有所降低。这在国内初步探索碳交易时期起到了促进项目多元化发展的作用，短时期内快速增加了参与项目的数量和类型，但导致额外性不足，低质量CCER指标也可能因此进入中国自愿减排市场[3]。另一方面，碳市场初期纳管企业获取的配额数量充足，且绝大多数非纳管企业并没有强烈意愿进行碳抵消和碳中和，造成市场供需失衡和交易低迷，成为国家发改委2017年暂缓受理新的CCER项目的申请和签发的重要原因之一。

CCER重启后，暂停前的方法学全部作废，由四个新方法学取而代之。此次重启为中国碳市场带来新的活力，为合规项目带来减排量交易机会。同时，新方法学对额外性论证的要求较原方法学做了进一步简化，可能会影响到CCER未来与国际碳减排机制接轨，及其方法学国际化过程中的可信度和认可度。

1.3 其他核证碳减排机制

其它自愿碳减排机制主要为独立第三方组织管理的碳减排核证机制，广泛应用于全球自愿减排市场中。国际上的自愿减排标准如自愿碳减排核证标准（VCS），黄金标准（GS），气候、社区和生物多样性标准（CCB）等。VCS是目前最大的独立碳减排机制，CDM机制下的方法大部分可用于注册VCS项目，且均需要验证额外性，流程上较CDM有一定简化。GS已备案的39个方法学中，可再生能源发电为八大领域之一，其额外性验证方法采用CDM批准的额外性分析工具，但部分要求严于CDM。两个标准目前仅接受来自最不发达国家的可再生能源项目，并对技术类型予以限制，倾向于仅接受少数技术尚不成熟的项目类型①。这些自愿减排指标通常用于未被纳入强制减排市场的行业，以及企业出于自愿目的进行自身活动的碳足迹抵消。

国内方面，一些地方政府及行业在CCER框架之外，参考CCER方法学开发了专属的地方/行业减排量。广东碳普惠核证减排量（PHCER）、福建核证减排量（FFCER）、北京核证减排量（BCER）等地方CER用于当地试点履约及非纳管实体抵消自身活动排放。此外，2021年底国家林草局等十部委联合提出鼓励地方开展竹林碳汇交易试点，开创了“行业碳指标机制”创新的先河[4]。

2 新能源平价背景下的额外性与减排量指标开发

2.1 “风光”平价背景下的碳减排额外性问题

额外性是认定减排量指标核证能否成立的前提要求。碳减排项目产生的减排量必须额外于在没有注册项目活动情况下产生的减排量，其本质是在碳定价机制的行业边界外对具有减排效应的活动予以合理补偿。为证明项目的减排额外性，相关方法学要求论证在没有减排量收益的支持下，项目存在财务、技术、融资等方面的障碍。一般需计算项

① 如光热发电、漂浮式光伏、海洋能。详见CDM方法学工具Methodological tool-Positive lists of technologies (Version 04.0).

目在减排量收益支持下的投资内部回报率，并与传统发电行业的标杆内部回报率进行对比（CDM及CCER时期通常取8%）。如回报率从低于标杆改善为高于标杆，则项目具有额外性。额外性论证和相关计算采用如图1所示方式。

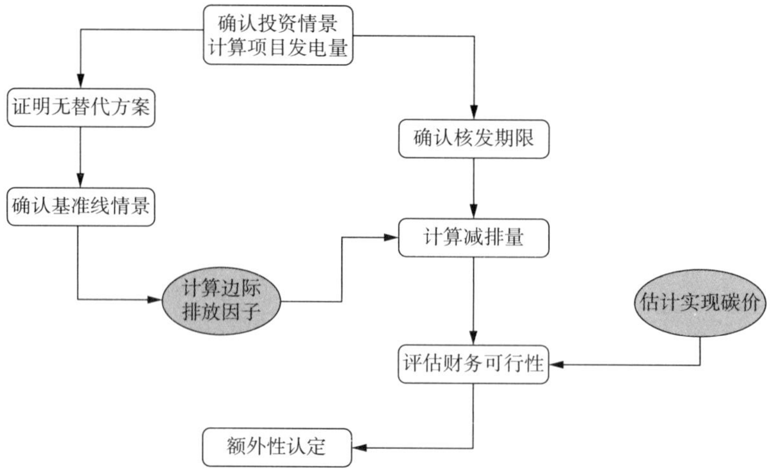

图1 典型CDM项目额外性论证方式示意

Figure 1 Demonstration and assessment of additionality for typical CDM projects

在CDM与CCER在中国活跃的时期（2005—2017年），新能源项目发电量主要以固定价格全额保障性收购，火电尚未纳入全国碳市场管制，额外性相比当前较为显著，论证过程也相对清晰。随着中国电力市场化改革稳步推进和中国国家碳市场正式启动，风电、光伏等可再生能源成本大幅下降和装机量显著提高，其开发碳减排量指标的外部环境已发生巨大变化。在此背景下，"风光平价"时代的减排量额外性论证存如下主要问题：

（1）大部分地区陆上风电光伏平准化发电成本（LCOE）持续低于煤电标杆电价，对于"平价"上网的保障性收购项目，通过开发减排量指标带来财务额外性已不明显[5]。

（2）电力市场化改革的推进要求可再生能源入市，导致项目财务收益不确定，为减排量财务额外性的计算和判定带来一定困难。

（3）可再生能源出力的波动性、随机性和资源叠加带来的"同质性"问题，以及中国电力系统可调节电源以煤电为主而灵活性不足，导致新增陆上风电光伏投资的边际减排效益递减，而系统成本递增，相关因素并未充分体现在减排量额外性分析中。

考虑到以上因素，新形势下的并网可再生能源发电减排量开发应对额外性原则予以重新考量。根据所在电网电力装机的实际情况和特点，应着重分析边际新增发电容量投资具有的边际额外性效益（本文将此性质简称为"边际有效额外性"①）。在此基础上，应

① 具体解释和示例见第3章。

随着电力系统“可变可再生能源（VRE）”渗透率、碳排放因子、市场化等因素的变化动态调整方法学实施方式。此外，还需要对其减排量指标的碳抵消应用场景做出更严格的限制。

2.2 新形势下开发减排量指标对可再生能源技术路线的要求

基于以上考量，在可再生能源发电发展的新形势下，减排量开发只能定位于部分特定技术路线，并对其所适用的扶持政策和应用情景做出要求：

（1）所在地区（电网）低碳电力已具有一定的新能源渗透率，主力可再生能源发电技术的LCOE低于火力发电标杆电价（或中长期交易平均电价），因此不具有碳减排额外性（图2）。

（2）待开发减排量的技术路线已实现初步商业化，不再获得政府补贴，但可能尚未完全实现“平价”（即按本地标杆电价实施保障性收购可能导致收益不足），因此存在通过开发减排量指标达到投资收益率要求的适用性。

（3）待开发减排量的技术路线全部发电量原则上应仍处于保障性收购政策下。即使存在市场化电量，也可能因为市场化不充分等原因，无法在市场机制中有效回收投资成本。

（4）该技术路线应具有容量因子高的特点，技术出力在日内特性和季节特性两方面均与已实现“平价”的主力新能源技术类型有较大区别（或存在互补性和调峰性）。从边际投资角度看存在额外减排效益，因此具有“边际有效额外性”。

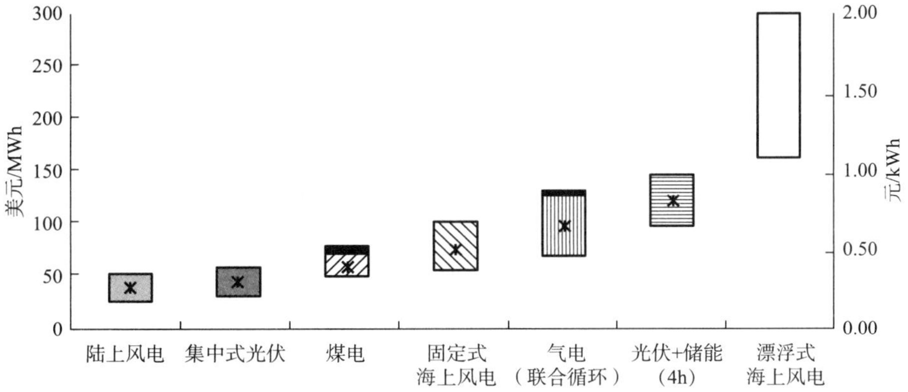

注：火力发电碳排放成本按目前全国碳市场交易碳价计算（黑色部分）。

图2 中国各类电源平准化发电成本区间

Figure 2 LCOE range for various types of power genration technologies in China

2.3 电力市场机制与减排量额外性认定的兼容问题

根据电力市场理论，在成熟、完善且具有有效碳定价的电力现货市场体系中，现货市场可以充分体现出细分尺度上各时间单元发电量的边际成本及市场收益，对具有减排效应的技术路线提供足够的投资回报[6]，从而使项目情景变为基准线情景。从这个意义上讲，碳减排指标开发原则上应仅针对保障性收购项目，不应对进入电力（现货）市场的项目（或入市电量部分）予以核定。但实际运行中，由于碳定价缺失或不足、电力市场价格浮动限制等多方面因素影响，现货市场机制下的减排量指标核定仍应存在一定政策空间。我国目前碳配额发放机制为保障足额甚至超额发放，碳排放的外部成本并未充分通过碳市场实现内部化，因此在全国碳市场实现有偿分配或配额拍卖之前，碳市场尚不是有效的碳定价机制。

另一方面，我国目前已确立了可再生能源发电的“绿证”全覆盖政策。2023年8月三部委出台《关于做好可再生能源绿色电力证书全覆盖工作促进可再生能源电力消费的通知》，明确绿证是我国可再生能源“电量”环境属性的唯一证明。对于可再生电力环境属性的重复计算问题，目前业界的主流观点为同一项目不能同时申领绿证和开发碳减排指标。尽管如此，结合上述国家政策表述以及现代电力市场理论体系，可再生能源的环境属性如从电量和容量两个价值角度予以区分，则可以提供解决重复计算问题的另一种政策创新思路（具体方式见3.4节）。

3 海上风电开发碳减排量指标思路分析

3.1 海上风电开发减排量指标的适应性

近十年来，海上风电作为具有良好资源潜力的新能源品种，在相关扶持政策的驱动下得到了高速发展。截至2022年，我国海上风电并网装机总量达到26.5吉瓦，累计装机量和年装机量近两年来均稳居世界第一。根据权威机构相关预测，到2050年中国海上风电装机量有望达到450～500吉瓦，分别占沿海省份新能源和电力装机的25%和17%左右。在中国可再生能源新的发展形势下，集中式（并网）海上风电项目具开发减排量指标的适应性，对其相关因素分析如下：

（1）我国沿海地区可再生资源开发受资源和土地等因素限制，水电和陆上集中式新能源的新增资源潜力已十分有限，除海洋可再生能源外，未来本地新增装机的技术选项主要为分布式光伏和分散式风电。其中，光伏的资源特性为日内高出力时段集中在午间，与电力负荷曲线不完全匹配，全年可利用小时数仅800～1000小时。而分散式风电虽然成本与陆上集中式风电接近，仍存在审批复杂、融资难以及空间受限等相关问题，实际发展速度远落后于分布式光伏[7]。

（2）西部新能源大基地向沿海省份的“西电东送”受输电通道限制，供应增量相对有限，且主要依托省间长期输电合约，调节灵活性受多因素限制仍显不足。此外，“风光水火”打捆开发的西部大基地项目，由于受火电和水电的环境和生态影响问题制约①[8]，且难以对外送“风光”部分单独评估，因此不宜被纳入沿海地区海上风电碳减排量额外性论证的项目边界或作为“替代性”技术②。

（3）近海固定式海上风电年利用小时数为3000～4000小时，于2022年已全面实行退补“平价”政策，目前大部分按煤电标杆电价保障性收购，“绿证新政”后可能逐步走向市场化[9]。退补后，“平价”海上风电项目经济性较差。取决于具体项目条件，“十四五”期间大部分项目全投资收益率在5%～6%，收益率偏低。由于保障性收购政策下不存在碳定价机制（碳市场）通过电力市场传导的价格激励，因此存在减排额外性。

（4）深远海漂浮式海上风电年利用小时数更高，出力更平稳，但目前尚处于工程示范和探索发展阶段，投资和运营成本均较高，未来发展前景广阔③。随着在近海（及部分中远海）固定式海上风电成本逐渐降低且逐步纳入电力市场后，漂浮式海上风电的发展仍需要保持一段时间的保障性收购政策予以扶持，有望作为开发碳减排指标的接替性资源[10]。

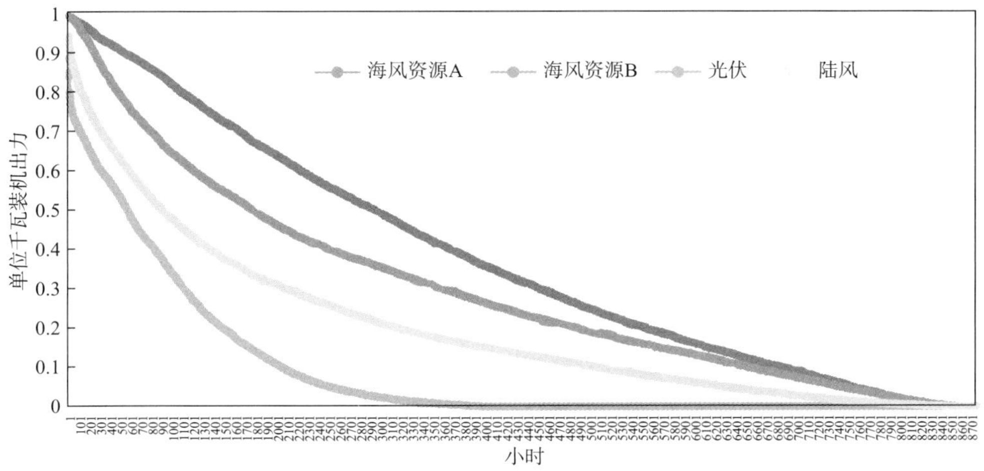

图3　典型沿海省份海上风电与陆上风电、光伏出力持续曲线比较

Figure 3　Comparison of power output duration curves for offshore wind, onshore wind and photovoltaic in typical coastal provinces

---

①　大型水电项目虽然是可再生能源，但其建设期及运营期为生态环境气候带来较大负面影响，国际争议很大。一部分国际碳减排量开发标准已将环境负面影响最大的水电项目排除在外。

②　沿海邻近省份（同一区域电网内）如存在集中式陆上风电和光伏资源，应纳入替代（新基准线）情景。

③　本文主要针对集中式并网海上风电，不对接入孤网或分散式海上风电的应用场景做深入探讨。如针对用于海上油气开发设施供电的漂浮式海上风电，一般既不不存在替代性技术，也不存在发电量的市场化交易，因此额外性论证仅与该设施所涉及的减排政策机制有关，可参考离网式可再生发电项目相关方法学。

3.2 海上风电减排量指标开发额外性论证步骤

结合第2章中的分析，对集中式（并网）海上风电开发碳减排量指标方法学的额外性论证步骤提出如下调整思路（图4）：

（1）分析项目所在沿海地区的新能源资源潜力特点、开发规划以及电力市场等方面情况，确定替代性技术路线及其投资情景（目前主要替代情景技术为陆上风电、光伏①），作为新的基准线情景（后文称“新基准线情景”）。如分析认为对该情景的确定性或论据充分性存在质疑，可考虑通过合理变换替代性技术的投资比例，框定替代性情景的可能范围，并设定两三个极端情景作为确定新基准线情景的比较情景。

（2）分析项目投资情景和新基准线情景（及其比较情景）中各可再生发电品种的出力特性，依据“边际有效额外性”原则测算当地海上风电项目在每个情景下的额外性电量（具体方式见下一节）；如存在多个比较情景，可遵循保守原则取减排量最小的情景作为新基准线情景，以确保额外性真实有效。

（3）用所在电网额外性电量对应的边际碳排放因子和自愿碳市场抵消价格计算减排量收益，必要时需根据可调节火力电源排放特性对该碳排放因子予以调整。

（4）按保障性收购电价计算项目财务收益率，如符合基准则予以签发减排量。

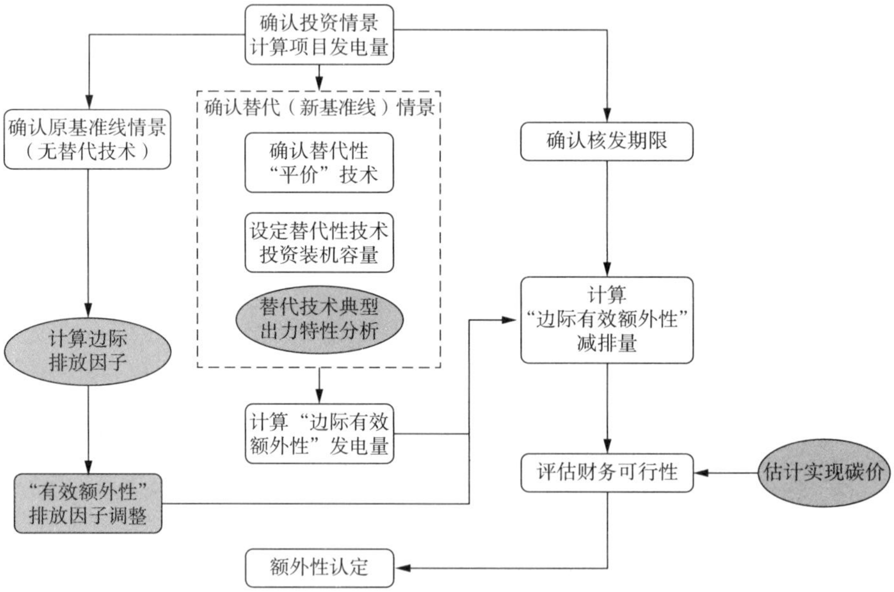

图4　海上风电开发碳减排指标的额外性论证方式示意

Figure 4　Demostration and assessment of additionality for offshore wind power

① 目前开发中的海上光伏主要为固定式近岸（滩涂或潮间带）光伏，技术经济性与陆上光伏类似。未来如漂浮式海上光伏得到发展，宜作为单独技术路线论证。

3.3 “边际有效额外性”发电量调整

由于电力的生产、消费的瞬时性以及难以储存的特性，上文所指出的“边际有效额外性”发电量计算应基于小时级时间尺度下，海上风电与替代性（平价）技术路线的减排量比较。实际上，前者由于具有更高的容量因子和更平缓的出力特性，可以提供后者所不能提供的容量价值，其对应的发电量差额即具有对于当前电力系统边际减排量的“边际有效额外性”。

如图5所示，仅以光伏作为替代性“平价”技术路线进行示意性分析。当某小时海上风电出力大于光伏出力时，认定该部分差额电量具有额外性。反之，当某小时光伏出力大于海上风电时，考虑到同质性资源的叠加并不能带来更显著的减排效益，反而有可能需要系统提供更多基于火力发电的灵活性资源，这部分“负差额”没有必要从海上风电的额外性发电量中扣除，见式（1）。

$$EG_{\text{eff},y}=\sum_{k=1}^{8760}\text{if}\left(EG_{\text{ow},y,k}-\sum_{1}^{n}(\delta_n\times EG_{\text{AL},n,\text{k}})\right)>0 \qquad (1)$$

其中，$EG_{\text{eff},y}$为海上风电项目第y年有效额外性上网电量，$EG_{\text{ow},y,k}$为海上风电项目第y年第k日上网电量，δ_n为替代性技术n装机容量折算（权重）系数，$EG_{\text{Al},n,k}$为替代性技术n的单位装机典型年第k日发电量。

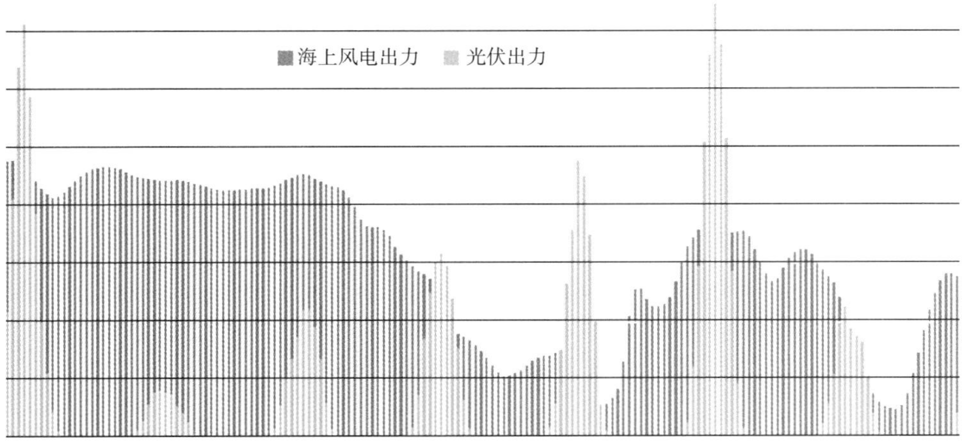

注：按等额投资装机归一化比较。

图5 某沿海省份典型周海上风电与光伏出力特性比较

Figure 5 Comparison of typical weekly power output characteristics between offshore wind and photovoltaic in a coastal province

上述“边际有效额外性”发电量的调整应基于对碳指标核发期限内所有时间单元的测算。通常，在认定不同年份可再生资源特性（及能源转换效率）没有统计意义上明显变化的情况下，可采用典型年资源特性数据或具有统计意义的平均资源特性数据。其中，海上风电的风资源特性数据应与项目可行性研究一致，替代性技术资源特性需选取所在沿海省份典型项目，或当前规划、竞配项目的资源评估数据。从这个角度看，在“边际有效额外性”发电量的计算和调整过程中，应特别注重对所在地区相关可再生资源潜力和开发政策的论证。

值得注意的是，以上计算方式仍建立在两个前提之下，一是储能成本目前还相对较高，如储能成本未来大幅降低，将对这一计算方法产生较大影响①；二是海上风电渗透率仍较低，否则“边际有效额外性”发电量的确定还需要考虑当地电力负荷特性因素进行降额处理，从而将更接近国外电力容量市场中对可再生发电容量价值的计算方式。

3.4　碳排放因子调整

按照CDM等减排量方法学中对（基准线）排放因子的定义，一般选取所在区域电网核发年的组合边际排放因子测算碳排放量。在本文的海上风电减排量方法学开发思路中，由于对“边际有效额外性”发电量进行了框定，因此需测算针对该部分发电量的“边际碳排放”（而非全网碳排放），而这将给测算带来极大的不便。实际上，由于上述发电量计算方法已经排除了相应时段的其他替代性可再生电力贡献，因此在替代（新基准线）情景下这部分电量只能以可调度电源的方式满足，故该“边际电量”碳排放因子可以使用该电网区域的可调火力发电厂加权平均碳排放因子予以近似。如参照CDM方法学中的计算思路，上述因子仍可按电量边际碳排放因子（EFOM）和容量边际碳排放因子（EFBM）进行分别计算②，并得到对应的组合边际排放因子（EFCM），但计算过程将比较繁琐。

值得注意的是，为尝试解决绿证和碳减排指标的兼容问题，参照本文2.3节中提出的思路，可提升组合排放因子中容量边际排放因子（EFBM）的权重（最大至1.0），从而达到碳减排指标的环境权益补偿仅体现海上风电项目在电力市场中容量价值的目的③。

3.5　海上风电减排量指标与碳抵消应用场景的关系

根据国家相关政策，CCER机制重启后，合规海上风电项目产生的CCER指标可用于国家碳市场履约（不超过5%）和企业自愿碳中和。然而，从国际先进碳市场发展趋势来

① 考虑到4小时储能为光伏出力实现日内有效时移的对最小容量，本文基于目前成本情况（图2），对该技术路线的竞争性予以排除。

② 两个因子与生态环境部发布的基准线排放因子EFOM和EFBM不同，需要相关部门单独计算并公布。

③ 适用前提为所在区域尚未建立针对可再生能源的容量补偿或容量市场机制。

看，随着碳减排政策的发展和碳市场的成熟，将碳减排量用于控排行业的履约并非主流政策方向[11]，因此CCER未来长期用于全国碳市场履约或存在政策变化的可能。

另一方面，随着气候行动和碳减排政策向控排行业外的更多领域延伸[12]，未来碳减排指标可用于全国碳市场外的难减排（或高减排成本）行业在自愿碳市场内进行企业碳抵消。在此背景下，通过机制设计，可考虑将海上风电减排量与海洋碳汇等其他海洋产业碳减排量结合开发成（在CCER体系外）具有海洋工业特色的独立碳指标，用于航运、海运和海上油气行业的自愿碳抵消，可实现海洋工业领域低碳产业发展助力高碳产业减排的良性循环。从这个角度看，海上风电碳指标的这一应用场景与“海上风电+”范畴下的碳指标开发可能有较好的融合性，相关机制设计有待进一步研究探索。

4 海上风电开发碳减排量指标效益评估示例

本节以中国南方某典型沿海省份的虚拟海上风电项目为例，以本文提出的计算思路为基础，分三个替代（新基准线）情景（即增设两个比较情景）估算海上风电开发碳减排量指标收益（图6），并与（CDM时期）原评估方式进行结果对比，以评估当前沿海地区开发海上风电碳减排量效益的大致范围①。

情景一：设定陆上集中式风电已无可开发资源，主要增量可再生能源技术为光伏和海上风电，因此仅以光伏作为海上风电的替代性技术路线进行“边际有效额外性”评估。

情景二：设定集中式光伏已无可开发资源，分布式光伏由于相关政策原因得不到有效开发，主要增量可再生能源技术为集中式陆上风电。

情景三：设定陆上风电（含邻近省份）和光伏均为替代性技术并存在可开发资源，为简化分析，以等投资金额比例分配，作为另一个参考情景进行比较。

测算结果如表1 所示。可以看出，在仅存在光伏作为替代技术的假设情形下，减排效益更为明显，甚至超过了原方法学实施方式的减排量估计值；而仅有陆风或“光伏+陆风”的情景下，海上风电的额外性电量将大打折扣。两种情景下，为期7年的碳减排指标收益将为项目核证期带来5.3%～7.9%的年收益增量（相当于全生命周期1.5%～2.2%的静态收益增量），项目全投资IRR相应提高0.26～0.38个百分点。在项目

① 三种技术路线均取当地2022年典型集中式并网项目造价，保障性收购电价取当地燃煤标杆电价。按上文提出的碳排放因子调整方式，本示例采用该省份现有火电机组加权平均碳排放因子作为碳指标开发的电量边际碳排放因子，经核算约为770t/MWh（该地区电网组合排放因子按生态环境部公布的《2019年度中国区域电网二氧化碳基准线排放因子》计算，约为510t/MWh）。碳价按CN ETS配额历史平均交易价格55元/吨计算。碳核证核发期限根据本文所提出的电力市场机制与减排量额外性兼容原则，考虑到2030年电力市场化和碳市场有偿拍卖进展，暂按初始期7年计算。该计算未考虑绿证收益。

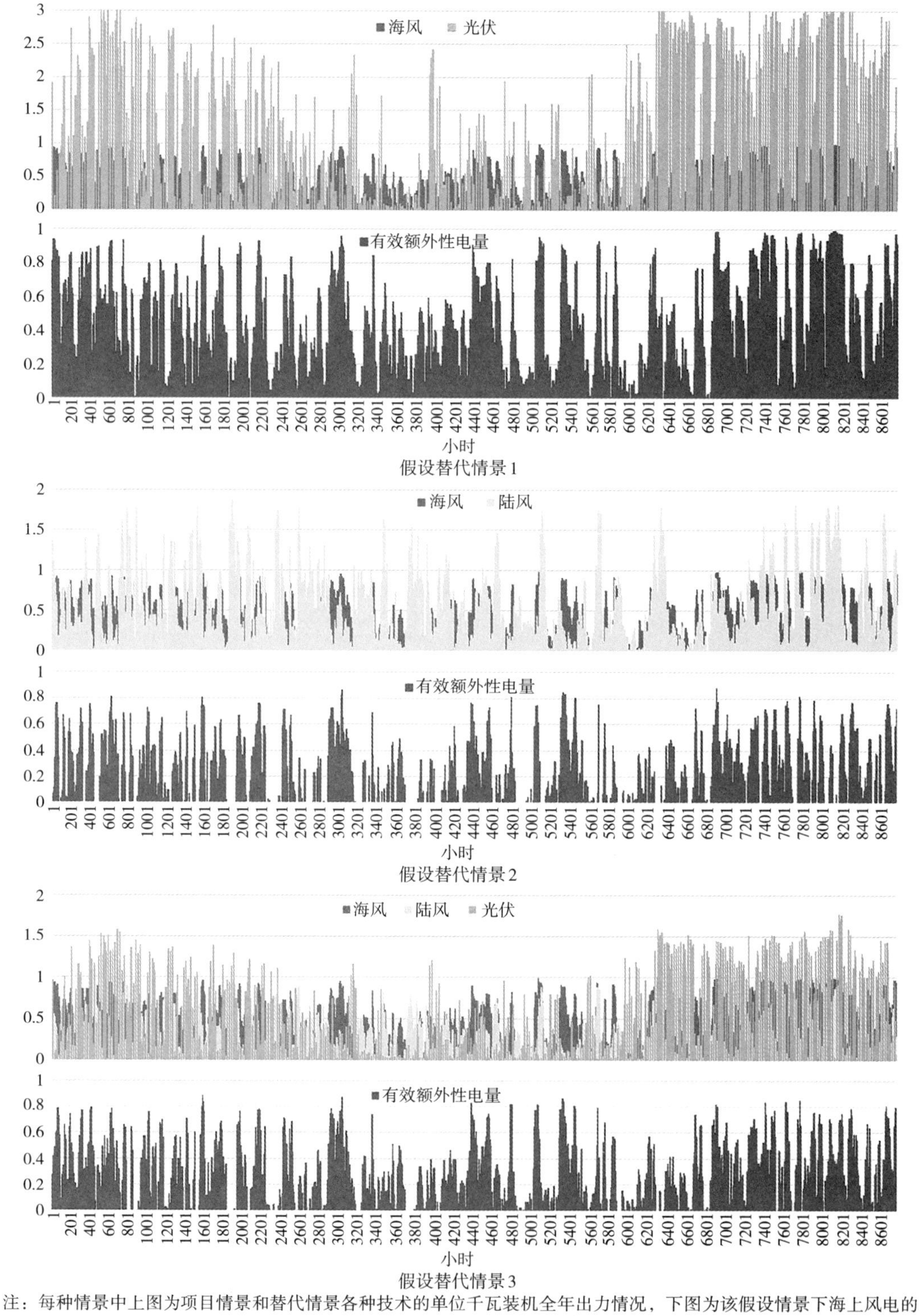

注：每种情景中上图为项目情景和替代情景各种技术的单位千瓦装机全年出力情况，下图为该假设情景下海上风电的“边际有效额外性”电量，所有电量输出按海上风电项目容量进行了归一化处理。

图6　某沿海省份典型年海上风电“有效额外性”发电量示意

Figure 6　Illustration of the "effective additional" power generated from an offshore wind project in a typical a coastal province

投资基准IRR取6.5%的假设下[①]，均可以支持该（近海固定式）“平价”海上风电项目通过投资决策。基于保守原则的取舍思路，本案例宜取情景二作为新基准线情景。需要说明的是，在方法学的实际应用中，需对所在地区的资源情况进行更为严谨、全面的考察和论证。

表1　典型沿海地区海上风电开发碳减排指标收益分析

Table 1　Revenue analysis of carbon emission credit generated from an offshore wind project

		“有效额外性”发电量修正（等效发电小时数）	额外碳减排量（较原计算方式）	碳指标收益占售电收益（核证期静态）	项目全投资IRR
无碳指标收入		—	—	—	6.37%
原方式		100%（未调整）	100%（未调整）	7.0%	6.71%
本文探讨方式	情景一	74.2%	109%	7.9%	6.75%
	情景二	41.5%	63%	4.4%	6.58%
	情景三	50.3%	71%	5.3%	6.63%

5　结束语

从全球海上风电的发展趋势来看，将由近海固定式风电向深远海漂浮式风电挺进。近海风电“十四五”期间将实现全面平价，“十五五”期间将逐步纳入电力市场。深远海漂浮式风电预计“十四五”期间以工程示范为主，“十五五”期间迈入初步商业化和规模化开发。从碳减排市场的发展趋势看，短期CCER重启后仍可继续用于全国碳市场履约，未来随着“双碳”的推进和国内自愿碳市场的发展，可再生能源发电的碳减排指标具有更广阔的碳抵消应用空间。因此，海上风电减排量开发与碳减排市场在发展趋势上具有一定的契合性，在碳减排指标总量和质量上均相对可控，有利于其减排量开发的平稳发展。

随着全球能源转型的推进，未来海上风电产业也将从目前OECD国家为主向更多沿海发展中国家市场倾斜，这与全球各国碳定价、碳抵消政策发展趋势以及《巴黎协议》第六条框架下的国际碳信用交易发展大趋势一致。但能源转型的推进也使更多国家将电力行业纳入强制碳市场，并带来更大范围的电力市场化改革，从而随着时间的推移，将不断弱化海上风电开发碳减排指标（尤其在额外性认定方面）的适用性，或对相关适用条件提出较高要求。因此，未来海上风电碳减排量方法学的国际化推广中，应针对不同国家和地区的具体情况，加强适用性匹配和对额外性论证的要求。

①　基于当前海上风电行业情况，大部分投资主体所要求的项目全投资收益率基准介于6%和7%之间，少数企业低于6%，本文取6.5%进行比较。

本文梳理了现有可再生能源减排量开发方法学，分析了其传统实践方式在新能源发展新形势下的不适应性，进而基于当前电力市场和碳市场相关政策环境，提出了改进我国（并网）海上风电开发减排量指标方法学的新思路。然而，鉴于（并网）可再生能源开发碳减排指标这一问题本身的复杂性和相关方法的局限性，本文提出的实施方式在新基准线情景论证的可操作性、数据质量及其与自愿碳市场衔接方式等方面仍存在诸多不尽完善之处，有待相关学术研究人员和政策制定者继续深入研究。

参考文献

[1] UNFCCC. Grid-connected electricity generation from renewable sources [EB/OL]. (2022-11-02) [2023-05-07]. https://cdm.unfccc.int/methodologies/DB/HF3LP6O41YY0JIP1DK6ZRJO9RSCX3S.

[2] UNFCCC. Tool to calculate the emission factor for an electricity system [EB/OL]. (2018-08-31) [2023-10-29]. https://cdm.unfccc.int/methoodologies/PAmethodologies/tools/am-tool-07-v7.0.pdf.

[3] 陈国强. CCER市场重启前需解决两个问题［J］. 环境经济，2023(1)：50-51.

[4] 国家林草局等十部门部署加快推进竹产业创新发展 [EB/OL]. (2021-12-06) [2023-05-07]. http://www.forestry.gov.cn/main/3957/20211206/170931230253363.html.

[5] 于跃. 海上风电与温室气体自愿减排交易市场协同发展的机遇与挑战［J］. 环境保护，2023(Z1)：52-54.

[6] Pippo R.,Guido C. The Economics of Electricity Markets: Theory and Policy [M]. Edward Elgar Publishing Limited, 2013.

[7] 秦海岩. 分散式风电大规模落地亟需破除体制机制障碍［J］. 中国电力企业管理，2020(01)：41-43.

[8] 盛韵颖. 光伏大基地项目可能面临的经济性挑战及对策分析［J］. 中国电力企业管理，2022(10)：61-64.

[9] 刘超. 漂浮式海上风电在我国的发展前景分析［J］. 中外能源，2020(2)：16-21.

[10] 张亦弛. 电力市场化背景下海上风电扶持政策的借鉴与思考［J］. 油气与新能源，2021(6)：52-57.

[11] Secretariat of the International Carbon Action Partnership, Offset Use Across Emissions Trading Systems [R]. 2023-01.

[12] International Carbon Action Partnership. Emission Trading in Practice: A Handbook on Design and Implementation [R]. 2021.

Research on Key Issues of Carbon Credits Development for Offshore Wind Power

Yichi ZHANG[1], Yuan LIN[2]

1. CNOOC Energy Economics Institute;

2. Asian Infrastructure Investment Bank

Abstract: This study examines the concept of "additionality" in carbon emission reduction within the renewable electricity sector and identifies issues associated with the use of traditional implementation methods for assessing additionality. This examination occurs against the backdrop of increasingly mature renewable technologies and the urgent need for China's emission reduction certification mechanisms to align with international standards. Building on this foundation, the study explores innovative approaches to develop carbon reduction credits from grid-connected offshore wind projects and applies the principle of "marginal effective additionality" to quantify the generated electricity with genuine carbon reduction effects while adjusting carbon emission factors accordingly. To illustrate this approach, the study provides an example of assessing carbon credits generated by offshore wind power based on actual resource data and the techno-economic circumstances in a typical coastal province in China.

Keywords: Certified emission reduction; Offshore wind; Additionality; CDM; CCER; Power market

企业管理

Enterprise Management

中国海油建设世界一流企业的实践与思考

乌日汗*，和旭，李帅，杨雪琴，魏宇婧，张宇奇

中国海油集团能源经济研究院

摘要：当前，我国发展面临新的战略机遇和风险挑战。面对当前全球性重大风险日益激荡的挑战，我国亟需建设一批压舱石型世界一流企业压阵。加快建设一批世界一流企业，是我国提升综合实力和国际竞争力的重要支撑，事关实现社会主义现代化战略全局。改革开放四十余年来，中国企业快速发展壮大，在全球市场的地位和影响力不断增强，但“大而不强”问题仍然存在。在此背景下，本文对建设世界一流企业实践意义与理论内涵、中国建设世界一流企业的现状进行系统分析，并以中国海油为例，深入剖析大型中央企业在集团和子企业两个层面创建世界一流企业的做法，为中国企业加速迈向世界一流提供借鉴。

关键词：中国企业；世界一流企业；中国海油

0 引言

一流企业是一个国家综合实力和国际竞争力的体现，也是优化全球资源配置、推动科技进步、引领经济发展的重要力量。当前，世界百年未有之大变局加速演进，新一轮科技革命和产业变革深入发展，我国发展面临新的战略机遇和风险挑战。面对外部环境的各种不确定性，加快建设一批世界一流企业，事关实现社会主义现代化战略全局。党的二十大报告明确提出要“完善中国特色现代企业制度，弘扬企业家精神，加快建设世界一流企业”，明确了我国企业在新时代新征程中的前进方向[1]。近年来，我国企业已经具备较好条件和基础，一批企业综合实力达到全球同行业领先水平，但“大而不强”问题依旧存在，主要体现在产业发展结构不均衡，传统行业比重较高，基础前沿技术领域面临“卡脖子”困境，企业品牌价值、经营效率、创效能力有待提升等方面。在国际竞争新旧优势转换的关键时期，为加快塑造我国参与国际竞争新优势，实现高质量发展，国务院国资委开展了创建世界一流示范企业系列行动，通过创建标杆示范引领世界一流之路。基于示范企业情况，总结提炼中国企业建设世界一流的做法经验和有效路径，能够为中国企业加速迈向“世界一流”提供有益借鉴。

* 乌日汗，女，博士，经济师，主要从事改革与企业管理研究工作。E-mail：wurh4@cnooc.com.cn

1 建设世界一流企业实践意义与理论内涵

1.1 建设世界一流企业的实践意义

世界一流企业的培育对各国经济的发展具有引领和支持的重要作用，是国家经济发展水平的重要指标。西方资本主义国家的现代化发展与工业革命相伴而生。工业革命推动了西方资本主义国家的现代化发展。在第一次和第二次工业革命中，西方国家随着垄断企业的发展壮大实现了资本积累与产业发展。以20世纪初以前的石油工业为例，美国是世界上唯一的石油输出国[2]。19世纪80年代，美国出现第一个托拉斯——美孚石油托拉斯，其生产的石油垄断了美国国内和国际市场的90%以上。欧美国家以垄断企业为载体对外开展垄断贸易、经济掠夺和政治控制，实现巨额财富积累。第三次科技革命中，微软、苹果等科技公司引领创新活动，推动世界科技的突破性发展的同时也巩固了以美国为代表的西方国家的霸主地位。

当前，世界百年未有之大变局加速演进，新一轮科技革命和产业变革深入发展，我国发展面临新的机遇和挑战。党的二十大报告强调“高质量发展是全面建设社会主义现代化国家的首要任务”[1]。加快推进世界一流企业建设，对于我国培育全球持续竞争优势、加快构建现代经济体系、实现高质量发展意义重大。

建设世界一流企业有利于重构产业链供应链的关键环节，有利于创新驱动战略的有效落实，有利于推动双循环新格局的形成[3]。建设世界一流企业有利于促进经济高质量发展，引领和创造高质量的供给与需求，优化资源配置，提高生产效率，有利于产业链价值链关键环节的重构，促进中国在全球价值链中实现地位的提升。建设世界一流企业有利于我国加快科技强国建设，突破“卡脖子”技术，加强原创性引领性科技攻关，有利于我国抓住科技和产业革命新一轮机遇，实现科技自立自强。建设世界一流企业有利于我国企业增强国际话语权，更有效参与国际竞争，助推国内国际双循环新发展格局的形成，加强国际影响力。

1.2 建设世界一流企业的理论内涵

目前，还没有一个客观的标准来衡量世界一流企业。学术界、政府机构、产业界从不同角度开展了对世界一流企业的研究，为我国培育世界一流企业提供了有利借鉴。世界一流企业在市场规模、品牌知名度、技术创新能力、管理先进性、国际化水平等方面均具备世界级竞争力。结合全球企业实践，各专业机构阐述了对世界一流企业的理解和认识，并从实践层面构建了指标体系（或特征）（见表1）。尽管各专业机构的定义在细节和侧重点上存在差异，但在核心特征上具有较强的一致性。2022年2月，中央全面深化改革委员会审议通过《关于加快建设世界一流企业的指导意见》（简称《指导意见》），明确了世界一流企业的四个关键要素——"产品卓越、品牌卓著、创新领先、治理现代"。表1所示政府部门、学术界及专业机构所总结世界一流企业的核心特征与"16字"四个要素之间存在一对多或多对一的关系。《指导意见》提出的"16字"四个要素涵盖了以往各类专业机构所总结的"世界一流企业"的核心特征，即"产品卓越、品牌卓著"为外在表现，"创新领先、治理现代"为内在支撑。

表1　各专业机构对世界一流企业特征总结

Table 1　Characteristics of "world-class companies" by professional organizations

时间	发布机构	文件名称	核心特征
2012	麦肯锡	《完善系统对标，推动管理转型，打造世界一流企业》[4]	1）做大（规模）； 2）做强（业绩优、产品、品牌、价值）； 3）基业长青（愿景、价值观、使命与文化、治理与管理体系）。
2013	国资委	《做强做优中央企业、培育具有国际竞争力的世界一流企业要素指引》[5]	1）建立起规范健全的法人治理结构； 2）主业突出，核心竞争力强； 3）具有较强的自主创新能力和具有自主知识产权的核心技术； 4）具有明显优势的战略性新兴产业； 5）具有较强的国际化经营能力和运营能力，有较高的跨国指数； 6）拥有国际知名品牌； 7）规模经济，盈利能力强； 8）与国际竞争要求相适应的内部改革和激励约束机制； 9）集中有效的集团管控模式； 10）具有完善的风险管理制度和较强的风险控制能力； 11）管理信息化水平居前； 12）重视领导能力与学习型组织建设； 13）企业文化先进独特，社会责任强。
2013	德勤	《对标世界一流企业：做优做强，管理提升之路》[6]	1）战略决策； 2）领导力建设； 3）公司治理； 4）运营与控制； 5）国际化； 6）人才管理； 7）品牌与客户； 8）创新管理； 9）经营绩效。
2017	罗兰贝格	《中国如何造就全球龙头企业》[7]	1）海外收入份额； 2）跨地区经营利润分配； 3）管理团队整合； 4）拥有综合且独特的发展战略计划； 5）全球品牌或形象影响； 6）全球技术影响力； 7）国际化发展治理模式； 8）跨公司合作与拓展合作伙伴关系。
2017	波士顿咨询	《打造全球一流的价值创造型企业集团》[8]	1）充裕的资本流通； 2）跨行业信息洞察； 3）集团管理人才储备； 4）集团品牌价值。

续表

时间	发布机构	文件名称	核心特征
2017	黄群慧等，中国工业经济	《培育世界一流企业：国际经验与中国情境》[9]	1）具有强大的企业家精神； 2）组织文化重在以“文”化人； 3）追求长期价值和优秀品质而获得的知名品牌和声誉； 4）复杂多变的环境中构建长期发展战略； 5）业务架构转型是发展常态； 6）具备全球化的资源配置和管理能力； 7）公司治理结构能够为企业提供坚实的发展保障； 8）推行紧密化的集团管控； 9）管理创新活动能够实现把握重大机遇与克服组织惰性； 10）人力资源管理体系可充分激发员工的奉献力与创造力； 11）推行战略型与价值型的财务管理。
2020	崔新健等，经济学动态	《中国培育具有全球竞争力的世界一流企业：进展、差距和策略》[10]	1）规模； 2）效益； 3）创新； 4）国际化； 5）品牌。
2022	上海证券报	《世界级企业100排行榜的研究解析》[11]	1）3个规模指标分别是市值、营收、利润； 2）3个效率指标分别是营收利润率、资产回报率（ROA）、社会贡献率； 3）3个社会指标分别是创新感知度、全球影响度、社会责任度。

本文将《指导意见》与表1所总结的核心特征进行结合，对《指导意见》提出的“四个要素”内涵进行进一步阐释（图1）。

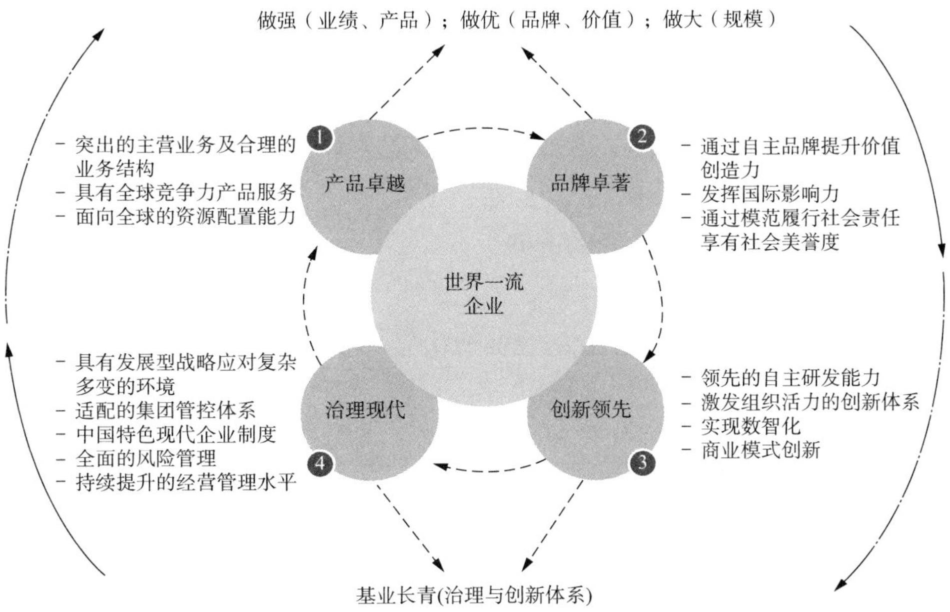

图1 世界一流企业的内涵

Figure 1 Connotation of "world-class companies"

第一个要素为产品卓越。产品是一家企业的立身之本，提供卓越的产品是企业存在的基本意义，是企业的硬实力，是企业满足市场的需求、促进经济社会发展的基本要求和出发点。“产品卓越”标准意味着企业提供的商品及服务在同类市场中更加优异、更加突出，其背后的支撑体系为企业具有突出的主营业务及合理的业务结构，具有面向全球的资源配置能力，以及在全球范围内具有竞争力的产品服务。

第二个要素为品牌卓著。品牌影响力是一流企业竞相角逐的焦点，是企业核心竞争力的集中体现，也是全球产业主导权的“试金石”。随着企业国际化竞争逐步呈现出的全链条、全环节、全要素、跨领域的全方位高水平竞争新局面，企业的品牌竞争也呈现出超越传统市场竞争边界的态势。“品牌卓著”不仅体现了企业整合全球创新链、产业链、价值链的超强能力，甚至影响到相应产业乃至整个国家的国际美誉度与国际竞争力。品牌卓著的内涵可总结为通过自主品牌提升价值创造力，能够发挥国际影响力，通过模范履行社会责任享有社会美誉度。

第三个要素为创新领先。创新能力是企业核心竞争力的主要来源，也是世界一流企业区别于一般企业的最重要标志，是解决“卡脖子”问题的关键。企业核心竞争力的主要来源就是创新能力。创新能力是解决“卡脖子”问题的关键，也是世界一流企业区别于一般企业的最重要标志。创新领先的内涵可总结为具有领先的自主研发能力，具有激发组织活力的创新体系，能够实现数智化和商业模式创新。

第四个要素为治理现代。治理现代可理解为企业具有世界一流的管理模式和最佳实践，是企业长期持续性发展的有力支撑。治理现代的内涵可总结为具有发展型战略应对复杂多变的环境，具有与企业适配的集团管控体系，建立更加成熟的中国特色现代企业制度，具有全面的风险管理体系，具有持续提升的经营管理水平。

2 中国建设世界一流企业的进展

2.1 中国培育世界一流企业的企业现状

改革开放四十多年来，中国经济发展取得的成就举世瞩目，中国企业快速发展壮大，在全球市场的地位和影响力日益提升，越来越多的中国企业在世界舞台上占有一席之地。美国《财富》发布的“世界500强排行榜”一直是最著名、最权威的衡量全球大型企业的榜单，该榜单以企业总营业收入为主要依据，每年发布500家全球总营业收入最高的企业。中国企业上榜数量连续20年增长，在《财富》2023年度世界500强榜单中达到142家，上榜企业数量位居第一位[12]。

中国企业在培育世界一流企业的过程中，已经取得了相当大的成果。第一，中国企业在规模方面与发达国家企业的差距已不突出，营业收入与利润总额均实现大幅增长。

2023年《财富》500强榜单中，中国上榜企业（含中国香港和中国台湾）营业收入、利润合计分别为11.7万亿美元、5618.6亿美元。中国企业总营收占上榜企业总营收比重达28.5%。第二，中国企业的效益与自身纵向比有明显提升，但综合竞争力仍需加强。2023年《财富》500强榜单中，中国上榜企业（含中国香港）平均年利润约39亿美元，与榜单平均利润58亿美元仍有差距。第三，中国企业研发投入不断增加。《2022中国500强企业发展报告》显示，上榜企业共投入研发费用14474.67亿元，研发投入强度达1.81%，共持有166.8万件各类有效专利，其中67290万件为有效发明专利[13]。第四，国际化经营水平稳步提高。《2022中国500强企业发展报告》显示，中国跨国公司百强的平均跨国指数为15.59%，海外资产占比为17.06%，海外员工占比为10.05%，较党的十八大以来分别提高了1.61个、2.45个、4.98个百分点[13]。

然而，中国企业与发达国家企业相比仍有较大差距，“大而不强”的问题依旧突出。究其原因，第一，中国产业发展中，传统行业（房地产、工程与建筑、金属等）比重较高，面临转型压力；第二，中国企业品牌价值有待提升；第三，高科技产业仍面临“卡脖子”难题，以信息和通信技术产业为例，与美国等西方发达国家相比仍存在明显差距。在全球政治格局调整、经济复苏动能不足的大背景下，中国企业整体发展环境异常严峻。随着全球产业链的重塑，欧美企业有可能迎来新的发展机会，中国企业将面临更为激烈的国际竞争。

2.2 中国建设世界一流企业的政策发展脉络

为加快建设世界一流企业，实现高质量发展，我国将培育建设世界一流企业作为深化国资国企改革的重要内容，党的十八大以来，国家不断强化和完善推动中央企业建设世界一流企业的顶层设计。2012年，党的十八大提出要加快企业“走出去”步伐，提高国际化经营能力，培育达到世界级水平的跨国公司。2017年，党的十九大进一步提出要深化国企改革，培育具有全球竞争力的世界一流企业。国资委从2018年开始组织央企开展创建世界一流示范工作。2020年党的十九届五中全会提出要弘扬企业家精神，加快推进世界一流企业建设进程。2022年2月，中央全面深化改革委员会审议通过《指导意见》，提出要更高水平发展社会主义市场经济，坚持“两个毫不动摇”，加快建设一批“产品卓越、品牌卓著、创新领先、治理现代”的世界一流企业。《指导意见》以问题导向为原则，提出要重点提升技术牵引和产业变革的创新力、全球竞争力和现代企业治理能力，并提出“16字”目标，在顶层设计中逐步深化了世界一流企业的内涵特点。2022年10月，党的二十大再次强调要加快建设世界一流企业。

国务院国资委积极探索并深入贯彻落实党中央关于建设世界一流企业的决策部署。

2013年，国务院国资委发布了《中央企业做强做优、培育具有国际竞争力的世界一流企业对标指引》，提出了13项指标，其中包括公司治理、人才发展等方面。2019年，国务院国资委发布《关于中央企业创建世界一流示范企业有关事项的通知》，将10家央企确定为创建世界一流示范企业。2020年，国务院国资委印发《关于开展对标世界一流管理提升行动的通知》，要求中央企业进一步加强管理体系和能力建设。2020年出台的《国企改革三年行动方案（2020—2022年）》也将深化世界一流企业创建示范工程作为改革重点。2022年，国务院国资委发布《关于开展中央企业品牌引领行动的通知》，要求中央企业积极发挥品牌引领作用，大力实施品牌战略，以提升品牌管理水平为重点，不断形成品牌竞争新优势；2023年，国务院国资委发布《关于开展对标世界一流企业价值创造行动的通知》，要求进一步解决央企价值创造能力不强、质量效益不高等问题，大力实施央企价值创造行动。

3　中国海油建设世界一流企业的实践

为加快培育具有全球竞争力的世界一流企业，2019—2023年，国务院国资委分两批共评选公布了228家企业作为创建世界一流示范企业和专精特新示范企业，具体包括21家央企、7家地方国企作为创建世界一流示范企业，200家央企子企业和地方国有企业作为创建世界一流专精特新示范企业。在创建世界一流示范企业的新征程上，中国海油以建设世界一流企业为目标，以勇挑重担、攻坚克难为目标，坚决贯彻党中央、国务院的重大决策部署，奋力打造中央企业建设世界一流的新典范。在集团层面，中国海油整体被列为国务院国资委创建世界一流示范企业；在子企业层面，中国海油所属子企业中海油服被列为国资委首批创建世界一流专精特新示范企业。

3.1　集团公司层面：中国海油奋发有为创建世界一流示范企业

3.1.1　中国海油矢志一流、追求卓越，奋力创建“16字”标准的世界一流企业

中国海油成立四十年来，在创建世界一流企业方面取得瞩目成绩。新时代十年，中国海油立足“两个大局”，胸怀“国之大者”，勇担保障国家能源安全重任，勇当建设海洋强国排头兵，加强能源国际合作，强化科技自立自强，积极推动绿色低碳发展，助力脱贫攻坚、乡村振兴，扎实推动海洋石油事业发展。2022年，中国海油根据中央深改委《关于加快建设世界一流企业的指导意见》和国资委《关于做好加快世界一流企业建设工作的通知》，研究制定《中国海油加快建设世界一流企业实施方案》，扎实深入推进中国特色世界一流能源公司建设，奋力创建“16字”标准的世界一流企业（图2）。

（1）产品卓越

中国海油的“产品卓越”，是提供高质量的产品和服务。一方面，聚焦油气生产，持续加强海洋油气勘探开发坚决当好保障国家能源安全的“主力军”、海洋油气供给的“国家队”，不断提高油气产品供应质量，不断向高端转移油气产业链；另一方面，攻克掌握深水大型油气装备建造及深水油气勘探开发领域关键技术，海上油田服务技术和海洋工程服务供给质量不断提升，促进技术与工程装备自主化、高端化、智能化和绿色化水平不断提高。是建立高质量的产业发展体系，一方面，产业链集群更加高效协同，内部价值链管理水平持续提升，在优势产业领域打造现代产业链“链长”；另一方面，企业高质量发展内涵持续深化，业务发展战略目标指标体系与管理提升指标体系更加健全，此外，海外油气资产与专业技术服务布局持续优化，全球资源配置与整合能力达到行业领先。是建立更加清洁高效的生产运营体系，一方面，不断调整能耗结构由传统化石能源向低碳能源转变；另一方面，提升能源效率，助力生产运营更加集约高效。

在产品供应方面，中国海油成立40年来，累计开发建设了145个中国近海油气田，累计供应油气近15亿吨油当量，2020年以来贡献全国原油增量约占总量的70%，国内油气增储上产主力军作用凸显。“深海一号”大气田成功投产运营反映出公司油气供应保障能力显著提升。技术服务和装备领域涌现出“海基一号”“璇玑”旋转导向和随钻测井系统等“国之重器”。公司顺应能源转型趋势，积极开拓新能源新产业，有序推动“减油增化”，不断丰富产品供应体系。在产业链建设方面，中国海油始终坚持战略引领，聚焦主责主业，加快转型升级，着力打造上下游、国内外、产贸融一体化深度协同的现代能源产业链。同时，加强全过程精细成本管控，桶油主要成本控制在40美元以内。在生产运营方面，公司不断加大清洁能源为海上油气田供电，大规模推动“岸电入海”，以多种方式持续提升能源效率。同时，在海洋碳捕获及封存领域开展示范项目建设，为降低油气产业链碳强度奠定基础。

（2）品牌卓著

党的十八大以来，党和国家连续出台政策文件，为央企实施品牌战略指明了前进方向。有关指示和政策措施充分反映出品牌建设的内涵与外延。一方面，中央企业品牌建设的基础是科技创新与产品质量，企业实现“品牌卓著”的关键内核是其产业主导力和行业竞争力；另一方面，中央企业品牌建设与国家战略的融合，旨在推动企业在供给侧结构性改革和国内国际“双循环”的新发展格局中占据主导优势，进而强化国有经济的竞争力、控制力和影响力，推动实现重大国家战略，提升国家在国际社会的地位与形象。

中国海油的“品牌卓著”是以巩固主业为支撑，以提升公司品牌软实力为主线，深入实施品牌强企战略，加快培育全球知名品牌；是加强企业文化引领，讲好“中国海油故事”，增强企业文化与管理体系的协同性，切实把硬实力转化为软实力；是积极履行央企的政治、经济与社会三大责任，把社会责任理念融入公司发展战略、经营管理的全过程，推动社会责任与企业经营实现有机融合，为建设海洋强国、中华民族伟大复兴、建设人类命运共同体贡献海油应有的价值；是公司业绩卓越、运营卓越、理念卓越、文化卓越的综合体现，彰显了企业发展的高质量、高效益、高知名度和领先文化。

中国海油作为一家产业链完整的国际化能源公司，在加快建设世界一流企业进程中，逐步建立起符合世界一流企业的品牌与形象。在品牌价值方面，集团公司在“品牌金融”（Brand Finance）发布的“2022年度全球品牌价值500强”榜单中排名第309位，在“2022年度全球油气公司品牌价值50强”榜单中排名第13位。在品牌体系方面，目前公司已拥有着眼未来、交叉立体的国内外注册商标体系，形成具有明确和完善形象的标识系统，树立了一批具有局部影响力的商标和品牌，企业形象和社会影响力显著提升。

（3）创新领先

中国海油的“创新领先”，是坚持全局站位、战略引领，建设一流的原创技术供给能力，把科技创新放在完善国家创新体系、服务经济社会发展、建设现代化强国的全局中考虑，实现高水平自立自强，履行中央企业使命担当；是坚持问题导向、开放协同，建设一流的关键技术攻关能力，聚焦油气增储上产、“卡脖子”技术攻关、绿色能源转型等主责主业重大需求，发挥公司整体优势，推动融通创新与协同发展，支撑产业链供应链安全稳定；是坚持业务驱动、效率优先，建设一流的前沿技术引领能力，扎实推动数字技术与油气产业深度融合，持续推动商业模式创新，当好数智化升级的先行者；是坚持人才为本、改革创新，建设一流的科技创新管理能力，以改革破除创新体制机制障碍，夯实一流的创新发展基础，充分激发全员创新活力；是打造高水平人才队伍，在实现高水平科技自立自强上开辟新局面，以人才优势支撑引领中国特色国际一流能源公司建设。

中国海油围绕建设世界一流企业“创新领先”的要求，将推进高水平科技自立自强作为己任，开展一系列重点工作。在建设一流的原创技术供给能力方面，深入实施科技创新强基工程，强化前沿性、颠覆性原创技术创新布局。在建设一流的关键技术攻关能力方面，积极联合产业上下游、产学研用力量组建融合创新体系，推动关键核心技术攻关取得显著成效。在建设一流的前沿技术引领能力方面，稳步推进“智能油田”“智能工程”“智能工厂”重点项目建设，扎实推动数字化流程再造。在建设一流的科技创新管理能力方面，建立需求导向的科研资源配置，构建研发、制造与作业有机整合的产品线管理模式，探索实施“揭榜挂帅”机制，释放活力、提高科技创新整体效能。在打造高水平人才队伍方面，围绕激发科研活力、营造人才发展环境，持续深化体制机制改革，逐步健全科技研发和人才培养体系。

（4）治理现代

中国海油的“治理现代”，是坚持“两个一以贯之”，建立中国特色现代企业制度和“权责法定、权责透明、协调运转、有效制衡”的公司治理体系，将制度优势转化为治理效能，形成符合公司特点的现代治理新模式；是立足“战略+核心运营”集团总部管控模式和“四个中心”定位，建立聚焦主业、引领全局的战略管理体系，切实发挥战略引领作用，服务国家重大发展战略；是树立精益管理理念，建立精益高效、协同共享的经营管理体系，持续深化降本增效，提升公司经营质量和运营效率；是坚持从实际出发、务求实效，建立规范精准、系统高效的全面风险管理体系，有效防范各类风险，确保企业高效可持续发展。

为提升公司现代治理能力，中国海油开展系列重点工作。在健全现代公司治理体系方面，坚持党的领导与公司治理深度融合，修订完善集团及所属单位“一章、两制、八规则、四清单”，进一步明确各治理主体的权责边界，加强子企业董事会建设。在健全战略管理体系方面，锚定建设中国特色国际一流能源公司的战略目标，构建战略管理闭环，依托“一个整体、两个层次”的战略管理体系开展战略管理工作。在健全运营管理体系方面，以守住安全、合规、成本“三条底线”为重点，部署开展为期三年的基层基础管理提升专项行动。在健全全面风险管理体系方面，扎实开展综合治理专项行动，突出全级次、全覆盖，聚焦重点领域，着力提升各类风险防控水平。集团公司通过开展系列管理提升行动，有效增强了治理效能和运行效率，并于2022年被国资委评为“国有企业公司治理示范企业”。

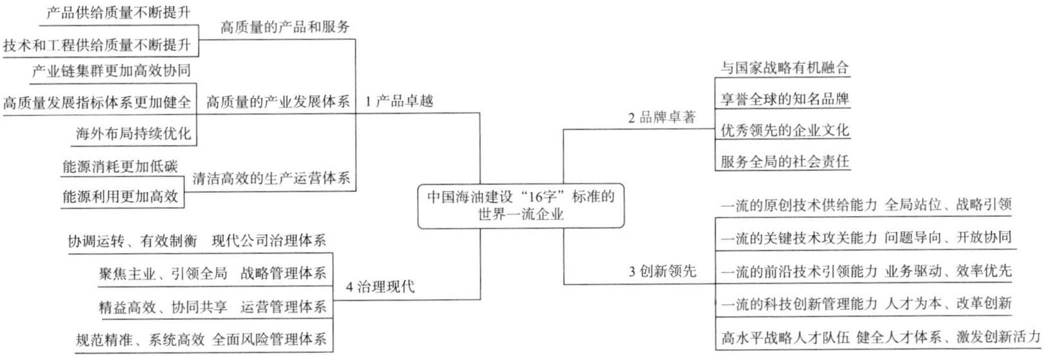

图2 中国海油建设“16字”标准的世界一流企业

Figure 2 CNOOC's practice of the "16-word" standard for "world-class enterprise"

3.1.2 锚定世界一流，中国海油以“六个一流”为抓手，为全面建设中国特色世界一流能源公司打下坚实基础

中国海油锚定世界一流，持续深化改革创新，按照“16字”要求，坚定不移向世界

一流奋进。从现阶段到2035年的关键时期，中国海油将以“六个一流”为抓手，为全面打造具有中国特色的世界一流能源公司奠定坚实基础。

（1）加快培育一流的产业链集群

中国海油将突出产业战略替代和转型升级，着力打造油气主业突出、产业结构布局合理、充分发挥一体化协同效应的综合性能源公司。在持续做强做大油气主业的同时加快培育绿色低碳产业，努力实现2035年公司碳排放总量降至峰值的85%。

（2）加快打造一流的科技创新能力

中国海油将积极践行创新驱动发展战略，加快打造原创技术“策源地”和现代产业链“链长”，在海洋油气勘探开发技术和LNG产业技术服务领域力争达到世界一流，在炼化产业做精做特方面走在国内前列，新能源技术构建差异化竞争优势。

（3）加快打造一流的市场经营能力

中国海油将大力实施市场引领战略，纵深推进提质增效升级行动，加强以市场为导向的核心能力建设，着力提升全球资源整合能力、市场营销能力、资本运作能力、数字化赋能能力。

（4）加快打造一流的风险管控能力

中国海油将坚持将安全合规经营作为不可逾越的红线，从严从细抓好基层基础管理，全面提升公司防范风险能力，重点推动安全生产基础再夯实，推动现代治理能力再增强，推动合规管理水平再提升。

（5）加快打造一流的人才队伍

中国海油将努力建设一支规模宏大、接替有序的年轻干部队伍；建设一支科学素养

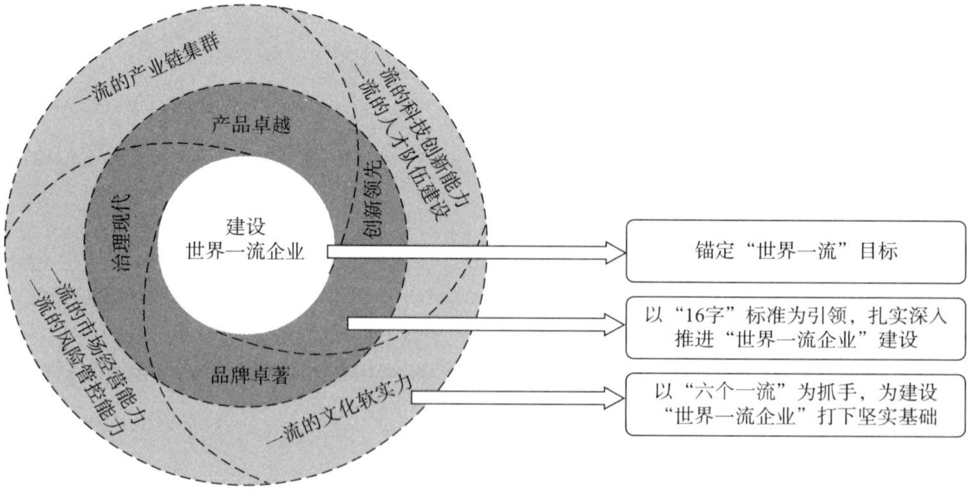

图3　中国海油建设世界一流企业体系

Figure 3　CNOOC's system for building a "world-class enterprise"

深厚、战略视野开阔的高层次人才队伍；建设一支技艺超群、敬业奉献的技能人才队伍；建设一支善于把握机遇、勇于开拓进取的国际化人才队伍。

中国海油将以建设规模大、接班有序的年轻干部队伍为重点；以深厚的科学素养和开阔的战略视野，建设一支高层次的人才队伍；打造一支技能超群，爱岗敬业的技能人才队伍；建设一支善于把握机遇，锐意进取的国际化人才队伍。

（6）加快打造一流的文化软实力

中国海油将大力弘扬“爱国、担当、奋斗、创新”的海油精神，以打造人本理念践行示范中心为中点，不断提升公司的凝聚力、影响力和知名度、美誉度。重点打造“赋能美好、探源未来”的品牌形象；着力打造“碧海丹心、能源报国”的企业文化；“服务社会、造福人民”，切实履行社会责任。

3.2　子企业层面：中海油服做创建世界一流专精特新企业的“示范生”

3.2.1　多维立体、统筹推进国有企业在集团与子企业层面创建“世界一流”示范工作

通过改革提升企业的在世界范围内的竞争力是我国国有企业改革的一项长期任务，考虑到集团企业业务的复杂性，只在集团层面开展示范性建设，还不能满足建设“世界一流企业”的目标。2023年3月，国资委发布《关于印发创建世界一流示范企业和专精特新示范企业名单的通知》（简称《通知》），在中央企业所属子企业和地方国有企业范围内进行评选，目的在于建设一批在细分行业领域“专精特新”的科技领先企业。

近年来，我国培育“专精特新”企业的成果显著，此概念于2011年7月由工信部首次提出[14]，其内涵为“专业化、精细化、特色化、新颖化”[15]。2023年，国资委在《通知》中明确了“专精特新”企业的内涵特征为“专业突出、创新驱动、管理精益、特色明显”。尽管各政府部门对“专精特新”的定义不尽相同，但均强调了“专精特新”指在细分领域具备显著自主创新能力和核心竞争力的中小企业。“专精特新”中小企业是经济活力的重要载体，是强链补链固链的生力军[16]。“专精特新”企业通常处于“卡脖子”的基础零配件、基础工艺、基础材料、基础设备、基础工业软件等关键领域，具有高研发投入、高成长性、高发展潜力、集聚了一批优秀专业人才等特点，是突破“卡脖子”的加速器[17]。

3.2.2　中海油服持续提升自主创新能力，在专业细分领域形成具有全球竞争力的科技产品体系

2023年国务院国资委评选的世界一流专精特新示范企业中，油气行业共有7家公司入选，其中包括中国海油所属子企业中海油田服务股份有限公司（简称“中海油服”）。中海油服是中国海油旗下专业服务公司，是全球最具规模的综合型油田服务供应商之一，

公司在沪港两地上市，拥有世界一流油田服务公司的尖端技术、强大的海上石油服务装备群，以及势头强劲的一体化服务链条。

中海油服以保障国家能源安全和助力国家海洋战略实施为使命，通过不断深化科技体制改革，完善科研激励体系，持续加大科研投入，有效提升了自主创新能力和水平，形成了具有全球竞争力的科技产品体系（图4）。

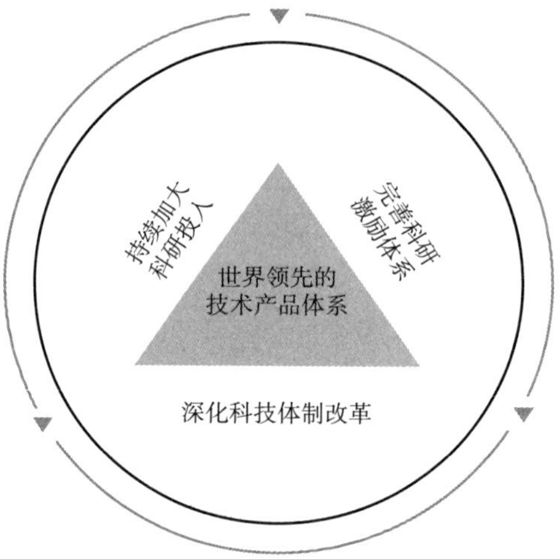

图4　中海油服的科技创新体系

Figure 4　Innovation system of COSL

（1）深化科技体制改革

中海油服持续优化科技创新体制机制，创新“研产用改”一体化管理模式，以技术开发“投资”思维打造技术进步与产业发展良性循环。一是优化科技创新管理机制。2020年，中海油服开始实施实现科技项目经理负责制，项目经理负责制以“研产用一体化”为导向，引导科研人员对产品全生命周期负责，最终加快中海油服技术产品系列化、产业化进程。真正实现项目经理在用人、财务、采办等方面的权利，实现责权利有机统一。2022年，中海油服大力施行科技创新攻关“揭榜挂帅”，面向重大技术需求，组织遴选19项重大或重点科技项目“挂帅”实施，切实执行“科技项目经理负责制”，构建责权利有机统一的科技创新管理机制，为科技创新创造保驾护航。二是全方位打造科研创新平台。拥有千人科研团队的中海油服，以“五院一所”为主体，构建了燕郊科技园一批高水平科研平台，搭建了与国内外40余所高校、科研院所的合作关系，全方位打造科研创新平台，有效促进了产学研的融合与协同。

（2）完善科研激励体系

在科技创新项目中，中海油服持续完善科研激励体系，激发组织创新活力。一是实施科技研发成功红利共享。中海油服率先实行科技研发成果红利共享，对于项目经理负责制的科技项目，在三年研发期内研制成功，公司拿出总额200万元用于团队激励；同时在产业化成熟期还按照每年成果转化净利润的阶梯进行持续激励[18]。二是产业化激励基金。中海油服自2020年，每年设立500万元技术产品产业化激励基金，对重大科技攻关人员累计奖励1160万元，为企业新增产值超30亿元[19]。三是完善职级分离工资制度和宽带薪酬调整机制，经理层最高收入为最低收入的1.5倍以上，实现向高价值创造群体倾斜的薪酬体系[19]。

（3）持续加大科研投入

中海油服持续加大科研投入，大力推进技术基地建设。在技术基地建设方面，中海油服获国家级企业技术中心、国家海洋高科技产业化基地以及国家海洋石油勘探工程资质，并建有2个国家重点实验室。2022年，中海油服全年科技投入13.04亿元，全年获授权专利226件，其中发明专利140件。当前，中海油服持有有效专利1000余项，其中包括国际发明专利15件；“十三五”期间攻克了103项关键技术并形成了产业化应用技术54项。

（4）形成达到世界领先水平的技术产品体系

中海油服深入践行技术驱动发展战略，公司关键核心技术攻关和科技成果转化加速推进，技术能力基本覆盖深水、超深水，超高温高压，极寒条件等多种应用场景。一是在随钻定向技术领域，中海油服在“贪吃蛇”技术方面持续攻关，成为中国第一家、全球第四家具备随钻测井、旋转导向规模商业化能力的公司，并凭借相关科技成果入选《中央企业科技创新成果推荐目录（2020年版）》[19]；公司自主研发的随钻定向技术“璇玑”系统，代表了我国在该领域的最高水平和能力，使我国成为全球第二个拥有该项技术的国家。2022年，“璇玑”系统已顺利实现1000口井作业、钻井总进尺达到100万米，各项关键作业指标均达世界一流水平[20]。二是在大型装备领域，公司自主设计建造的亚洲第一深水导管架平台“海基一号”已成功安装完毕。三是在物探采集和工程勘察服务领域，公司自主拖缆成套采集装备列装12缆物探船“海洋石油720”并实现商业化应用，成为全球极少数掌握此项自主研发技术和装备能力的服务商之一[21]。

4 加快建设世界一流企业的对策建议

第一，在企业层面建议以科学的对标体系为引领，分类分层分步、有序推进世界一流建设。企业需正确认识建设世界一流是一项长期复杂的任务，应避免运动式建设世界一流，制定切实可行的短期、中期、长期目标和重点任务。建议建立健全并动态调整能够全面反映世界一流内涵的对标体系，持续开展常态化对标工作，并进一步区分集团公司层面和子企业层面的指标体系，区分不同类型业务板块的指标体系。以中国海油为例，公司常态化对标目标性指标框架包括集团公司和所属子企业两个层级，以及上游勘探开发业务板块、中下游业务板块、技术服务板块、金融板块四大类别，稳妥有序、差异化推进创建世界一流示范任务。对标体系的具体构成包括三级指标，针对不同层级、不同业务板块企业的特点，二级、三级指标有所差异化。以中国海油上游勘探开发业务板块为例，对标体系如图5所示。

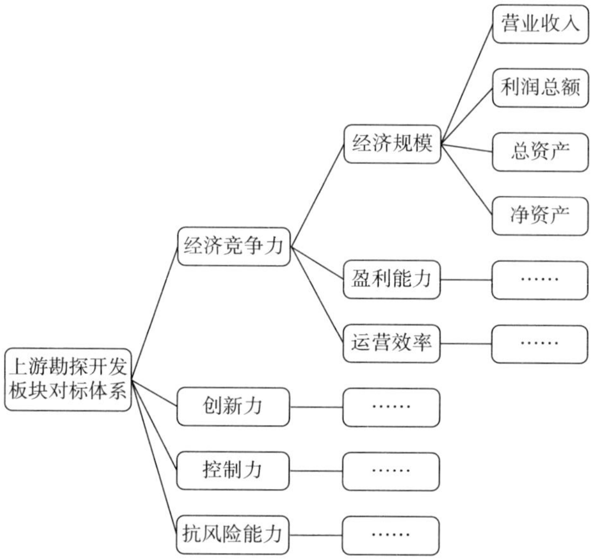

图5　中国海油上游勘探开发业务板块对标体系

Figure 5　Benchmarking System for CNOOC's Upstream E&P Segment

第二，在政策层面建议支持和引导企业坚持以创新引领发展，切实发挥大型企业在经济发展中的创新引领作用，加快推动中小企业向“专精特新”发展。国有大中型企业是国民经济的支柱，提升国有企业创新力是国有企业高质量发展的重要引擎。为加快建成世界一流企业，大中型企业需要持续加大研发投入、加强创新人才队伍建设、加强科技联合攻关，持续激发创新潜能[22]。加快推动中小企业向“专精特新”发展，中小企业的发展很难实现面面俱到，建议突出中小企业优势领域，注重技术领域的专业化发展，引进新思维、新模式、新技术赋能企业发展，与大中型企业实现优势互补，协同发展[23]。

第三，持续健全完善政策体系，在现有政策基础上继续打出“组合拳”出台系列政策，为发展世界一流企业创造良好环境条件。建议进一步深化产学研协同创新体系，加大知识产权保护力度，强化企业科技创新主体地位；坚持“两个毫不动摇”，大力培育支持民营经济健康高质量发展；建议通过积极参与全球经济治理、增强风险防范能力等措施，深入推进高水平对外开放[24–25]。

参考文献

［1］习近平．高举中国特色社会主义伟大旗帜为全面建设社会主义现代化国家而团结奋斗——在中国共产党第二十次全国代表大会上的报告［EB/OL］.［2022-10-25］. https://www.gov.cn/xinwen/2022-10/25/content_5721685.htm.

［2］游恒．试析美孚石油公司发展演变的潜在意义［J］.外交评论：外交学院学报，1987(02)：42-50+56.

［3］中华人民共和国国家发展和改革委员会．在打造世界一流企业基本能力上下功夫［EB/OL］.［2021-07-01］. https://www.ndrc.gov.cn/xxgk/jd/wsdwhfz/202107/t20210701_1285230.html.

［4］麦肯锡．完善系统对标，推动管理转型，打造世界一流企业［EB/OL］.［2012-05］. https://www.mckinsey.com.cn/完善系统对标-推动管理转型-打造世界一流企业/.

［5］国务院国资委．关于印发《中央企业做强做优、培育具有国际竞争力的世界一流企业对标指引》的通知［EB/OL］.［2013-01-31］. https://cnpre.com/sadclist/lawsshow.php?id=2130.

［6］德勤华永会计师事务所．对标世界一流企业：做优做强，管理提升之路［M］. 北京：经济管理出版社，2013.

［7］罗兰贝格管理咨询公司．中国如何造就全球龙头企业［J］. 中国工业评论，2017(07)：18-25.

［8］波士顿咨询．打造全球一流的价值创造型企业集团［R/OL］.［2017-07］. http://www3.ftchinese.com/edm/FTI/BCGforEnterprise.pdf.

［9］黄群慧，余菁，王涛．培育世界一流企业：国际经验与中国情境［J］. 中国工业经济，2017(11)：5-25.

［10］崔新健，欧阳慧敏．中国培育具有全球竞争力的世界一流企业：进展，差距和策略［J］. 经济学动态，2020(5)：28-40.

［11］何志毅．世界级企业100排行榜的研究解析［N］. 上海证券报，2022-11-19(06).

［12］财富中文网．2023年《财富》世界500强［EB/OL］.［2023-08-02］. https://www.fortunechina.com/fortune500/c/2023-08/02/content_436874.htm.

［13］中华人民共和国中央人民政府网．中企500强年营收总和首超百万亿元［EB/OL］.［2022-09-07］. https://www.gov.cn/xinwen/2022-09/07/content_5708683.htm.

［14］工业和信息化部．“十二五”中小企业成长规划［EB/OL］.［2011-09-23］. https://www.gov.cn/gzdt/2011-09/23/content_1955213.htm.

［15］工业和信息化部．关于促进中小企业“专精特新”发展的指导意见［EB/OL］.［2013-07-16］. https://www.gov.cn/zhengce/2013-07/16/content_5023635.htm.

［16］张博令．激发涌现更多专精特新中小企业（人民时评）［N］. 人民日报，2022-10-11(14).

［17］朱宏任．“专精特新”中小企业是强链补链的关键［EB/OL］.［2022-11-18］. https://www.chinanews.com.cn/cj/2022/11-18/9897450.shtml.

［18］中海油服．积极推进双百行动，机制创新、技术创新带来高质量发展［EB/OL］.［2019-12-30］. https://www.sohu.com/a/363599145_119666.

［19］王倩倩．中海油服破局革新［J］. 国资报告，2022(03)：57-59.

［20］中国海洋石油集团有限公司．中国海洋石油集团有限公司2022可持续发展报告［R/OL］.［2023-04-11］. https://book.yunzhan365.com/pdrsn/lgdk/mobile/index.html.

［21］中海油服．中海油服2022年年度报告［R/OL］.［2023-03-24］. http://file.finance.sina.com.cn/211.154.219.97:9494/MRGG/CNSESH_STOCK/2023/2023-3/2023-03-24/8907086.PDF.

［22］罗亚兰，张司飞．提升国有企业创新力的着力点［N］. 经济日报，2020-03-02(11).

［23］郭海涛．石油企业的世界一流和专精特新，路在何方［R/OL］.［2023-05-29］. https://www.163.com/dy/article/I5TLCLH205508GA4.html.

［24］马骏，袁东明，周健奇，项安波．坚持高质量发展，培育世界一流企业［N］. 经济参考报，2019-11-18(06).

［25］王文涛．以党的二十大精神为指引推进高水平对外开放［N］. 求是，2023-01-16(02).

Study on CNOOC's Practice of Building a World-class Company

Rihan WU, Xu HE, Shuai Li, Xueqin YANG, Yujing WEI, Yuqi ZHANG

CNOOC Energy Economics Institute

Abstract: Today, with a new round of scientific and technological revolution and industrial transformation on the way, China is inevitably facing strategic opportunities as well as tremendous challenges. In such circumstances, it is of great importance to build a number of world-class companies to improve China's comprehensive strength and international competitiveness. Over the past 40 years of reform and opening up, Chinese companies have been developing rapidly, and their global status has improved significantly, but the problem of "large but not strong" still exists. This paper systematically analyzes the practical significance and theoretical connotation of building "world-class companies" and China's achievement of cultivating "world-class companies". Moreover, taking CNOOC as an example, this paper analyzes the practice of large SOEs in building "world-class companies" at both parent and subsidiary levels, so as to provide implications for Chinese companies.

Keywords: China enterprise; World-class companies; CNOOC

世界一流油田服务大型装备公司的发展策略研究

张海*，才晓宇，赵璧，刘海志，席自彬

中海油田服务股份有限公司

摘要： 在国际油价上涨周期或者下跌周期，世界一流油田服务大型装备公司会依据行业形势变化采取不同经营策略，以获得最佳发展质量。在国际油价上升周期，世界一流油田服务大型装备公司常常通过增加投资，大力建造新装备，通过装备服务获得较好的收益；在国际油价下跌周期，往往通过剥离低效资产，专注核心业务，理性缩小经营范围，降低营业成本等做法，帮助它们安然度过行业寒冬。本文通过对世界一流油田服务大型装备公司发展策略研究，结合中海油服公司发展特点，提出对应的规划发展建议。

关键词： 大型装备；提质增效；资产优化；发展策略

0 引言

世界一流油田服务公司大致分为两类，一类是拥有大型装备例如钻井平台，主要通过大型装备服务获得营业收入，这类公司统称为大型装备公司；另外一类是拥有油田服务核心技术例如随钻测井，主要通过核心技术服务获得营业收入，这类公司统称为技术服务公司。上述两类公司的发展变化规律不同，都有自己的发展特点、变化规律、发展途径、资源分配等。研究和分析这些规律，有利于深刻理解不同类型公司所采取的战略、所做的重大举措以及重大资源优化手段等背后逻辑，有利于针对中海油服不同专业未来发展规划提出合理建议，助力中海油服高质量发展[1-2]。本文重点研究油田服务大型装备公司，聚焦的研究领域包括物探类公司、船舶类公司以及海上钻井类公司。

1 物探类公司的发展策略

全球物探服务公司种类较多，有的公司仅仅专注数据采集业务，有的公司仅仅专注数据解释服务业务，也有的公司同时进行数据采集业务和数据解释服务业务。全球物探

* 张海，男，硕士，高级工程师，主要从事公司发展规划战略研究。E-mail：zhanghai5@cosl.com.cn

公司发展演化速度很快，一种商业模式存活期有的就几年时间，包括行业发展模式、船队规模、运作模式等。综合分析研究多家物探公司后，我们认为CGG公司的发展历程[3]能较好地代表行业发展状况。

1.1 CGG公司发展历程

CGG是一家总部在法国的地球物理服务公司，建于1931年，CGG公司2007年1月与Veritas DGC Inc.合并，并更名为CGG Veritas，2013年1月公司在完成对Furgo's Geoscience Division的收购之后，又将名称改回CGG。CGG公司是全球最大的地球物理服务公司，旗下业务涵盖地震勘测、石油钻探、机械设备研发，为全球油气行业提供顶尖的地质、地球物理服务。目前，该公司在全球分布70个办公机构，8500余名员工。CGG公司下设三个部门：设备部门负责装备制造，包括Sercel实体和Optoplan、Metrolog、GRC、DeRegt实体；数据采集部门负责采集业务，拥有陆地采集装备和大规模物探船队，具备陆地、滩（浅）海和深海的物探采集能力；解释部门是数据处理方面的领导者，致力于数据解释模型研究和算法创新。

本文重点研究了CGG公司近五年的生产经营情况，主要定量参数包括营业总收入、净利润、总资产、总负债等。从图1中可以看出，CGG公司近六年来经营困难，连续五年处于亏损状态。

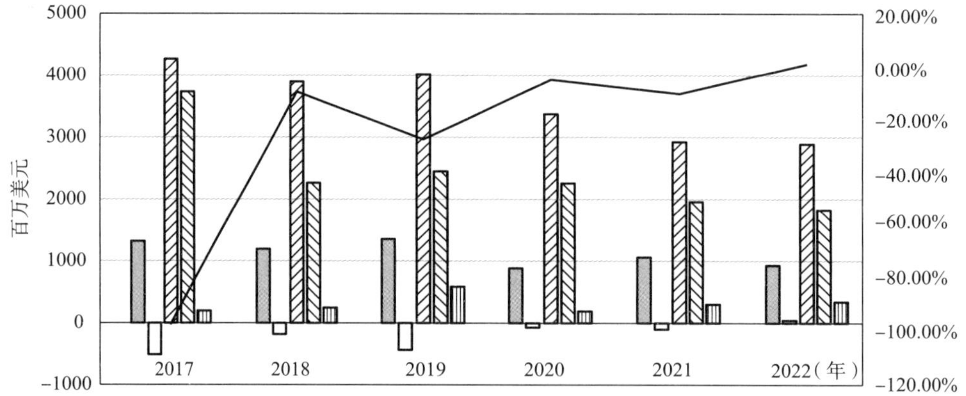

图1 CGG公司的主要经营指标
Figure 1 Key financial indicators for CGG

1.2 筹建合资公司，积极开展地震服务

CGG公司在市场开拓方面颇有成效，成功经验之一就是与所在国的专业公司成立合

资公司，共同开拓市场[3]。例如，CGG在2014年与俄罗斯Sovcomflot合作，成立合资公司AGE，从而获得俄罗斯北极水域的地震调查工作，在北极地区及亚北极区进行3D地震调查作业。

1.3 申请破产保护，消除巨额债务持续经营

自2014年国际油价断崖式下跌，CGG公司在持续几年大幅亏损后经营困难。公司通过及时申请破产保护，消除大量债务，帮助公司渡过难关得以持续经营。CGG在2017年启动法律程序在美国和法国法院申请破产保护，对公司进行债务重组。法院最终裁定，CGG的资产负债表消除约19.5亿美元的债务，同时将现有的8亿美元担保债务的偿还时间延长。

1.4 抱团取暖降低风险，加码多用户业务

2017年，全球物探公司纷纷开始转型，考虑退出资产重、低利润、高风险的陆上和海上采集市场，转向物探技术研发和处理软件开发等轻资产、高附加值业务板块。各家以海上业务为主的物探公司纷纷封存船只或者转向多用户业务，例如CGG公司出售物探船舶，退出物探数据采集市场，重点转向轻资产高利润的数据解释业务。为了降低多用户业务的投入风险，各物探承包商开始抱团取暖，展开合作，如CGG、WesternGeco-SLB和TGS公司合作开展多用户海上采集业务。根据CGG年报统计，公司2017年多用户业务前期融资和后期销售都有所增长，前期融资同比大幅增长21%，多用户后期销售同比增长11%。

1.5 剥离低收益的数据采集船队，专注核心数据解释业务

由于过去四年来行业削减了勘探投资支出，物探市场出现下滑，影响了市场参与者的利润率，CGG公司在2018年制定了新的发展战略，决定剥离高端勘测船队，向轻资产经营模式转型，专注地理科学解释、多用户服务等回报率高的领域[4]。CGG公司逐步抛售其5艘高端勘测船船队，到2021年退出船舶运营业务。此外，CGG公司逐步减少陆地地震作业并出售非核心业务，目的是在未来三年节省费用支出4000万美元。采取新的发展战略后，2018年CGG公司营业收入从3.210亿美元增至4.391亿美元，同比增加34.54%，同时亏损大幅降低，从一年前的亏损1.244亿美元缩减至亏损0.015亿美元。

1.6 物探类公司发展策略小结

物探行业处于油气勘探开发的上游，对整个石油行业的形势变化体验最早，在行业

恢复上升期，物探需求最先增加，同样在行业寒冬来临时，物探业务最先萎缩。CGG公司对行业的研究较为透彻，总是能针对行业的变化做出恰当的变化。总的来说，CGG公司的经验与教训体现在：一是在石油行业上涨时，通过收购、兼并公司，获得快速发展，例如在2013年通过收购Furgo公司的地球科学部分，从而使地震解释能力获得增强。二是积极转型，开启多用户服务，公司持续增加营业收入。近年来随着物探行业的多用户合同增多，多用户模式得到越来越多的用户认可，CGG联合TGS等知名公司拓展多用户服务，营业收入明显增加。三是积极剥离低效资产，专注公司核心数据解释业务。陆地数据采集业务萎缩时，CGG立即剥离陆地数据采集业务，海上数据采集业务工作量暴减时，CGG立即剥离了海上高端勘测船队，这些低效资产的剥离，降低了公司的费用支出，大幅度降低了公司的亏损。

2 船舶公司的发展策略

船舶类公司以提供油田服务所需的船舶服务为本，其特点包括：一是船舶的种类较多，例如运输船、守护船、三用工作船等；二是船舶类公司区域特性更强，体现在区域的水文地质条件、遵循的法律、成本结构等都不同；三是船舶行业竞争激烈，行业内经常有破产、重组、收购、并购等事件发生。通过对多家船舶公司研究后发现，Tidewater公司的发展变化历程最具有代表性。

2.1 Tidewater公司发展历程

Tidewater公司运营一支多样化的船舶队伍，为全球石油行业提供船舶支持服务。公司于1956年注册，通过其美国和国际全资子公司，以及合资公司开展业务。据近二十年年报显示，Tidewater作为全球最大的海工船东，最多曾拥有超过350艘海工船。近十年来，由于海工市场长期衰退，该公司在2017年5月申请破产保护并进行重组。完成重组后的Tidewater公司在2018年与另一家美国海工船东GulfMark合并，当时凭借274艘海工支持船（OSV）的规模创造了全球最大的OSV船队。Tidewater公司在2023年3月与Solstad Offshore公司达成收购协议，以5.77亿美元收购其运营的37艘船队，2022年4月又收购了太古海洋开发公司（Swire Pacific Offshore），进一步巩固其全球最大OSV船东地位。

本文重点研究了Tidewater公司近六年的生产经营情况[5]，主要定量参数包括营业总收入、净利润、总资产、总负债等。从图2中可以看出，Tidwater公司近六年来经营困难，尽管历经了破产重组、收购等大事，连续六年仍处于亏损状态。

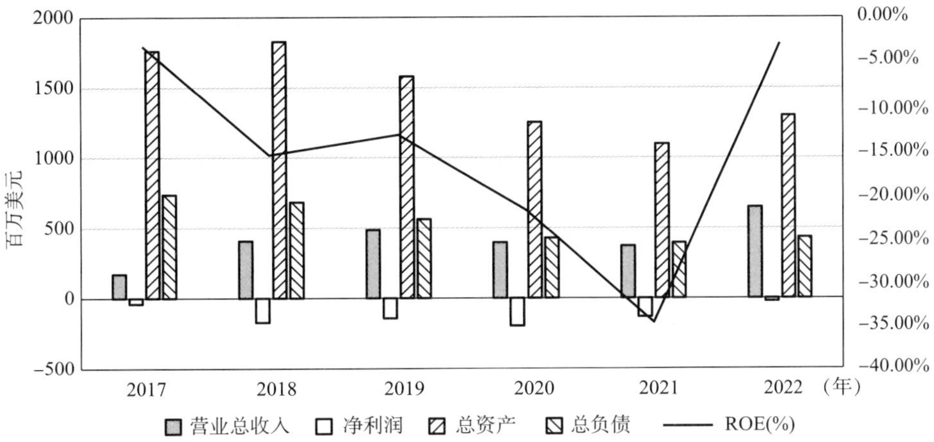

图 2　Tidewater公司的主要经营指标

Figure 2　Key financial indicators for Tidewater

2.2　行业低谷时期，频频进行破产重组延续公司生存

近十年来，由于船舶行业近年不景气，行业内的船舶公司破产重组已经是行业常态。Tidewater公司通过多次破产重组，消除大量债务，获得持续经营。例如，2017年7月完成破产重组程序，通过财务重组消除16亿美元债务。据克拉克森数据统计，目前Tidewater船队规模超过350艘，平均船龄17年。

2.3　通过收购改善船队结构，增加核心竞争力以及拓展市场

船舶行业竞争激烈，行业内公司规模变化快速，从历史上看收购是公司快速发展的重要手段。Tidewater公司善于利用收购手段，使得公司牢牢掌握核心船舶资源，同时拓展了服务市场领域。从近十年的重大事件看，Tidewater公司通过收购，以极低的价格拥有了行业的优质资源，在船队规模方面始终保持行业龙头地位。例如，2022年4月，Tidewater公司收购太古公司（Swire Pacific Offshore），获得50艘OSV，成为拥有超过200艘船的全球最大的OSV运营商。该交易在西非增加25艘OSV，使公司在这一迅速发展的地区业务量几乎增加一倍，成为该地区最大的现役船舶运营商，并扩大了其在迅速增加的东南亚地区、中东地区的业务。

2.4　船舶类公司发展策略小结

船舶服务行业，整体上来说属于区域服务市场，市场竞争激烈。在油田服务总体市场处于下行趋势时，船舶服务工作量锐减，同时会出现大量公司破产、倒闭、重组等。

Tidewater公司历经行业的风风雨雨，它的经验体现在：一是在船舶服务行业低谷时，及时淘汰低效船舶，申请破产保护，消除大量债务，使得公司经营活动得以延续。二是在船舶行业服务工作量恢复时，及时采取拓张模式，通过收购公司、采购船舶、建造新船等方式，快速拥有大量船舶资源，形成规模效益。三是Tidewater公司始终保持较高比例的高端船舶，高端船舶的服务领域广，服务能力强，有较强的市场竞争力。

3 海上钻井公司的发展策略

海上钻井公司大致分为两类，一类是专注于高端浮式钻井服务的公司，另一类是专注于近海作业的自升式钻井服务公司。这两类公司的规模、市场定位、运营策略、盈利能力等区别较大，本文重点研究前一类公司，最典型的公司案例是越洋钻探公司（Transocean）。Transocean公司的发展历程丰富，持续经营数十年，有明确发展目标，专注于超深水油气田开发[6-8]。而其他海上钻井公司面临各种问题，或者存续时间短，或者属于区域公司，或者服务类型太单一，都不是较好的研究标本。

3.1 公司发展历程

Transocean公司是著名海洋石油钻井装备运营商，总部位于瑞士，钻井平台遍布世界各地，专注于超深水和恶劣环境钻井服务。公司成立于1926年，1970—2000年通过一系列并购重组，成为世界第一大海洋石油钻井装备运营商。真正确立Transocean公司钻井业内霸主地位是通过以下三次重要的并购（Mergers and Acquisitions，M&A）事件：Transocean公司在2000年通过合并斯伦贝谢的子公司，成立Sedco Forex，在船队规模上问鼎全球第一；通过收购R&B Falcon，公司在超深水钻井领域一举奠定其统治地位；Transocean公司在2007年收购Global SantaFe海上钻井公司，成为业内的巨无霸。Transocean公司在2012年剥离38座老旧平台，成立Self Drilling。Transocean公司在2017年收购Songa Offshore，在挪威钻井市场获得重要地位；Transocean公司在2018年并购Ocean Rig，接管了8艘高规格超深水钻井船和2座适合恶劣环境运营的半潜式钻井平台。

3.2 持续剥离低端和低效钻井平台资源，通过收购抢占全球高端钻井平台资源

在行业低迷时间，Transocean公司持续剥离低端和低效钻井平台，通过收购公司低价抢占高端平台资源[9]。Transocean公司专注于高端钻井平台业务，其钻井船以及钻井平台配置规格较高。从2014年开始，Transocean公司不断剥离低端钻井平台。截至2022

年6月，Transocean一共剥离了41座低效的超深水和常规深水平台，34座中深水钻井平台，以及15座高规格自升式钻井平台。同时Transocean公司通过收购Transocean Partner、Songa Offshore，以及并购Ocean Rig获得顶级超深水钻井平台资源，目前拥有39座超深水和高端钻井平台。经过多年的船队资源优化后，目前Transocean的船队全部是超深水钻井平台，作业水深超过3000m，钻井平台的平均船龄为10年，超深水钻井平台竞争力一流。

3.3 执行稳健财务政策，控制资产规模

Transocean公司一直执行稳健的投资策略，资产规模得到较好控制。Transocean公司自2011年开始剥离老旧平台后，总资产及负债都在逐年减少，2012年剥离38座自升式平台，而后再次剥离剩余的15座自升式平台及4座在建平台订单。公司2014年以后长时间都处于亏损状态，在2015—2016年期间，由于公司执行前期签订合同，钻井平台日费处于较高位置，因此公司处于微弱盈利状态。而后，公司从2017—2021年一直处于亏损状态，总资产不断降低，负债也一路走低。公司的经营活动现金流量自2014年以来一路下跌，2022年达到最低值，随着行业形势整体复苏，预计2023年公司的经营情况会好转（图3）。

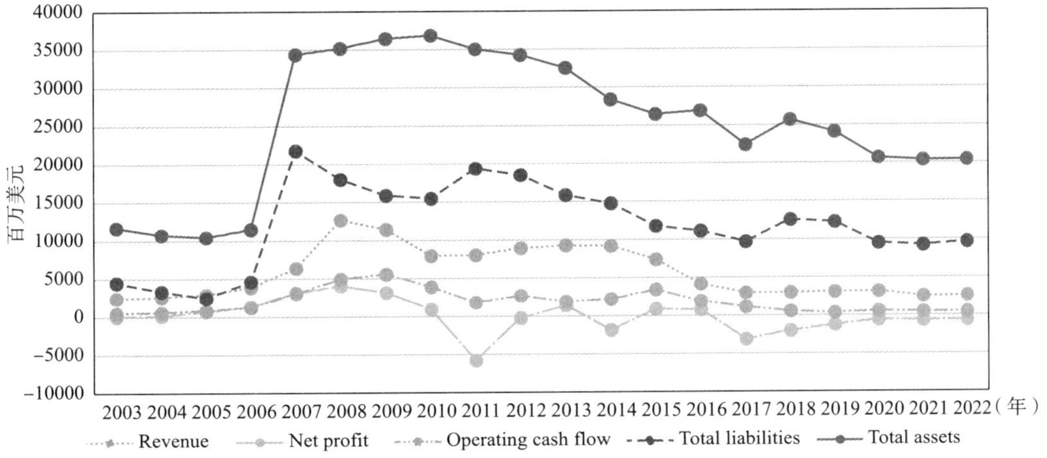

图3 Transocean公司的主要财务指标

Figure 3 Key financial indicators for Transocean

受制于公司庞大钻井平台船队长期利用率处于低位，公司资产收益率曾经在2011年跌至−15%以下。后期尽管公司在2014年以后剥离老旧资产以及大幅资产减值，淘汰、处理低效资产等，但是公司总资产收益率长期为负[10]。公司在2005年基于在低油价来临前提前剥离老旧资产，资产负债率已经降至30%以下，为后期发展奠定了基础。公司2014年以后资产负债率长期低于50%，主要是公司执行了稳健的财务政策，及时控制了

总资产规模（图4，图5）。

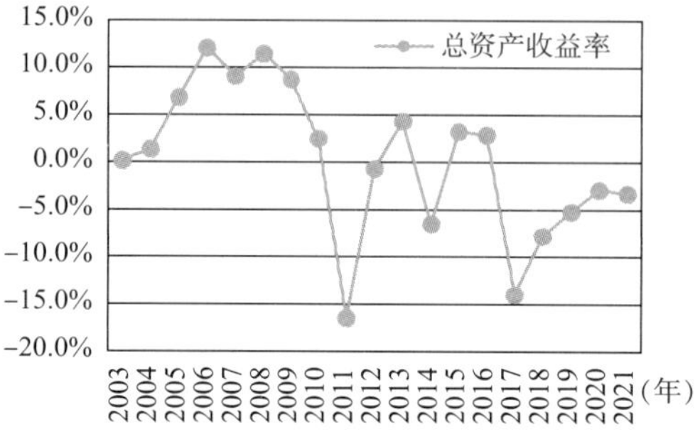

图4　总资产收益率

Figure 4　Return on total assets

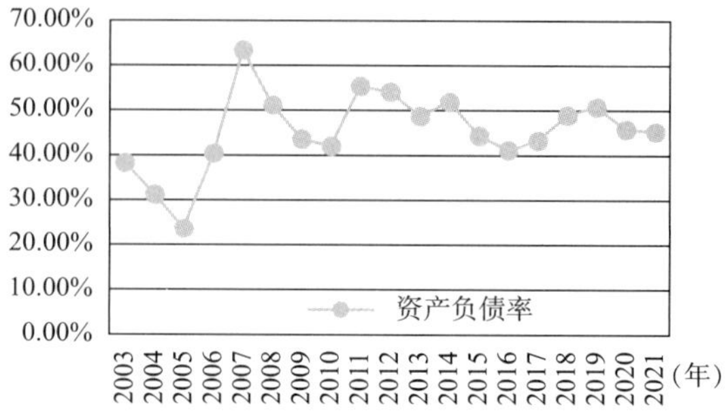

图5　资产负债率

Figure 5　Assets-liabilities ratio

3.4　专注超深水钻井领域，坚持技术创新提升船队核心竞争力

Transocean公司是海上钻井行业比较成功的公司，分析其运营策略很有必要，其特点为：一是剥离低端钻井平台。公司在2012年将38座低端自升式钻井平台剥离，在2014年剥离8艘老旧钻井装备，在2017年剥离15座自升式钻井平台。二是收购高端钻井平台。公司在2017年收购挪威钻井承包商Songa Offshore，获得4座Cat-D型半潜式钻井平台以及3座中等水深半潜式钻井平台。三是应用新技术，提升作业效率。例如，公司在2021年正式部署了全球第一座配置了混合动力系统的浮式钻井平台，该系统由AKA公司开发，能在日常钻探作业期间捕捉被浪费的能源，实现了钻井平台的燃料节约。公司在2022年为超深水钻井船“Deep water Atlas”号和“Deep water Titan”号装备300万磅吊钩负荷，配备首个20000 psi水下井口系统，使其成为世界上能力最强、规格最高的钻井船。四是及时处置低效平台。例如在行业低谷期，公司在2018年报废了4座浮式钻井平台，原因是这4座闲置浮式钻井平台带来约5.2亿美元非现金支出，影响船队的长期竞争力。五是持续大幅进行资产减值。Transocean公司在2014—2021年依据对行业状况和对市场前景的研判，对钻井船进行多次进行大幅资产减值，减轻了大型装备折旧压力，提升了船队的竞争力。

3.5　海上钻井类公司发展策略小结

通过研究Transoean公司历年发展策略，有以下经验可以借鉴。一是在油田服务行业处于低谷时，通过快速收购，稳步成长。Transocean所有重大收购基本都处在2008年之前低油价区间，并且公司融合了5家创建于19世纪40年代的钻井巨头[11]。二是坚持谨慎建造平台，降低资金利用杠杆，稳步经营。即使在油田服务行业上涨阶段，公司依旧坚持稳健经营战略。从Transocean公司历年经营管理看，尽管在2011—2015年也投机建造钻井平台，投机平台主要是在吉宝建造的5座自升式钻井平台和在裕廊建造的2艘钻井船，还有在大宇建造的2艘钻井船，但是总体投资风格偏向保守，和Seadrill和Ocean Rig之类的高杠杆承包商比起来保守很多。从资产负债率来看，公司历年资产负债率都在50%左右，显示了公司一直执行稳健的资本支出策略。三是持续坚持技术创新，保持核心竞争力。Transocean公司在20世纪60年代，通过收购三家各有专长的海洋钻井公司，使其成为最懂海洋石油钻井装备的公司，先后推出了一系列革命性的钻井平台建造案例。近十年来，Transocean公司与第三方紧密战略合作，保持装备的先进性，与AKA公司合作，DP3闭环改造；与MHWrith合作签署协议，保障顶驱性能；与瓦锡兰合作，保障推进器超长时间工作；与AKA公司合作，部署混合动力，使燃料消耗减少了14%，氧化氮和二氧化碳排放也大幅降低。

在Transocean的发展历程中，有以下教训值得关注。一是公司转型步伐太快，过早剥离仍在盈利的自升式平台队伍，造成大量公司现金流失。Transocean公司在2012年剥离低端自升式钻井船队，主要理由是低端钻井船队运营规律和高端船队运行规律不同，而当时公司的战略是发展高端钻井船队。同时，与高端钻井船队相比，低端船队营业收入低，经济效益低。在2014年后，油田服务行业形势急剧恶化，全球钻井平台资源大量过剩，尤其是高端钻井平台过剩严重，Transocean公司面临经营困难。造成公司经营困难的重要原因之一是Transocean转型步伐迈得太大，为了转型大手笔剥离15座仍旧在作业的自升式钻井平台给Borr钻井公司，从而损失了大量现金流。二是公司的收购时机和整合存在瑕疵，造成公司业绩大幅下滑。Transocean对于Ocean Rig的并购是低迷行情下增加同业协同、减少竞争减少成本的做法，将Ocean Rig从大量闲置高端钻井平台市场环境解救出来，同时进一步壮大自己的深水船队，研究认为这次收购的时间太早，市场还没有复苏。

4 中国海上油田服务公司

中海油田服务股份有限公司（简称中海油服）的海上油田服务起源于20世纪60年代，专业化于80年代，相对独立运行于90年代。和国际一流油田服务公司比，公司的市场规模较小，装备技术上存在较大差距，但公司发展速度快，发展质量好，拥有比较优势。

4.1 钻井平台规模全球第一，高端自升式钻井平台占比大

截至2022年底，公司的钻井平台规模全球第一。在自升式钻井平台方面，与排名前

五的钻井公司相比，公司的高端自升式钻井平台占比较高，平台配置高，作业能力强，拥有相对竞争优势。公司的钻井平台利用率近年来一直高于国内同行，得益于国内油田服务工作量持续增加。

4.2 长期践行谨慎投资策略，业绩优于国际同行

从公司的主要财务指标看，2007—2014年，公司的营业收入持续提升，展示了公司经营业务蒸蒸日上；2014—2016年公司的营业收入持续下降，主要是石油行业在油价断崖式下跌后，油田服务工作量锐减，公司营业收入受到较大影响；2017—2021年，公司的营业收入持续恢复，基本恢复到2014年的收入水平。从总资产看，公司的总资产在2015年达到高峰后，而后一直呈现下降趋势，这与公司的谨慎投资策略、重资产向轻资产转型有关。从净利润和净现金流看，公司绝大多数时间都是盈利状态，经营表现优于国际同行。从总资产收益率看，除2016年进行大幅资产减值后导致总资产收益率为负

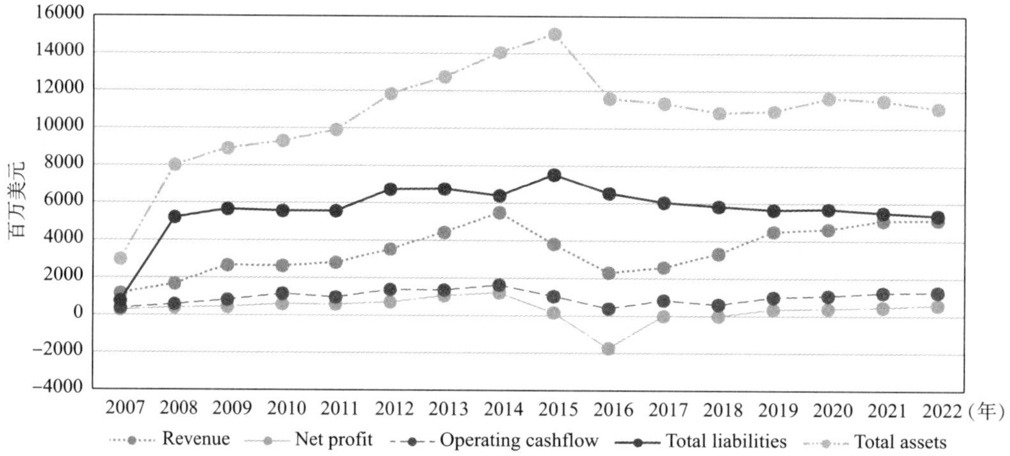

图6 公司的财务参数

Figure 6 Key financial indicators of COSL

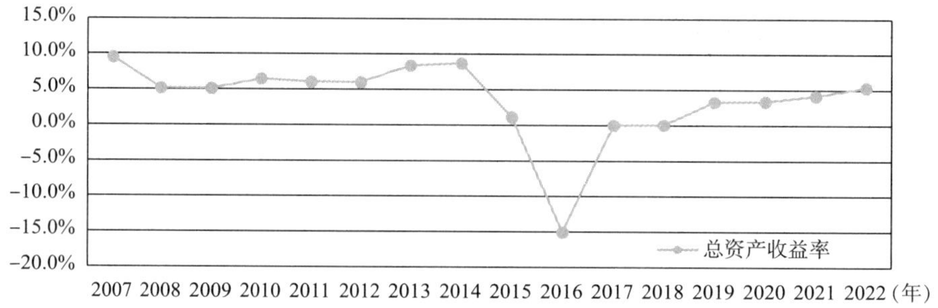

图7 总资产回报率统计

Figure 7 Assets-liabilities ratio list for COSL

外，其他年份的总资产收益率均为正。2017—2021年，总资产回报率最大接近10%。近五年来，公司的总资产收益率显著回升，得益于国家能源安全战略实施，以及海上油田增储上产的七年行动计划（图6，图7）。

4.3 装备板块营业收入贡献逐年减低，装备利用率长期低位徘徊

从固定资产占比的角度看，公司的固定资产占比长期高于50%，公司属于偏重资产类公司。近十年以来，公司的固定资产占比有下降趋势，主要是公司执行了谨慎的投资策略，同时重点发展技术板块。2017—2021年，装备板块的营业收入占比呈现下降趋势，从占比85%下降至约65%。主要原因是装备板块面临行业大环境不友好，装备大量过剩，利用率降低，日费也处于低位（图8）。

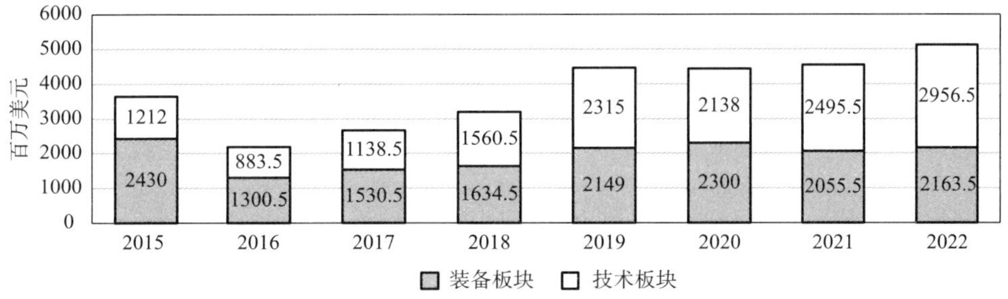

图8 装备板块与技术板块收入统计

Figure 8 Revenue of Equipment Parts vs. Technique Parts

4.4 业务链条完整以及主要市场稳定是公司差异化发展的优势

中海服务是全球较具规模的综合型油田服务供应商，公司的大型装备业务包括：物探勘察服务、钻井服务和船舶服务。公司共运营和管理物探勘察船13艘（支），钻井平台57座，近海工作船舶130多艘，拥有自主研发的随钻测井、旋转导向、钻井等超过430台套，以及其他先进的测井、泥浆、定向井、固井和修井等油田技术服务设备。中海油服拥有油田服务领域完整业务链，可以为客户提供一体化服务，满足油公司的需求。中国国内油田服务市场是中海油服的主要市场，主要客户是中海油有限公司，长期以来超过70%的营业收入来源于主要客户，这使得公司的营业收入有了可靠基础。公司业务的主要海域在中国内海，浅水和中深水水域的油田服务长期占据很重要的份额，公司在浅水和中深水海域的服务成熟、系统。主要市场稳定可靠，营业收入有保障，是中海油服持续发展的优势。

5 对中国海上油服公司的几点启示

通过对国际一流油田服务装备公司发展策略研究，结合中海油服的发展阶段、大型装备服务特点、市场环境、核心竞争力培育等，可以得到以下启示。

一是要重视研究国际油价变化趋势与大型装备供求关系之间的规律。国际油价高企时，市场不断扩大、工作量大幅增加，大型装备不足以满足市场需求，甚至高端设备短缺。油田服务公司会不断加大对装备投入，提升装备保养维修能力，统筹作业所需高端设备资源弥补暂时的短缺。国际油价下行时，油田服务市场萎缩，油田服务装备产能过剩，服务价格也随之大幅降低。此时，油田服务公司会花大力气来开拓市场，提升设备利用率[11]。针对国际油价对装备需求的影响，规划部门要做好前期研究，做好市场需求预测，做好装备类型选择，做好技术经济效益评价，降低装备投资决策风险。

二是要强化固定资产投资决策研究，要重点研究项目投资回报率提升方法。持续盈利是企业发展的首要前提，中海油服装备板块资产比较大，固定资产占比长期超过50%，目前依旧属于重资产类公司，固定资产折旧占据公司成本的比例仍旧较大。对于后续的固定资产投资项目，一定要做好项目研究，提高固定资产回报率[11]，以适应公司轻资产发展战略。

三是要做好做精浅水、中深水油田开发服务，持续保持和发扬自己的服务优势。浅水、中深水油田服务市场是公司重要市场，是公司经营收入和现金流主要来源，公司在近海油田服务中有绝对优势，主要源于公司卓越的管理能力和低成本战略。现金流关系到企业生存发展，需要引起高度重视。Transocean在现金流方面吃过大亏，Transocean公司在2017年过早地剥离了正在作业的、有盈利能力的自升式船队，导致后期现金流损失巨大，使得企业资金链差点断了。四是要重视开展公司收（并）购时机研究。收（并）购时间选择，对公司后续的融合发展有很大影响。依据对Transocean、Seadrill的发展历程分析，如果时机选择得当，通过收（并）购同行业的公司，能快速使得公司做大，使得公司拥有更多的装备、市场、人员等。如果时机处理不当，通过收（并）购公司后，会给原公司发展带来经营困难，近年有很多这样的案例。例如，Transocean未能对欧洲钻井市场变化充分评估，收购Songa后造成装备利用率大幅下降，公司营业收入大幅降低。Valaris没有对全球钻井市场复苏进度做出合理判断，通过并购Rowan后大量钻井平台被处置，造成资金链断裂，最后不得不申请破产保护。

参考文献

［1］陆如泉．关于打造具有世界水平的跨国石油公司的若干思考（上）［J］．北京石油管理干部学院学报，2015，22(02)：7–13.

［2］吴思卫．中国油服业转型：从产业整合到治理方式现代化——三大国有石油公司油服业务管理改革探索［J］．国际石油经济，2014，22(09)：11–16+109–110.

［3］CGG. CGG 2022 Annual Report［R］. CGG, 2023

［4］IHS Markit. Global Upstream Spending—Issue 45［R］. 2023.

［5］Tidewater. Tidewater Inc. 2022 Annual Report［R］. 2023.

［6］Tansocean. Transocean 2022 Annual Reportt［R］. 2023.

［7］傅津，刘志刚．国际油田服务公司一体化发展的经验和启示［J］．国际石油经济，2012，20(4)：26–33+125–126.

［8］谢玉洪．中国海油近海油气勘探实践与思考［J］．中国海上油气，2020，32(02)：1–13.

［9］侯明扬．2021年全球油气资源并购市场特点及前景展望［J］．国际石油经济，2022，30(03)：20–27.

［10］中海油田服务股份有限公司．中海油田服务股份有限公司2022年年度报告［R］．北京：中海油田服务股份有限公司，2023.

［11］IHS. What countermeasures are service companies employing for the downturn?［R］. IHS, 2016.

Research on the Development Strategy of World-class Large-scale Equipment Companies

Hai ZHANG, Xiaoyu CAI, Bi ZHAO, Haizhi LIU, Zibin XI

China Oilfield Services Co. Ltd.

Abstract: World-class oil field service large-scale equipment companies adopt different business strategies in different periods of international oil prices according to changes in the industry situation in order to obtain the best development quality. In the rising stage of international oil price, the world-class large-scale equipment companies serving oil fields often build new equipment by increasing investment, and obtain better benefits through equipment services; In the stage of falling international oil prices, they often help them survive the cold winter of the industry by stripping inefficient assets, focusing on core business, rationally narrowing business scope and reducing operating costs. Based on the research on the development strategy of world-class oilfield service large-scale equipment companies, combined with the development stage and business characteristics of China Offshore Oil Service Company, this paper puts forward corresponding development strategy suggestions.

Keywords: Large equipment; Improve quality and increase efficiency; Asset optimization; Development tactics

数字化转型与国有示范企业治理效率的关系研究

刘泽岩*，彭仕云，和旭，陈铭

中国海油集团能源经济研究院

摘要： 本文基于文本分析法和经济增加值分别构建企业数字化转型程度和国有示范企业治理效率变量，选取2003—2022年国务院国资委公布的创建世界一流示范企业和专精特新示范企业名单中在沪深股市上市的61家国有示范企业非平衡面板数据为研究对象，实证研究数字化转型程度对国有示范企业治理效率的影响。研究发现，数字化转型程度与国有示范企业治理效率之间存在U型关系，随着数字化转型程度由过渡阶段上升到适度阶段，其对国有示范企业的影响由抑制效应转为促进效应；Utest检验结果表明，现阶段绝大多数国有示范企业处于"阵痛区间"，表现为对治理效率的负向影响；数字转型程度U型影响资本密集型行业和东部地区国有示范企业的治理效率，负向影响劳动密集型行业和中西部地区的国有示范企业治理效率。研究为国有示范企业的数字化转型发展和政府制定国有示范企业数字化转型决策提供了经验证据和决策支持。

关键词： 国有示范企业；数字化转型程度；治理效率；U型关系

0 引言

近年来，数字经济持续快速增长，成为重组全球要素资源、重塑全球经济结构[1]、加速全球经济复苏的新引擎。随着大数据、人工智能、物联网等新技术的不断涌现和应用创新，通过数字化提升国有企业治理效率变得越发重要。2020年，《中共中央、国务院关于构建更加完善的要素市场化配置体制机制的意见》首次将"数据"与土地、劳动力、资本、技术等传统要素并列为要素之一，提出要加快培育数据要素市场[2]。习近平总书记也在第二十四次中央全面深化改革委员会会议上，提出建设世界一流企业的"16字"标准，即产品卓越、品牌卓著、创新领先、治理现代。其中，治理现代不仅是推动国有资本和国有企业做强做优做大的重要保障，也是深化国企改革，完善中国特色现代企业制度的关键抓手。因此，通过数字化转型不断强化国有企业的治理效率不但成为建设世界一流企业的重要途径，也是实现我国国民经济战略调整的强烈要求。

* 刘泽岩，男，博士，助理经济师，主要从事企业战略与创新研究。E-mail：liuzy23@cneei.com.cn

企业通过数字化转型驱动治理效率提升的重要性不言而喻，但相关研究较为匮乏。首先，大部分学者对数字化转型的研究多从企业管理[3-5]、企业创新[6-8]、商业模式[9]等方面，鲜少从公司治理方面进行。其次，尚未明确企业数字化转型与治理效率之间的关系。林菁和仲继银认为公司治理质量显著促进企业实施数字化转型[10]；鲁学博认为国有企业数字化转型会降低企业经营风险水平，进而促进企业治理效率提升[11]；Hilbolling等认为随着企业数字化进程的深入推进，企业内部反复"优化"不利于治理效率和治理能力的提升[12]。由此可见，现有研究尚未揭示数字化与企业治理效率尤其是国有企业治理效率之间的关系。因此，有必要针对二者的关系进一步研究。

基于此，本文立足中国情境，选取国务院国资委公布的创建世界一流示范企业和专精特新示范企业名单中在沪深股市上市的61家国有企业作为研究对象，实证分析数字化转型对国有示范企业治理效率的影响，并在基准回归结果的基础上，进一步考察了不同行业要素投入、不同地区的异质性。

本文可能的边际贡献如下：第一，将数字化转型与国有示范企业治理效率联系起来，揭示了数字化转型程度与国有示范企业治理效率间的非线性U型关系，以期丰富基于微观视角的数字化转型研究。第二，在加快建设世界一流企业的时代背景下，探讨"双示范"国有示范企业实施数字化转型的最优水平，从而为期望通过数字化转型提升自身治理效率的国有示范企业提供参考。

1 研究假设

1.1 数字化转型程度对国有示范企业治理效率的影响

企业数字化转型，是指企业以大数据作为生产要素，利用现代技术和通信手段改变企业价值创造方式的过程[13-14]。通过对现有文献的梳理发现，企业数字化转型主要从数字化转型的价值创造作用和其潜在风险两个方面展开。因此，本文认为企业数字化转型程度对企业治理效率的影响也要从这两个方面开展讨论。

在"价值观"视角下，企业数字化转型作为一种重要的价值创造方式，会提高国有企业的治理效率。这主要是因为：

其一，在数字化转型情境下，大数据、人工智能、区块链、云计算等新一代信息技术的广泛应用催动了互联网、物联网的蓬勃发展，其所带来的共享式信息平台和分布式信息结构为企业内外部实时信息交互提供技术支持[15]。也就是说，企业可以从不同渠道、以不同方式收集到大量关于市场走势、经营环境、行业风险等信息。并且数字技术能够帮助企业从错综复杂的原始数据中提炼有效信息，从而增强企业获取信息的能力，提升企业的数据处理效率[9]。而已有文献已经指出，企业数据处理效率的提升会带动企业治理效率的提升。因此，企业数字化转型可以帮助企业提升治理效率。

其二，数字技术具有连接、开放、共享等特征，这些特征决定了企业去中介化有助于降低企业与利益相关者之间的信息不对称情况。公司治理理论认为，公司治理的问题源于两权分离，两权分离使企业与利益相关者之间存在的较为严重的信息不对称问题，易导致企业的逆向选择和道德风险等问题[16]，加大了企业治理成本和利益相关者权益的受损风险，因此会对企业治理效率产生一定的限制。从利益相关者价值互惠效应[17]和企业社会责任的保险机制[18]来看，国有企业经营者往往会从功利主义出发，用最小的社会责任成本去获得最大的财务回报，例如一些国有企业有意降低信息披露质量[19]，有选择性地披露公司治理的相关信息；甚至在进行信息披露时利用投资者和上级管理者有限的认知能力，通过信息不对称操纵披露语言，来获取二者对于企业的认同[20]。在此情况下，企业的数字化转型，尤其是大数据、区块链技术的应用，使得国有企业的各项活动可记录可追溯，提升了企业内部信息的透明度，降低了利益相关者同企业之间的信息的不对称[21]，由此加大了国有企业的外部监督压力；同时数字技术的应用也提升了国有企业信息质量和管理能力，降低其信息管理和披露的成本，由此增加了国有企业完善内部治理的内在激励。因此，企业数字化可以从外部监督机制和内部激励机制角度促进企业治理效率的提升。

其三，"互联网+"战略实施和数字化所带来的大数据技术应用能够大幅提高资金使用效率，精准识别和评估治理过程中的风险点，减少过去因人工控制成本过高想控制而无法控制的内控缺陷，降低人为错误和舞弊发生的可能，畅通信息沟通渠道，从而使数字化转型从控制环境、风险评估、控制活动、信息沟通等各个要素赋能企业治理，优化企业治理体系，提升企业治理能力，从而提高企业的治理效率[22]。

虽然数字化转型可以为国有企业治理效率产生促进效应，但需要注意的是，这种促进效应并不是一开始就有的，而是当企业数字化转型进行到一定程度才会显现出这种促进效应。在此之前，数字化转型更多会阻碍国有企业治理效率的提升，这种阻碍主要表现在三个方面：

第一，数字化转型结果具有高不确定性[23]。以大数据为例，国有企业普遍具有规模大、业务种类繁杂的特点，其治理过程中产生的数据量呈现指数级增长。一方面，数据是数字化转型的基础，缺乏数据，转型工作无法开展。另一方面，在大数据应用过程中，新的数据会生成，从而进一步扩大数据规模。数据是昂贵的，无论是获取已有数据所需支付的成本，还是通过各种渠道收集一手数据，都需要大量投资[24]。此外，数据储存也需要大量投资。国有企业在数字化转型初期，数据量庞大且复杂，治理数据不光需要大量的资金投入，也会占据企业大量的时间成本。

第二，人才是企业发展的重要资源。在数字化转型初期，人才培养难度非常大。企业需要花费大量时间与精力招聘数字化人才，而这类人才需求永远大于供给[23]。这一阶段，企业往往只能通过外包、兼职等方式高价“租赁”优秀的人才。而国有企业往往受限于工资上限，很难以高于市场的价格去获取该类人才，而自己培养又需要一定的时间周期[23]。

第三，在数字化转型初期，企业的注意力会分散。首先，数字化转型并不必然成功[25]，因而企业需要对不同转型模式与路径进行识别和选择。数字技术本身不能告诉管理者如何转型才能成功[26]，因而需要管理者投入足够的注意力，不断尝试。其次，数字化转型的实质是采用新的运营模式、思维、文化取代旧的模式，因而企业注意力需要分配到组织结构重建上[27]。最后，数字化转型会对现有模式产生冲击，进而激发新运营模式与旧运营模式间的矛盾，企业必须对此加以关注并解决转型带来的问题。从阻碍视角来看，国有企业的数字化转型与其治理效率呈现负相关。由此，本文提出如下假设：

H1：数据化转型与国有示范企业治理效率呈现U型关系。

1.2 行业要素投入异质性和地域异质性的影响

数字化转型对要素密集度不同行业的国有示范企业治理效率的作用也可能存在一定差异[28]，主要因为数字化转型的重点之一就是提高技术研发投入和智能设备应用，数字化转型直接推动了资本密集型制造业生产模式和治理模式的转变，进而会对资本密集型行业国有示范企业的影响更大。同时资本密集型行业国有示范企业相比其他企业拥有更加充足的资源，对于前期的数据治理和存储有着一定的优势，可以更快更好地进行数字化转型过渡[29]。

而劳动力密集型行业在数字化转型浪潮中本身处于劣势地位，劳动力密集型国有企业的产品技术水平相对落后，数字化转型更多地聚焦于机器代替人，进而降低生产成本，对企业内部治理影响较弱。

依据新经济地理学，受资源禀赋条件和发展阶段等影响[30]，不同地区的国有示范企业数字化转型程度存在明显的差异性，相应地其对国有示范企业治理效率的影响也会存在显著的地域异质性。一方面，东部地区由于优先享受到改革开放的政策红利与公共资源倾斜及地理邻近性的比较优势，经济社会发展水平和市场开放程度相对较高，这就使得东部地区的企业对数字化发展的相关政策和信息传递更为迅速，相应的数字化相关补贴能够更快地兑现，从而帮助国有示范企业快速地度过数字化转型的前期“阵痛期”，降低初期数字化转型对国有示范企业治理效率的负向影响。另一方面，东部地区完善和成熟的市场机制能够强化对高端要素资源的吸引力，加速知识和技术在企业全链条的流动，帮助企业尤其是国有示范企业更快地获取相应的数字化资源，从而缩短前期的转型过程。同时，完善和成熟的市场机制也可以提高侵权成本，确保企业创新成果的排他性，从而降低数据共享和转移过程中可能引发的知识泄露风险，也在一定程度上弱化了数字化转型对国有示范企业治理效率的不利冲击[31]。由此，提出以下研究假设：

H2：相比劳动密集型国有示范企业，资本密集型国有示范企业数字化转型程度与其治理效率的U型关系更加显著。

H3：相比中西部地区，东部地区企业数字化转型程度与国有示范企业治理效率的U型关系更加显著。

2 计量模型设定及数据选择

2.1 样本选择

根据国企改革公司治理的相关文件要求，应建立“权责法定、权责透明、协调运转、有效制衡”的现代企业治理新机制。为了验证数字化转型程度对国有示范企业治理效率的影响，本文选取国务院国资委公布的创建世界一流示范企业和专精特新示范企业名单中在沪深股市上市的61家国有示范企业作为研究对象。之所以如此选择样本，其原因在于：一是这些企业在公司治理改革方面具有代表性，且有“示范”“标兵”作用，对研究国有示范企业治理具有指向性，引领改革趋势。二是作为A股上市公司，便于获取公开、全面的相关资料进行对比研究。

2.2 数据来源

本文选取2003—2022年沪深股市“双示范”名单中61家国有示范企业上市公司为初始样本，由于企业的国有示范企业治理效率（*EVA*）数据获取从2003年开始，为了保证数据的完整性，故选择2003年作为初始年份。本文中国有示范企业的*EVA*数据和其余经济数据均来自CSMAR和Wind数据库。数字化转型程度数据从上市公司年报中抓取。为了保证实证结果的可靠性，本文对初始样本进行如下筛选：（1）剔除ST和*ST的公司样本；（2）剔除*EVA*及关键变量缺失的企业样本；（3）为了避免异常值对实证结果造成的影响，本文对所有的连续变量在1%和99%分位数上进行了缩尾处理。最终样本由744个企业年度观察的非平衡面板组成。

2.3 主要变量测量

2.3.1 变量说明

被解释变量：国有示范企业治理效率（*EVA*）。国内外现有关于公司治理效率的评价方法主要有利润类、价值类和平衡类三种，*EVA*属于价值类的衡量指标，兼具目标合理性（体现恰当的治理目标导向）和现实有效性（具有良好的可计量性与可管理性）的特征，是评价公司治理有效性的最佳选择[32]。国资委2010年出台了央企*EVA*考核办法并在中央国企业绩考核中全面推行，此后很多地方国有示范企业也开始采用*EVA*进行业绩考核。因此，本文采用*EVA*作为国有示范企业治理效率的主要衡量方式。

解释变量：数字化转型程度（*DT*）。首先，借鉴吴非等[33]的研究，从人工智能技术、大数据技术、云计算技术、区块链技术和数字技术应用五个维度构造数字化词典；其次，在数字化词典的基础上使用python的“jieba”分词工具对上市公司年报txt文本进行文本分析和词频统计；最后，将各家企业数字化关键词的词频进行对数化处理并加总来衡量企业数字化转型程度，见表1。

表1　数字化转型关键词

Table 1　The key words of digital transformation

分类	具体词汇
人工智能技术	人工智能、商业智能、图像理解、投资决策辅助系统、智能数据分析、智能机器人、机器学习、深度学习、语义搜索、生物识别技术、人脸识别、语音识别、身份验证、自动驾驶、自然语言处理
大数据技术	大数据、数据挖掘、文本挖掘、数据可视化、异构数据、征信、增强现实、混合现实、虚拟现实
云计算技术	云计算、流计算、图计算、内存计算、多方安全计算、类脑计算、绿色计算、认知计算、融合架构、亿级并发、EB级存储、物联网、信息物理系统
区块链技术	区块链、数字货币、分布式计算、差分隐私技术、智能金融合约
数字技术应用	移动互联网、工业物联网、移动互联、互联网医疗、电子商务、移动支付、第三方支付、NFC支付、智能能源、B2B、B2C、C2B、C2C、O2O、网联、智能穿戴、智慧农业、智能交通、智能医疗、智能客服、智能家居、智能投顾、智能文旅、智能环保、智能电网、智能营销、数字营销、无人零售、互联网金融、数字金融、Fintech、金融科技、量化金融、开放银行

控制变量：借鉴刘玉玉等[34]、肖红军等[35]和柳学信等[36]的研究，本章选择了以下企业经济特征作为控制变量：企业规模（*Size*）、企业年龄（*Age*）、资产负债率（*Lev*）、总资产收益率（*Roa*）、独立董事比例（*Indp*）、管理层持股（*Mhold*）、第一大股东持股比例（*First*）、董事会规模（*Board*）、固定资产比率（*Fa*），具体见表2。

表2 变量定义和衡量方法

Table 2 Variable definitions and measurement methods

变量类型	变量名称	变量符号	变量定义
被解释变量	企业治理效率	*EVA*①	经济增加值/期末总资产
解释变量	数字化转型程度	*DT*	基于文本分析和词频统计，对数化处理
控制变量	企业规模	*Size*	期末总资产的自然对数
	企业年龄	*Age*	Ln（1+公司成立年限）
	资产负债率	*Lev*	期末负债总额/期末资产总额
	总资产收益率	*Roa*	净利润除以期末总资产平均数
	独立董事比例	*Indp*	独立董事人数/董事会总人数
	管理层持股	*Mhold*	管理层持股比例
	第一大股东持股比例	*First*	第一大股东持股比例
	董事会规模	*Board*	Ln（1+董事会人数）
	固定资产比率	*Fa*	固定资产净额/期末总资产

①经济增加值=税后净营业利润（*NOPAT*）-资本总额×加权平均资本成本（*WACC*），其中，税后净营业利润=净利润+（利息支出+开发支出-营业外收入）×（1-企业所得税税率）；资本总额=平均所有者权益+平均负债合计-平均无息流动负债-平均在建工程；加权平均资本成本=5.5%。

2.3.2 计量模型设定

为检验数字化转型程度对国有示范企业治理效率的影响，构建如下回归模型：

$$EVA=\beta_0+\beta_1 DT+\beta Controls+\vartheta_j+\vartheta_t+\varepsilon \tag{1}$$

$$EVA=\gamma_0+\gamma_1 DT+\gamma_2 DT^2+\gamma Controls+\vartheta_j+\vartheta_t+\varepsilon \tag{2}$$

其中，*EVA*为被解释变量，代表国有示范企业治理效率。*DT*代表国有示范企业的数字化转型程度，DT^2为数字化转型程度的平方项。模型（1）用以检验数字化转型程度对国有示范企业治理效率的影响，模型（2）加入数字化转型程度的二次项，若γ_2显著为正，证明二者存在U型关系。*Controls*表示企业层面的控制变量，ϑ_j和ϑ_t分别表示行业和时间固定效应，ε为残差项。

3 实证结果分析

3.1 描述性统计

表3为国有示范企业主要变量的描述性特征。其中，国有示范企业的数字化转型程度最大值为14.3461，最小值为0，方差为3.3290。由此可见，不同国有示范企业的数字

化转型程度差异较大，大多数国有示范企业的数字化转型程度较低。部分国有上市企业的*EVA*表现不佳，存在负值情况，可见国有示范企业的保值增值依旧是未来重要的经营目标之一。

表3 主要变量描述性统计表

Table 3 Descriptive statistics of main variables

Variable	N	min	p50	max	mean	sd
EVA	744	–0.1743	0.0140	0.1528	0.0147	0.0530
DT	744	0	4.0943	14.3461	4.8880	3.3290
Size	744	19.7324	22.8120	27.6111	23.0151	1.7230
Age	744	0	2.3979	3.2581	2.2087	0.8080
Roa	744	–0.1423	0.0427	0.1972	0.0479	0.0540
Lev	744	0.1132	0.4936	0.7989	0.4738	0.1720
First	744	11.5600	44.9300	74.3000	45.1619	14.4121
Mhold	744	0	0.00110	43.9798	0.6926	4.7300
Board	744	5.0000	9.0000	17.0000	9.2044	2.1820
Indp	744	27.2700	33.3300	66.6700	37.3423	6.5561
Fa	744	0	0.2393	0.8900	0.2822	0.1982

注：由于数字化转型程度的测量是将各家企业数字化关键词进行对数化处理并加总来衡量。部分企业年报中未出现五个维度中的相关词汇，导致数字化转型程度为0。

3.2 基准回归结果

表4中模型（1）和模型（2）报告了数字化转型程度对国有示范企业治理效率的影响。模型（1）仅列入数字化转型程度的一次项进行回归，回归结果显示数字化转型程度的回归系数均显著为正。上述结果说明，若暂且抛开非线性影响效应，数字化转型程度总体上对国有示范企业治理效率具有显著的正向影响，这也意味着对于中国大多数国有示范企业而言，数字化转型程度能够提升国有示范企业的治理效率。

但也正如理论分析指出的那样，数字化转型初期需要巨大的成本投入，从而挤占企业的发展资源。也就是说，在数字化转型初期，数字化转型对国有示范企业治理效率呈现抑制效应，随着数字化转型的不断深入，数字化转型对国有示范企业治理效率的影响也从抑制效应转变为促进效应，最终呈现U型曲线关系。为了检验这一关系，本文将数字化转型程度的二次项加入模型，重新进行估计。如表4所示，数字化转型程度的一次项系数在1%的水平上显著为负，且二次项系数在1%的水平上显著为正，这意味着数字化转型程度与国有示范企业治理效率之间并不是简单的正向线性关系，而是呈现先抑制后转为促进的U型作用关系，假说H1得以验证。进一步观察发现，U型的拐点值为9.5385，这表明本文绝大多数的企业样本均低于门槛值，处于数字化转型程度的“阵痛区间”，即U型曲线左侧的负向效应区间，表现为抑制作用。

表4 基准回归结果

Table 4 Benchmark regression results

Variables	EVA	
	(1)	(2)
DT	0.0004**	−0.0012***
	(2.31)	(−3.23)
DT^2		0.0001***
		(2.70)
Size	0.0015***	0.0015***
	(2.90)	(3.01)
Age	−0.0029***	−0.0029***
	(−5.48)	(−5.50)
Roa	0.9928***	0.9935***
	(109.55)	(109.40)
Lev	0.0378***	0.0370***
	(10.49)	(10.27)
First	−0.0001***	−0.0001***
	(−3.91)	(−3.99)
Mhold	−0.0003**	−0.0001
	(−2.18)	(−0.96)
Board	0.0007***	0.0007***
	(2.67)	(2.86)
Indp	0.0000	0.0001
	(0.56)	(0.86)
Fa	−0.0140***	−0.0142***
	(−4.11)	(−4.21)
Constant	−0.0646***	−0.0650***
	(−6.78)	(−6.78)
IndustryD	Yes	Yes
YearD	Yes	Yes
N	744	744
Adj-R^2	0.974	0.974

注：***、**、*分别代表在1%、5%、10%的显著性水平；括号中的数值是经过企业聚类的标准误。*IndustryD*和*YearD*变量分别表示行业和年份哑变量，用于控制行业和时间维度上不可直接观察的固定效应，下同；DT^2为*DT*的平方项，下同。

从控制变量来看，企业规模、总资产收益率、资产负债率、董事会规模与国有示范企业的治理效率有显著的正相关关系，表明企业规模和董事会规模越大，总资产收益率和资产负债率越大的国有示范企业，治理效率也越高。企业年限、第一大股东持股比例、管理层持股、固定资产比率与国有示范企业治理效率呈负相关关系。

3.3 稳健性检验与内生性处理

3.3.1 内生性处理

本文的实证检验过程可能存在互为因果而导致的内生性问题，即国有示范企业的数字化转型程度会影响其治理效率，而治理效率高的国有示范企业也会更倾向于去进行企业的数字化转型。为此，本文对核心解释变量进行了滞后一期处理，以尽可能消除反向因果造成的估计偏误。具体结果见表5，关键变量的结果和显著性与表4一致。

表5 内生性检验回归结果

Table 5 Regression results of endogeneity test

Variables	*EVA*	
	(1)	(2)
DT	−0.0004**	−0.0016***
	(−2.11)	(−3.75)
DT^2		0.0001***
		(3.44)
Size	0.0013**	0.0014**
	(2.41)	(2.52)
Age	−0.0025***	−0.0025***
	(−3.39)	(−3.38)
Roa	0.9907***	0.9917***
	(102.51)	(102.96)
Lev	0.0388***	0.0374***
	(10.11)	(9.47)
First	−0.0002***	−0.0002***
	(−3.56)	(−3.63)
Mhold	−0.0003***	−0.0003**
	(−2.61)	(−2.26)
Board	0.0007**	0.0007***
	(2.57)	(2.78)
Indp	0.0000	0.0001
	(0.29)	(0.71)

续表

Variables	EVA	
	(1)	(2)
Fa	-0.0142***	-0.0146***
	(-3.47)	(-3.57)
Constant	-0.0612***	-0.0611***
	(-5.68)	(-5.61)
IndustryD	Yes	Yes
YearD	Yes	Yes
N	687	687
Adj-R^2	0.974	0.974

注：***、**、*分别代表在1%、5%、10%的显著性水平；括号中的数值是经过企业聚类的标准误。

3.3.2 更换核心解释变量

在初始回归中，本文参考吴非等[33]的做法，从人工智能技术、大数据技术、云计算技术、区块链技术和数字技术应用五个维度构造了数字化词典，并在基准回归中对各个数字化关键词的词频进行对数化处理并加总得到数字化转型程度指标。考虑到上述测度方法对研究结果的可能影响，本文采用以下两种方式测度国有示范企业数字化转型程度水平：一是采用上述五个维度关键词进行加总得到数字化总词频，并对总词频进行对数化处理得到的指标作为国有示范企业数字化转型程度的替代变量（*DTA*）。二是将五个维度词频数加总后除以年报总词数，以此衡量国有示范企业数字化转型程度（*DTD*）。在此基础上对表4进行重新回归，具体结果见表6。回归结果与表4基本一致，表明本文的回归结果是稳健的。

表6　更换解释变量的回归结果

Table 6　Regression results of replaced explanatory variables

Variables	EVA			
	(1)	(2)	(3)	(4)
DTA	-0.0015***	-0.0034***		
	(-3.49)	(-3.79)		
DTA^2		0.0004**		
		(2.40)		
DTD			-0.0179***	-0.0431***
			(-3.46)	(-3.85)
DTD^2				0.0647**
				(2.46)

续表

Variables	EVA			
	(1)	(2)	(3)	(4)
Size	0.0016***	0.0016***	0.0015***	0.0016***
	(3.05)	(3.13)	(2.99)	(3.09)
Age	−0.0029***	−0.0029***	−0.0029***	−0.0029***
	(−5.44)	(−5.45)	(−5.41)	(−5.43)
Roa	0.9934***	0.9931***	0.9935***	0.9930***
	(109.87)	(110.16)	(109.74)	(110.03)
Lev	0.0372***	0.0364***	0.0371***	0.0363***
	(10.30)	(10.01)	(10.27)	(9.98)
First	−0.0001***	−0.0001***	−0.0001***	−0.0001***
	(−3.98)	(−3.95)	(−3.97)	(−3.95)
Mhold	−0.0003**	−0.0003**	−0.0003**	−0.0003**
	(−2.11)	(−2.03)	(−2.10)	(−2.06)
Board	0.0006***	0.0007***	0.0006***	0.0007***
	(2.65)	(2.76)	(2.65)	(2.76)
Indp	0.0000	0.0001	0.0000	0.0001
	(0.61)	(0.76)	(0.61)	(0.77)
Fa	−0.0147***	−0.0148***	−0.0146***	−0.0147***
	(−4.31)	(−4.35)	(−4.28)	(−4.33)
Constant	0.0016***	0.0016***	0.0015***	0.0016***
	(3.05)	(3.13)	(2.99)	(3.09)
IndustryD	Yes	Yes	Yes	Yes
YearD	Yes	Yes	Yes	Yes
N	744	744	744	744
$Adj\text{-}R^2$	0.974	0.974	0.974	0.974

注：***、**、*分别代表在1%、5%、10%的显著性水平；括号中的数值是经过企业聚类的标准误。

3.3.3 更换被解释变量

本文接着改变被解释变量（*EVA−*）[①]的测量方式，对表4进行重新回归，结果见表7。由表7可知，改变被解释变量的测量方式之后，核心变量系数和方向均未发生实质性变化，由此表明回归结果是稳健的。

① *NOPAT*税后净营业利润＝营业利润－所得税费用+[利息支出（非金融机构）+资产减值损失＋开发支出]×（1－企业所得税税率）+递延所得税负债增加额－递延所得税资产增加额；资本总额＝所有者权益合计＋资产减值准备－在建工程减值准备－在建工程净额＋递延所得税负债－递延所得税资产＋短期借款＋交易性金融负债＋一年内到期非流动负债＋长期借款＋应付债券＋长期应付款；加权平均资本成本＝债券资本成本×（1－企业所得税税率）×（债务资本/总资本）+股权资本成本×（股权资本/总资本）；股权资本成本＝无风险利率＋风险因子×市场风险溢价。

表7 更换被解释变量的回归结果

Table 7 Regression results of replaced explained variables

Variables	EVA-	
	(1)	(2)
DT	-0.0011***	-0.0037***
	(-3.09)	(-5.36)
DT^2		0.0002***
		(4.39)
Size	0.0012	0.0013*
	(1.09)	(1.77)
Age	0.0011	0.0017**
	(1.06)	(2.12)
Roa	0.8947***	0.9189***
	(36.97)	(42.69)
Lev	0.0431***	0.0408***
	(5.71)	(6.15)
First	-0.0000	0.0001***
	(-0.21)	(3.17)
Mhold	-0.0002	-0.0001
	(-0.67)	(-0.68)
Board	0.0011**	0.0012***
	(2.01)	(3.59)
Indp	-0.0001	0.0002
	(-0.32)	(1.46)
Fa	-0.0292***	-0.0199***
	(-3.88)	(-4.82)
Constant	-0.0810***	-0.0943***
	(-3.23)	(-8.30)
IndustryD	Yes	Yes
YearD	Yes	Yes
N	744	744
$Adj\text{-}R^2$	0.877	0.869

注：***、**、*分别代表在1%、5%、10%的显著性水平；括号中的数值是经过企业聚类的标准误。

3.3.4 采用联合固定效应

本文样本期较长，不同行业可能会经历不同周期变化，产业政策也会发生变动，上述因素将对回归结果产生影响。借鉴潘越等[37]的研究成果，本文在基准回归的基础上进一步控制行业年度趋势，即行业与年度交互项（$Ind \times Year$）的固定效应。结果见表8。由表8可知，回归结果一致。

表 8 联合固定效应回归结果

Table 8 Regression results of Joint fixed effect

Variables	*EVA*	
	(1)	(2)
DT	-0.0004**	-0.0012***
	(-2.17)	(-3.26)
DT^2		0.0001***
		(2.85)
Size	0.0014***	0.0015***
	(2.81)	(2.92)
Age	-0.0029***	-0.0029***
	(-5.37)	(-5.39)
Roa	0.9929***	0.9937***
	(109.77)	(109.66)
Lev	0.0378***	0.0370***
	(10.51)	(10.29)
First	-0.0001***	-0.0001***
	(-3.61)	(-3.66)
Mhold	-0.0003**	-0.0002
	(-2.36)	(-1.16)
Board	0.0007***	0.0007***
	(2.75)	(2.96)
Indp	0.0000	0.0001
	(0.46)	(0.76)
Fa	-0.0139***	-0.0141***
	(-4.07)	(-4.18)
Constant	0.0179	0.0315
	(0.34)	(0.60)
IndustryD	Yes	Yes
YearD	Yes	Yes
*Ind*Year*	Yes	Yes
N	744	744
Adj-R^2	0.974	0.974

注：***、**、*分别代表在1%、5%、10%的显著性水平；括号中的数值是经过企业聚类的标准误。

在进行一系列稳健性检验和内生性处理后，本文回归结果仍具有稳健性。

3.4 进一步讨论：非线性关系检验

前文通过引入企业数字化转型程度二次项的方式证明了数字化转型程度与国有示范

企业治理效率之间的U型非线性关系，并根据二次方程的特征简单计算了拐点值。本部分通过Utest检验的方法对其进行验证[38]，具体结果见表9。由表9可知，拐点值9.5385位于自变量DT的取值范围之内，且能够在10%的水平上拒绝原假设，表明数字化转型程度与国有示范企业治理效率之间存在U型关系。

表9　企业数字化转型程度与国有示范企业治理效率U型关系检验结果

Table 9　Inverted U-test for the enterprise digital transformation and Governance efficiency

变量	Lower bound	Upper bound
Interval	0	14.3461
Slope	−0.0012	0.0006
t-value	−3.2281	1.5986
P>| *t* |	0.0007	0.05518

3.5　异质性检验

数字化转型程度对国有示范企业治理效率的影响可能因要素投入类型、所在地区的不同而产生差异。本文从不同要素投入类型（劳动密集型和资本密集型）、不同的地区（东部和中西部）展开分析。

3.5.1　要素投入类型的异质性

不同行业呈现不同的演变规律，在产业生命周期、产业政策导向、市场结构特征、要素密集度等方面存在不同程度的差异[39]。行业的差异性也造就了企业数字化转型程度的差异性，进而也会对企业的治理效率造成差异化影响。基于此，本文采用行业要素密集度差异考察数字化转型程度对国有示范企业治理效率的影响。

本文依据鲁桐和党印[40]的做法，以固定资产比重和研发支出比重作为分类指标①，将企业所在行业划分为劳动密集型行业、资本密集型行业和技术密集型行业三类②，在此基础上进行异质性检验分组回归，具体结果见表10的（1）～（2）列。第（1）列和第（2）列表示数字化转型程度会抑制劳动密集型国有示范企业治理效率。中国纺织服装业、食品饮料制造业、造纸印刷业等劳动密集型行业的国有示范企业大多专注于技术含量较低的初级零部件制造或加工组装等环节，利润低，行业竞争激烈，数字化转型需要大量的、

① 固定资产比重＝固定资产净值／总资产（1）；研发支出比重＝研发支出／应付职工薪酬（2）；式（1）区分生产要素中固定资产的重要程度，比值越大表明资本越重要，则属于资本密集型行业；式（2）区分研发支出在生产要素中的重要性，如果研发支出远远大于职工薪酬，表明技术要素比劳动更重要，则属于技术密集型行业，剩余为劳动密集型行业。

② 技术密集型行业所属样本企业数量多少，只有两家，无法回归，故主要以资本密集型和劳动密集型为主进行回归。

持续性的前期投资，挤占企业的其他发展资源。因此，企业的数字化转型程度越深，对其治理效率负向影响越大。第（3）列显示数字化转型程度与资本密集型行业国有示范企业治理效率之间呈现U型关系。此实证结果在一定程度上表明，长期来看，资本密集型国有示范企业可以借助数字化提升企业治理效率。

3.5.2 地区异质性

由于我国不同地区的禀赋条件和发展阶段等存在着巨大的差异，尤其是数字技术的发展，存在着明显的区域异质性。因此，其对国有示范企业治理效率的影响也可能存在区域上的差异性，本文将国有示范企业所在地域分为东部地区和中西部地区进行分组回归[①]，具体结果如表10的（4）~（6）列所示。在东部地区样本中，DT的回归系数显著为负，且DT^2的回归系数显著为正；在中西部地区DT的回归系数显著为负，DT^2的回归系数不显著。上述结果表明，国有示范企业数字化转型程度与其治理效率之间的U型关系仅在东部地区存在。可能原因有：市场机制较为成熟和完善的地区对数字化发展的相关政策和信息传递更为迅速，政府的数字化补贴帮助也能快速到位并帮助国有示范企业快速度过前期转型阵痛期；而在市场化程度较低的中西部地区，国有示范企业对于政策信息较不敏感，且往往更关注政府直接下达的指令与政策，对宏观政策信号的反应较为缓慢，相应的国有示范企业数字化转型过程较为缓慢，阵痛期更长，对国有示范企业的治理效率负向影响也更大。因此，数字化转型与国有示范企业治理效率的U型关系在东部地区表现更加明显。

表10 异质性回归结果

Table 10 Regression results of heterogeneity

Variables	EVA					
	劳动密集型	劳动密集型	资本密集型	东部地区	中西部地区	中西部地区
	（1）	（2）	（3）	（4）	（5）	（6）
DT	−0.0015***	−0.0017**	−0.0014***	−0.0011***	−0.0006***	−0.0013*
	(−4.53)	(−2.43)	(−3.44)	(−3.04)	(−2.61)	(−1.65)
DT^2		0.0000	0.0001***	0.0000*		0.0001
		(0.23)	(3.78)	(1.93)		(1.02)
Size	−0.0013**	−0.0013**	0.0014**	0.0005	0.0038***	0.0037***
	(−2.08)	(−2.08)	(2.43)	(0.67)	(3.12)	(2.97)
Age	−0.0002	−0.0001	−0.0033***	−0.0025***	−0.0017*	−0.0016*
	(−0.21)	(−0.19)	(−5.22)	(−3.17)	(−1.83)	(−1.80)

① 本文使用国家统计局发布的地区划分标准来划定的东部地区范围，具体包含北京、天津、河北、山东、江苏、上海、浙江、福建、广东和海南共10个省份，其余省份为中西部地区。

续表

Variables	*EVA*					
	劳动密集型	劳动密集型	资本密集型	东部地区	中西部地区	中西部地区
	(1)	(2)	(3)	(4)	(5)	(6)
Roa	0.9901***	0.9906***	1.0199***	0.9804***	0.9954***	0.9971***
	(86.41)	(84.35)	(94.48)	(88.33)	(61.30)	(60.56)
Lev	0.0443***	0.0443***	0.0374***	0.0440***	0.0305***	0.0297***
	(9.69)	(9.78)	(8.82)	(9.49)	(4.73)	(4.55)
First	−0.0001	−0.0001	−0.0001**	−0.0002***	−0.0001	−0.0001
	(−1.47)	(−1.45)	(−2.31)	(−3.89)	(−1.39)	(−1.61)
Mhold	−0.0008	−0.0008	−0.0001**	−0.0002	−0.0016	−0.0008
	(−1.44)	(−1.39)	(−2.02)	(−1.43)	(−0.23)	(−0.11)
Board	0.0015***	0.0015***	0.0008***	−0.0001	0.0004	0.0005
	(4.89)	(4.86)	(3.26)	(−0.16)	(0.70)	(0.79)
Indp	0.0003**	0.0003**	0.0002*	−0.0000	−0.0001	−0.0001
	(2.51)	(2.50)	(1.82)	(−0.40)	(−0.70)	(−0.54)
Fa	−0.0157***	−0.0157***	−0.0096***	−0.0165***	−0.0234***	−0.0241***
	(−5.03)	(−5.03)	(−2.86)	(−4.10)	(−3.01)	(−3.13)
	−0.0340***	−0.0344***	−0.0782***	−0.0350**	−0.1047***	−0.1021***
Constant	(−4.24)	(−4.24)	(−8.01)	(−2.36)	(−5.40)	(−5.04)
IndustryD	—	—	—	Yes	Yes	Yes
YearD	Yes	Yes	Yes	Yes	Yes	Yes
N	274	274	468	441	303	303
$Adj\text{-}R^2$	0.970	0.970	0.968	0.979	0.967	0.967

注：***、**、*分别代表在1%、5%、10%的显著性水平；括号中的数值是经过企业聚类的标准误。

4 主要结论与启示

4.1 研究结论

随着加快建设世界一流企业的持续深入推进，中国特色国有公司治理理论研究和探索应用已进入前所未有的新阶段。与此同时，互联网、大数据、人工智能等数字技术蓬勃快速发展，也为中国国有示范企业治理带来新的机遇与挑战。本文重点探究了世界一流国有示范企业数字化转型程度与治理效率之间的关系，主要结论包括：第一，数字化转型程度与国有示范企业治理效率之间存在先抑制后转为促进的U型关系，在“阵痛区间”内数字化转型会抑制国有示范企业治理效率的提升，但随着数字化转型程度的不断深入，最终会促进国有示范企业治理效率的提升。第二，对于绝大多数世界一流示范企业来说，现阶段数字化转型正处于“阵痛期”，表现为对国有示范企业治理效率的抑制作用。第三，数字转型程度U型影响资本密集型行业和东部地区国有示范企业的治理效率，负向影响劳动密集型行业和中西部地区的国有示范企业治理效率。

4.2 管理启示

基于上述研究结论，本文的政策启示如下：

第一，数字化转型对国有示范企业治理效率具有重要的影响。因此，管理者应该认识到数字化转型的两面性，在实施数字化转型时应结合企业发展情况循序渐进，逐步探索契合企业自身实际的数字化转型方案，尽量降低前期数字化转型对国有示范企业治理的不利影响。

第二，在数字技术蓬勃发展的背景下，应加强高级技能人才队伍建设和核心技术体系建设，不断夯实国有示范企业的数据治理能力和治理效率；同时，鼓励位于数字化转型门槛右侧的国有示范企业更好地整合和利用全球数字要素，加强对数字化基础技术的研发，将数字化转型深入到“创新端”和“技术端”，进一步发挥数字化转型对国有示范企业的赋能效应；而位于数字化转型门槛左侧基础较弱的国有示范企业应首先加强自身的数字化转型基础积累，早日突破数字化转型门槛，进而过渡到数字化转型“红利区间”。

第三，遵循差异化原则，根据国有示范企业治理的实际情况制定有针对性的数字转型相关政策。加大区域引导，要重视不同地区、不同城市之间数字化发展差距，加强东部地区与中西部地区之间的数字化合作与帮扶，合理协调不同类型数字资源的投入和流动；明确重点精准发力，针对资本密集型国有示范企业，政府可以从专家咨询、信息提供等方面为其数字化转型提供服务，而对于劳动密集型国有示范企业，政府可以从资金融通、数字化补贴等方面提供服务，优化其数字化发展环境。同时企业也要制定合理的数字化投入预算，动态调控好自身数字化转型进程，最大限度地降低数字化转型对其治理的负面影响。

4.3 不足与展望

本文的局限性在于：仅对上市国有示范企业进行研究，缺少来自非上市国有示范企业的证据，导致研究样本有偏，未来可以增加对非上市国有示范企业进行研究。此外，本文数字化转型程度变量采用文本分析法得出，未来可以采用其他方法，如问卷调查方法构造指标[41]对其进行量化分析，从而进一步探讨企业数字化转型程度与国有示范企业治理效率的内在关系及作用机制。

参考文献

[1] 刘洋，董久钰，魏江. 数字创新管理：理论框架与未来研究［J］. 管理世界，2020，36(7)：198–217.

[2] 焦豪，杨季枫，王培暖，等. 数据驱动的企业动态能力作用机制研究——基于数据全生命周期管理的数字化转型过程分析［J］. 中国工业经济，2021，38(11)：174–192.

[3] Brynjolfsson E, Hitt L M. Beyond computation: information technology, organizational transformation and business performance［J］. Journal of Economic Perspectives, 2000, 14(4):23–48.

[4] 陈剑，黄朔，刘运辉. 从赋能到使能——数字化环境下的企业运营管理［J］. 管理世界，2020，36(02)：117–128+222.

[5] 肖静华，吴小龙，谢康，等. 信息技术驱动中国制造转型升级——美的智能制造跨越式战略变革纵向案例研究［J］. 管理世界，2021，37(03)：161–179+225+11.

[6] Dong J Q, Netten J. Information technology and external search in the open innovation age: New findings from Germany［J］. Technological Forecasting & Social Change, 2017,120(7):223–231.

[7] 唐鹂鸣. 数字化转型与企业技术创新：倒U型关系形成机理及其检验［J］. 现代经济探讨，2022(12)：91–102.

[8] 庞瑞芝，刘东阁. 数字化与创新之悖论：数字化是否促进了企业创新——基于开放式创新理论的解释［J］. 南方经济，2022(9)：97–117.

[9] 刘淑春，闫津臣，张思雪，等. 企业管理数字化变革能提升投入产出效率吗［J］. 管理世界，2021，37(05)：170–190+13.

[10] 林菁，仲继银. 公司治理对数字化转型的影响——环境不确定性的调节作用［J］. 企业经济，2023，42(1)：60–68.

[11] 鲁学博. 数字化转型对企业经营风险的影响及作用机制——基于中国A股上市公司的经验证据［J］. 北京师范大学学报（社会科学版），2023(3)：66–76.

[12] Hilbolling S, Berends H, Deken F, et al. Sustaining complement quality for digital product platforms: a case study of the Philips Hue ecosystem［J］. Journal of Product Innovation Management, 2021, 38(1):21–48.

[13] Wu L, Lou B, Hitt L. Data analytics supports decentralized innovation［J］. Management Science, 2019, 65(10):4863–4877.

[14] 严子淳，李欣，王伟楠. 数字化转型研究：演化和未来展望［J］. 科研管理，2021，42(4)：21–34.

[15] 孙新波，张媛，王永霞，等. 数字价值创造：研究框架与展望［J］. 外国经济与管理，2021，

43(10)：35–49.

[16] Jensen M C, Meckling W H. Theory of the firm: managerial behavior, agency costs and ownership structure [J]. Journal of Financial Economics, 1976, 3:305–360.

[17] Freeman R E. Strategic Management: A stakeholder approach [M]. Boston: Pitman, 1984.

[18] Godfrey P C. The relationship between corporate philanthropy and shareholder wealth: A risk management perspective [J]. Academy of management review, 2005, 30(4): 777–798.

[19] Luo X, Wang D, Zhang J. Whose call to answer: Institutional complexity and firms' CSR reporting [J]. Academy of Management Journal, 2017, 60(1): 321–344.

[20] 肖红军，张俊生，李伟阳．企业伪社会责任行为研究 [J]. 中国工业经济，2013(06)：109–121.

[21] 李志斌，阮豆豆，章铁生．企业社会责任的价值创造机制：基于内部控制视角的研究 [J]. 会计研究，2020(11)：112–124.

[22] 程莉雅，胡秀群．企业数字化发展驱动下的内部控制质量提升效应研究 [J]. 现代管理科学，2022(6)：111–119.

[23] Jones M D, Hutcheson S, Camba J D. Past, present, and future barriers to digital transformation in manufacturing: A review [J]. Journal of Manufacturing Systems, 2021, 60:936–948.

[24] Cappa F, Oriani R, Peruffo E, et al. Big data for creating and capturing value in the digitalized environment: unpacking the effects of volume, variety, and veracity on firm performance [J]. Journal of Product Innovation Management, 2021, 38(1) :49–67.

[25] 戚聿东，蔡呈伟．数字化对制造企业绩效的多重影响及其机理研究 [J]. 学习与探索，2020，42(7)：108–119 .

[26] Mikalef P, Pateli A. Information technology–enabled dynamic capabilities and their indirect effect on competitive performance: findings from PLS–SEM and fsQCA [J]. Journal of Business Research, 2017(70)：1–16.

[27] 陈剑，贾建民．大数据专辑介绍 [J]. 管理科学学报，2020，23(2)：2.

[28] 习明明，倪勇，刘旭妍．中国产业数字化对供应链结构的影响——基于 A 股上市公司的行业异质性分析 [J]. 福建论坛(人文社会科学版)，2023(5)：115–131.

[29] 赵宸宇．数字化发展与服务化转型——来自制造业上市公司的经验证据 [J]. 南开管理评论，2021，24(2)：149–163.

[30] 戴其文，魏也华，宁越敏．欠发达省域经济差异的时空演变分析 [J]. 经济地理，2015，35(2)：14–21.

[31] 方慧，霍启欣．数字服务贸易开放与企业创新质量的“倒 U 型”关系：兼议技术吸收能力和

知识产权保护的调节作用［J］. 世界经济研究，2023(2)：3–18+134.
［32］王化成，黄磊，杨景岩. 公司治理效率及其评价研究［J］. 中国人民大学学报，2008(4)：105–110.
［33］吴非，胡慧芷，林慧妍，等. 企业数字化转型程度与资本市场表现——来自股票流动性的经验证据［J］. 管理世界，2021，37(07)：130–144+10.
［34］刘玉玉，蔡春，王爱国. 国家审计覆盖率与国有示范企业治理效率——来自地方审计机关的经验证据［J］. 审计与经济研究，2021，36(4)：10–20.
［35］肖红军，阳镇，刘美玉. 企业数字化的社会责任促进效应：内外双重路径的检验［J］. 经济管理，2021，43(11)：52–69.
［36］柳学信，李胡扬，孔晓旭. 党组织治理对企业ESG表现的影响研究［J］. 财经论丛，2022(1)：100–112.
［37］潘越，谢玉湘，潘健平. 代币发行融资研究——基于企业生存时间的视角［J］. 金融研究，2020(6)：133–151.
［38］卢任，赵相英，吕大国. 企业数字化转型，管理者时间导向与核心技术能力：一个倒U型关系［J］. 科技进步与对策，2023(5)：1–10.
［39］孙早，肖利平. 产业特征、公司治理与企业研发投入——来自中国战略性新兴产业A股上市公司的经验证据［J］. 经济管理，2015，37(8)：23–34.
［40］鲁桐，党印. 公司治理与技术创新：分行业比较［J］. 经济研究，2014，49(6)：115–128.
［41］余菲菲，曹佳玉，杜红艳. 数字化悖论：企业数字化对创新绩效的双刃剑效应［J］. 研究与发展管理，2022，34(2)：1–12.

Research on the Relationship between Digital Transformation and Governance Efficiency of State-owned Model Enterprises

Zeyan LIU, Shiyun PENG, Xu HE, Ming CHEN
Energy Economics Institute of CNOOC

Abstract: This paper uses text analysis and EVA to construct the variables of the degree of digital transformation and the governance efficiency of state-owned model enterprises respectively. On this basis, this paper empirically studies the relationship between the degree of digital transformation and the governance efficiency of state-owned model enterprises by selecting the sample data of 61 state-owned model enterprises listed on the Shanghai and Shenzhen stock markets in the list of world-class model enterprises and SRDI model enterprises published by SASAC of The State Council from 2003 to 2022. It is found that there is a U-shaped relationship between the degree of digital transformation and the governance efficiency of state-owned demonstration enterprises. As the degree of digital transformation rises from the excessive stage to the moderate stage, its impact on state-owned demonstration enterprises changes from inhibition effect to promotion effect. Utest test results show that most of the state-owned demonstration enterprises are in the "pain range" at this stage, which has a negative impact on governance efficiency. The "U" shape of the degree of digital transformation affects the governance efficiency of state-owned model enterprises, which belong to capital-intensive industries and are located in the eastern region. And the "U" shape of the degree of digital transformation also negatively affects the governance efficiency of state-owned model enterprises, which belong to labor-intensive industries and are located in the central and western regions. The research provides empirical evidence and decision support for the development of digital transformation of state-owned demonstration enterprises and the government's decision making of digital transformation of state-owned demonstration enterprises.

Keywords: State-owned demonstration enterprises; The degree of digital transformation; Governance efficiency; U-shaped relationship

关于我国LNG产业链数字化的探索与思考

陈广拓*

中海石油气电集团有限责任公司

摘要： 油气体制深入改革和数字经济蓬勃发展，给传统天然气行业带来新的机遇与挑战。经过多年发展，LNG产业链上中下游完整，信息化和数字化建设取得一定进展和成效，但整体联动水平和行业协同能力不足。在借鉴钢铁、煤炭等同类大宗商品的成功运营经验后发现，利用数字化技术提供一站式服务、构建一体化生态是实现行业转型升级的重要举措。在此基础上，研究确立了LNG行业一站式数字化服务平台的蓝图愿景，凝聚更多行业主体构建一体化生态，实现头部企业带动行业相关方融合共赢，促进数据互联互通和行业高效协同发展。

关键词： 产业链；数字化；一站式；平台；生态

0 引言

随着工业4.0时代的到来，人工智能、物联网、5G、区块链等新兴数字化技术不断涌现，影响着垂直价值链的各个环节，为各行各业提供了新的发展潜力。近年来，党和国家陆续出台相关政策支持发展数字经济。党的二十大报告提出，推动数字技术和实体经济深度融合，能源产业被列为“加快数字技术创新应用”的重点领域之一。在党的二十大精神指导下，国家能源局在2023年3月发布《关于加快推进能源数字化智能化发展的若干意见》，意见提出“推进能源行业大数据监测预警和综合服务平台体系建设，打造开放互联的行业科技信息资源服务共享体系”。油气等能源属于同质产品，竞争方式也呈现同质化，在数字经济时代，新一轮竞争点将聚焦在全方位综合服务上。面对时代机遇与挑战，油气行业有机会通过数字技术重新界定自身的影响范围，实现传统业务数字化转型升级。

1 我国LNG产业发展现状

从我国近年来的能源消费结构来看，能源格局正在发生深刻改变，整体呈现多元化、

* 陈广拓，男，本科，工程师，主要从事数字化技术和信息系统等相关研究工作。E-mail：chengt7@cnooc.com.cn

清洁化和低碳化发展趋势[1]。天然气作为国际公认的清洁低碳的化石能源，在我国化石能源向可再生能源过渡期间承担重要使命。LNG是天然气的一种存在形态，交收方式更加灵活，短期内仍将在我国能源消费结构中起到不可替代的作用。

1.1 我国LNG贸易量总体呈上升走势

长期以来，煤炭在我国能源消费结构中占据主要地位，石油次之，天然气占比不超过10%。我国侧重于向以服务为基础的经济和更清洁的能源结构方向迈进，天然气正在工业生产、居民生活、交通、电力等领域发挥重要作用。近几年，我国LNG进口保持高速增长态势，尤其是2016年以来，增长更为明显。据我国海关数据统计，2016—2020年，我国LNG进口量由2615万吨增长至6713万吨，五年进口量年均增长超过800万吨。2021年，我国LNG进口量更是超过了日本，成为全球最大的LNG进口国。据IHS Markit《2021的LNG贸易：失控与复苏》报告显示，2021年中国进口LNG达8140万吨，同比增长18%，位居世界第一，比第二名日本多进口640万吨。2022年，受到乌克兰危机、新冠疫情等影响[2]，我国LNG进口量为6490万吨，首次出现负增长，位居世界第二，比第一名少724万吨，预计未来随着多座接收站陆续投产以及新长协的执行，我国有望重回世界第一的位置。

1.2 我国LNG产业链条较为完整

我国拥有贯穿上、中、下游全过程的LNG完整产业链，上游包括国外资源采购、陆地或海上油田勘探开采，开采出的天然气在液化工厂完成预处理和液化操作，再经过中游以船运或槽车等方式将LNG运输到接收站储存，经过气化后由天然气管网输送到下游终端市场。目前，我国LNG产业各环节都有相关运营商，甚至还有一些涵盖上中下游一体化的大型运营商。其中，中海石油气电集团有限责任公司是我国最大的进口LNG运营商，经过多年的发展积累，其LNG产业链涉及采购、存储、运输、销售四个主要业务环节，在LNG行业具备领军地位和先发优势（图1）。

1.3 油气体制改革推动我国LNG市场革新

2019年3月，中央全面深化改革委员会印发了《石油天然气管网运营机制改革实施意见》，提出组建国家石油天然气管网公司。同年12月，国家管网集团挂牌成立，油气管理体制改革重要举措落地。2020年10月，国家管网集团正式独立运营。2021年3月，“三桶油”相关资产划转基本到位，油气主干管网整合全面完成。随着油气体制改革的不断推进，包括LNG在内的天然气市场由“3+X”模式转变为“X+1+X”模式，形成了上

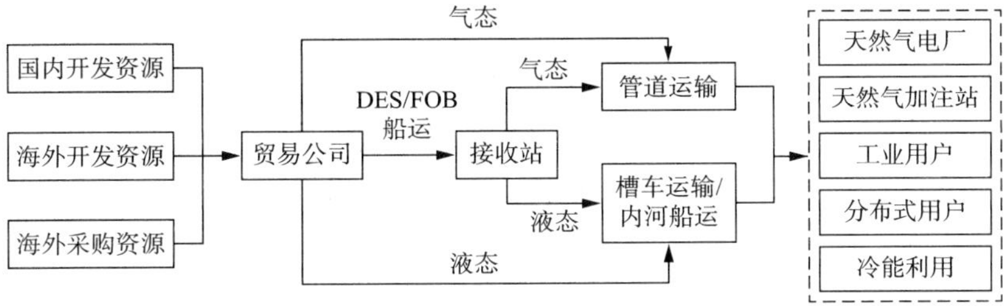

图1　LNG产业链主要业务环节
Figure 1　Main business links of the LNG industry chain

游资源多主体多渠道供应、中间统一管网高效集输、下游销售市场充分竞争的市场体系，能源供应主体更加多元化，下游销售市场有更多的选择机会，进一步消除了民营资本进入油气市场的障碍。

1.4　我国LNG产业链数字化处于起步阶段

在全球数字化浪潮席卷下，我国LNG企业也在不断进行数字化转型，利用数字技术对传统产业进行全方位改造，从整个产业链来看，信息化和数字化有所积累，覆盖产业环节较全，但仍存在部分环节薄弱、产业协同不足、数据价值挖掘不够深入等问题。首先，虽然LNG产业数字化转型已经渗透到上中下游各个环节，但是仍处于初级阶段，数字化应用程度远不如IT、通信和媒体娱乐等行业。其次，上下游各企业、分子公司各自为政、独立开发应用系统，造成应用系统、数据库数量多且相互独立，系统建设重复度高、联动少，缺乏能够满足全产业发展需要的一体化平台。加之，油气企业数据量巨大，数据来源和类型复杂多样，行业缺乏统一的数据标准，LNG产业链数据价值挖掘不够深入，难以赋能产业发展。

2　LNG产业数字化面临的机遇与挑战

数字化正在成为LNG产业重塑经济结构、改变竞争格局的关键力量，渐渐引起产业相关方的重视。LNG产业链各环节企业需因时而动，适应行业变革趋势，把握时代发展机遇，主动迎接挑战，才能根本性实现LNG产业链数字化转型。

2.1　LNG产业链数字化存在的机遇

在互联网兴盛、技术爆发的时代背景下，传统LNG行业数字化转型存在着诸多机遇，可借助数字化有效感知、高效服务、广泛链接等特点，抢抓产业发展先机，探索更多可能性。

第一，国家政策大力支持，LNG行业探索数字化恰逢其时。国家“十四五”规划将加快数字化发展作为独立篇章，明确提出要推进产业数字化转型，在智能交通、智慧物流、智慧能源等重点领域开展试点示范，鼓励企业开放搜索、电商、社交等数据，促进共享经济、平台经济健康发展。在国家政策导向下，LNG行业顺势而为，必将在数字化转型过程中得到更多助力。

第二，数字经济蓬勃发展，激发传统产业的新动能。数字化已成为全球经济发展的重要引擎，是重塑全球经济结构、改变竞争格局的关键力量。中国信息通信研究院《中国数字经济发展白皮书（2020年）》统计[4]，2020年我国数字经济规模达到39.2万亿元，占GDP比重超过三分之一，是国民经济的核心增长极之一。数字经济已成为当前最具活力、最具创新力、辐射最广泛的经济形态，能够为传统LNG产业注入新活力、激发新动能。

第三，LNG产业数字化程度低，存在较大发展空间。油气行业参与数字化生态的比例仅为40%，低于各行业49%的平均水平[3]，LNG行业数字化水平存在很大的发展空间。钢铁、煤炭等同样属于资本密集型行业的数字化转型正在推进或已取得成功，可以为LNG行业进入数字化时代提供经验参考。

第四，优秀的技术服务公司积极助力天然气行业数字化转型。目前，一些油气公司同技术服务公司形成了战略组合。例如，中国石油和华为、中国石化和京东、雪佛龙和微软、bp和通用电气、壳牌和惠普、斯伦贝谢和谷歌等。这些全球知名的技术服务公司能够为油气行业数字化转型助一臂之力[5]。

2.2 LNG产业链数字化转型面临的挑战

传统LNG产业的数字化转型不是一蹴而就的，尽管当前不乏数字化发展机遇，但产业变革进程中仍面临着不少挑战，行业竞争与内部阻力并存。

第一，互联网企业通过平台进军能源领域。互联网企业的技术水平更胜一筹，在数字化转型上有更多发言权。传统天然气企业不仅面临着同行竞争，更面临着跨界竞争。例如，能链打造能源物联网及新零售平台，利用短短5年时间布局1700个城市、2.3万座加油站、服务超过4亿车主。

第二，天然气企业内部对于数字化技术没有达成共识。天然气企业的各层级领导对数字化技术的认识不一致，对于如何利用数字化技术推动业务转型没有达成共识。而且，在传统的大型央企中，制度、程序和文化限制了数字化转型的进程。即使企业进行数字化转型，也是采用保守渐进的方法，而非革命式转型。

第三，很多数字化技术仍缺乏商业推广经验。物联网、人工智能、区块链等新兴技术，只是在部分国际综合石油公司小范围内试用，目前仍然缺少大规模商业化的成功经验。由于资本密集、规模庞大、产业链复杂，很多石油公司对数字化技术保持观望态度，不敢作为“领头羊”尝试新技术。

第四，数据安全性令人担忧。数据已成为企业的关键生产要素之一，天然气企业的网络环境日益完备，包括电脑设备、基础设施、信息化系统中都传输和存储着核心的生产经营信息。随着数字化技术的发展，来自黑客和犯罪分子的网络攻击会持续增加，数据安全监管已不再能够满足现实需求。

3 对标案例分析

钢铁、煤炭、石油等大宗商品行业与LNG行业在商品特点、交易模式、市场情况等方面都具有相似性，其成功的数字化运营模式对LNG行业数字化具有重要的借鉴意义。

3.1 钢铁行业

钢铁行业作为我国大宗商品交易的传统行业，在国民经济中占据支柱性地位，但由于产业链条长、流程复杂，钢铁行业数字化转型一直存在以下几个方面问题：一是基础数据来源离散，且计量标准不一致；二是缺乏数字化统筹规划，流程与数据孤岛现象突出；三是行业供需信息不对称，易造成产能过剩、供需失衡等矛盾。针对钢铁行业数字化转型痛点，上海钢联利用平台经济理念，探索出一条成功的数字化之路：一是以资讯为核心，积蓄平台力量，打造大宗商品详细完整的行业价格资讯，其管理、发布的铁矿石价格指数（Mysteel）已成为国内外贸易的重要参考工具；二是探索交易新模式，成立钢银电商，上线“我的有色网”，开启大宗商品全品种服务；三是基于数据能力进行平台转型，逐渐引入交易、仓储、物流、金融等业务，完成产业链闭环完整生态，并为平台优质会员提供货物质押和融资服务。

3.2 煤炭行业

煤炭行业作为传统行业，消费已经达峰并存在长期下降趋势，其数字化转型之路主要存在行业数字化标准不统一、信息联动不充分等问题。为了更好地解决行业数字化标准不一致问题，2015年上线的易煤网定位于煤炭全产业链电商平台，整合商流、物流、信息流和资金流，涵盖资讯、交易、物流、Saas服务等主要功能。2020年10月，全国煤炭交易中心成为首家“政府主导、市场运作”的全国性煤炭交易平台。该平台由国家发改委牵头，中国国家铁路集团联合35家煤炭优势企业成立，将为客户提供煤炭交易、物流、仓储、质检、结算、信息指数、供应链配套及数据服务等一站式全方位服务，整体提升煤炭行业数字化水平。

3.3 石油行业

从当前国内外领先石油公司的实践看，石油行业数字化转型主要围绕作业现场智能化、生产运营一体化、贸易销售平台化、研究设计协同化4个方向，推动数字技术与生产经营管理深度融合[6]。中国石油将数字技术融入油气产业链的产品、服务和流程中，构建物理中国石油与数字孪生体融合交互的闭环系统，推进实体业务与数字化世界的双向连接运行，形成内外部连接、共享、协同机制，实现降本增效、协同共享、持续创新、风险预控和智慧决策。中国石化围绕石油石化产业链，不断完善提升易派客、石化e贸、易捷新零售等专业电商平台，建设金融科技服务平台，融合新技术，创造新供给，引领新需求，创新形成数字化贸易服务、技术服务、金融服务品牌系列，提升数字化营销服务能力，打造具有较强国际影响力的“互联网+商业+金融+N”全渠道服务矩阵。

4 我国LNG产业数字化发展方向建议

在国家发展“数字经济”和“数字中国”相关战略部署指导下，结合钢铁行业、煤炭行业的经验，利用区块链、大数据、人工智能、5G、北斗等新一代信息技术，融合共享、拼单、供应链金融等新兴业态，由领头企业联合相关主体共同打造LNG行业一站式数字化服务平台，构建LNG产业一体化数字生态，为上游采购、中游运输、下游销售全产业链提供综合服务，为政府监管部门提供数据和决策支撑。

4.1 整合行业应用，实现全产业链业务联动

充分发挥中央企业行业龙头引领作用，凝聚LNG产业数字化合力。一方面，在LNG全生命周期和全产业链条场景，探索区块链、物联网、大数据等数字技术创新应用；另一方面，深化中海油气电集团、国家管网、上海石油天然气交易中心等头部企业数字化合作，加强上中下游数字化系统集成，整合LNG产业链数字化应用。进一步聚拢产业大中小型企业、技术服务公司、咨询与资讯机构等更多市场主体，共商共建LNG行业综合服务平台，逐步形成具有核心竞争力和影响力的云产业集群，纵向链接“产、供、储、运、销、用”全产业链服务，横向拓展金融保险、供需协调、培训支持等增值服务，在提升LNG全产业链数字化水平的同时，激发上中下游企业一体化优势，实现各环节业务高效联动。

4.2 聚集产业数据，实现全产业链数据协同

油气体制改革后，更多商业主体加入LNG产业链。LNG产业需要汇聚全链条各环节数据，打造统一的数据资源池，建立数据交互共享机制，实现全产业链良性协同。一是加强数据标准化管理。LNG产业数据涉及主体多、范围广、类型多样，数据标准化是实现行业数据共享交换、提升数据可用性的重要基础。从LNG产业全局视角，统一数据定义、格式、质量，建立数据生成、交互、存储标准，保障行业数据一致性、准确性、完整性。二是加强数据共享交换。在保障数据传输交换安全性和可靠性的基础上，构建多层级的数据传输网络和交互共享系统，实现LNG产业数据在企企之间、政企之间流通，促进行业信息公开透明、有序共享。三是加强数据应用。基于LNG产业数据资源池，建立行业数据分析模型，开展行业大数据分析与价值挖掘，提高市场洞察和态势感知能力，辅助业务智能科学决策，打开创新业态发展空间。

4.3 健全监管机制，实现全产业统筹兼顾

在业务融合和数据共享的基础上，搭建LNG产供储销全链条数字化标准体系，健全以数据为基础的新型监管机制，围绕风险预警、供需匹配等业务场景，提升能源安全监管、过程监管、价格监管、信用监管等能力，支撑能源局、交通运输部、应急管理部等政府职能部门实现LNG行业动态监管，为国家调控市场提供有效渠道、有力抓手，助力保障国家能源安全，促进LNG行业稳定、持续、健康发展。

从整体看，LNG产业数字化发展路径分为“三步走”。第一阶段，探索打造LNG一站式数字化服务平台雏形，形成产业链一站式服务能力建设。第二阶段，引入政府和行业头部企业加入平台，形成政府统筹监管能力和基础设施协调调度能力。第三阶段，吸引产业链上下游企业加入平台，形成产业链协同和数据聚集能力建设。通过数字化发展，激发LNG产业链各类市场主体活力，以行业头部企业为牵引，带动产业链国资国企、民营企业融合共生，共建互融互通、共生共赢的产业链生态体系。

5 结论

综上所述，LNG产业链数字化是大势所趋，对于产业协同和生态融合发展具有重要的促进作用。LNG产业积极探索数字化，在促进上中下游企业转型升级的同时，推进行业系统贯通，服务国家保障能源安全。通过新一代技术和传统LNG行业的融合创新，联通三桶油、国家管网公司、城燃公司等上下游企业，以及能源局、海关、央行、财政等

政府部门，打造LNG采购、运输、存储、销售等业务链条高效联动的数字化产业链，构建进口交易、船运物流、通关返税、金融贷款等多维度产业服务，在天然气交易、信息交互、金融服务、技术交流合作等方面实现全行业的资源共享，助力LNG产业一体化协同，推动LNG产业新模式、新业态的成熟与发展。

参考文献

[1] 梁玲，孙静，岳脉健，等. 全球能源消费结构近十年数据对比分析 [J]. 世界石油工业，2020，27(03)：41-47.

[2] 高芸，王怡平，胡迤丹，等. 2022年中国天然气发展述评及2023年展望 [J]. 天然气技术与经济，2023，17(01)：1-10.

[3] 时光. 大象转身：油企数字化转型模式与路径 [J]. 中国石油企业，2021(7)：101-103.

[4] 杨伊静. 打造包容性数字经济模式 推动中国经济高质量发展——中国信通院发布《中国数字经济发展白皮书（2020年）》[J]. 中国科技产业，2020(08)：5-7.

[5] Wang Zhen, Xu Lijiao, Ma Ning. Digitalisation is reshaping the oil and gas industry [J]. China Oil & Gas, 2019, 26(01):3-7.

[6] 王同良. 油气行业数字化转型实践与思考 [J]. 石油科技论坛，2020，39(01)：29-33.

Exploration and Reflection on the Digitalization of China's LNG Industry Chain

Guangtuo CHEN
CNOOC Gas & Power Group Ltd.

Abstract: The comprehensive reform of the oil and gas industry, alongside the rapid growth of the digital economy, has ushered in new opportunities and challenges for the traditional natural gas sector. After years of development, the LNG industry has achieved a well-developed upstream, midstream, and downstream infrastructure. It has made significant strides in digitalization and informatization. However, there remains room for improvement in terms of overall integration and industry collaboration. Drawing inspiration from the successful operational models of analogous bulk commodities like steel and coal, it has become evident that leveraging digital technology to offer all–encompassing services and establish an integrated ecosystem stands as a pivotal approach towards industry transformation and advancement. In light of this, conceptualizing an ambitious vision for a comprehensive digital service platform within the LNG sector, gathering more industry entities to build an integrated ecosystem. The ultimate aim is to drive collaborative development across the industry, fostering a win–win scenario for all stakeholders under the leadership of the parent enterprise. This initiative further seeks to facilitate seamless data connectivity and efficient cooperation throughout the industry.

Keywords: Industrial chain; Digitization; One–stop; Platform; Ecology

理论方法

Theoretical Methodology

碳排放、电能耗与经济增长的关系分析及政策建议

周文兴*

重庆大学

摘要： 本文使用面板数据，采用二次函数回归等模型，检验了碳排放、电力消耗等与实际GDP之间的关系，发现：减少碳排放量更有可能利于而非遏制经济增长；电力化与经济增长有紧密关系，电力需求惯性非常强。大力发展海上风电产业，对于满足沿海地区高额电力需求有战略意义。采取构筑“良性循环”模式来利用可再生能源值得提倡。本文还提出了若干可供选择的、利于迈向“双碳”目标的新思路，例如，提出了“宽严并举、快慢有别”的空间差异化“双碳”政策取向，以期能较好地兼顾效率与公平，激发国内地区多元比较优势，刺激内需，增进国内经济大循环，进而有助于体现出中国式现代化特色。

关键词： 双碳战略；海上风电；新发展格局；疆电入渝；顶层设计

0 引言

党的二十大报告指出：“大自然是人类赖以生存发展的基本条件。尊重自然、顺应自然、保护自然，是全面建设社会主义现代化国家的内在要求；必须牢固树立和践行绿水青山就是金山银山的理念，站在人与自然和谐共生的高度谋划发展”。为此，我们应该“加快发展方式绿色转型”“深入推进环境污染防治”“提升生态系统多样性、稳定性、持续性”和“积极稳妥推进碳达峰碳中和”。本文所指的“双碳”，是对“碳达峰”和“碳中和”两大目标任务的简称。众所周知，要如期完成“双碳”任务，是前所未有的两大难题，甚至有不少人对此持怀疑态度，或者认为对经济的负面影响太大。消除怀疑论，有积极意义。要消除怀疑论，还应该允许提出暂时可能远未达成共识的观点。同样的力，如果通过“旋转”，矫正方向，这种力就可以变成强大的积极因素。将压力转化为动力，是可能的。将“双碳”目标任务进行分解，参照各地经济、地理、生态和自然资源等的比较优势或比较劣势实况，有序进行，这符合经济学原理。

* 周文兴，男，博士，副教授，主要从事能源经济、“双碳”战略、应对气候变化、区域发展等研究。E-mail：965774719@qq.com

学界已有如下一些判断：不可再生能源消费和可再生能源消费都显著驱动中国经济增长（张华等，2014）[1]；将从高碳企业征收的碳税收入用于增加低碳能源市场，可实现减排与维持增长的“双赢”效果（王疏影等，2015）[2]；中国可能会面临“从碳达峰到碳中和的碳减排斜率最陡峭”局面（刘俏，2021）[3]；制定公开减排目标，对低碳治理具有显著促进效应，对绿色经济增长有积极作用（韦东明等，2021）[4]；广东经济增长与四川、贵州、内蒙古的可再生能源电力生产符合保护假说（陈丛波等，2021）[5]；可再生能源电力消纳机制在改善环境方面的影响，有积极效应，但GDP水平低的地区碳排放仍然将上升（姜曼等，2020）[6]。

诺奖得主Nordhaus（诺德豪斯）主张提高碳价[7]。Blazquez等讨论了2030年之前西班牙需要制定怎样的环境税政策[8]。林伯强等发现可再生能源利用对于中国经济增长具有正面效应[9]。然而，依据Ocal等对土耳其的研究，可再生能源开发对于经济增长具有负面效应[10]。张中祥较早地描绘了一个中国针对2050年气候承诺的roadmap（路线图）[11]。

然而，在某些关键结论方面，有明显观点分歧。例如，林伯强等指出了可再生能源的积极效应，但是，张华等认为，不可再生能源对经济增长的贡献程度大于可再生能源[9,1]。

中国于2020年向国际社会提出了“双碳”承诺，该承诺也可以被理解为一种新型国家战略。按照传统思维方式来看，在我国煤炭资源等开发利用潜力仍较大的背景下，这种承诺似乎是一种巨大压力。然而，如果跳出传统思维，通过节能减排、提高能源利用效率、碳捕获、储能、可再生能源制氢，以及优化重大生产力布局等越来越多的措施，有可能将这种压力转化为发展的新动力。

1 “双碳”战略可能会对构建新发展格局产生深刻影响

党的二十大报告提出“构建新发展格局”。尽管在相应部分并没有提及“碳达峰”和“碳中和”，这不等于说“双碳”战略与“构建新发展格局”无关。事实上，在“构建新发展格局”小节中，报告专门指出：“构建新一代信息技术、人工智能、生物技术、新能源、新材料、高端装备、绿色环保等一批新的增长引擎”。可再生能源应是新能源的主体，不但有利于减排，而且会极大地增进发展的可持续性——毕竟，化石能源总是有限的，如果忽视这一关键点，就难以协调经济社会发展与有效应对气候变化之间的关系。从这个意义上看，可以预先假定：“双碳”战略将对构建新发展格局产生深刻影响。从方法论角度看，按照大物理学家彭加勒的观点，这类假设也可以被视为一种“约定”，并不要求绝对真实，但可能会催生新发现。

1.1 以“双碳”思维为主线来打破传统思维定式

要回答什么是传统思维，必须回顾总结过去几十年来取得经济增长奇迹的部分原因。在过去经济水平比较低下的情况下，贫穷本身被视为一种“污染”，为了摆脱贫困，为了致富，看似不太引人瞩目的碳排放外部性受到忽略，或者说难以得到顾及。然而，在人均GDP已经超过1万美元的新形势下，肯定不宜再走老路，而需要采取新思维寻找新路。类似于制度经济学所指的“路径依赖”，心理学中所指的“思维定式”同样不容易被打破，但又必须被打破。这恐怕就应当是“双碳”难题真正的困难之所在，值得学者和政策制定者认真考虑，甚至值得让全民参与讨论，以便增进某种共识。新的思维模式应该全面建立在服务于“双碳”目标任务之上。

1.2 将“双碳”战略理念视为构建新发展格局的“中枢神经”

这既是一项长期性的战略，也是一项中期和短期战略，且又具有一致性。例如，距2030碳达峰目标，只剩下7年时间了，这意味着要有一个好的中期战略。中期战略又可以被分解为7个年度短期战略。据报道，2023年第一季度，风力发电首次成为英国最大的电力来源。英国是岛国，四面环海，取得如此成绩，有很大主观因素在起作用，但也不否认其客观条件。尽管我国地理特征情况与英国有很大的不同，但是也有足够长的海岸线。沿海正是我国的经济高度集中地，也是能源消耗最多的地带，利用好海上风能，无疑本身就是构建新发展格局的重要组成部分。参考世界银行集团Global Wind Atlas资料，黄海、东海和南海的风能资源都非常丰富，依托海上风力来发展蓝色经济，非常有潜力。2023年夏，全球首台16兆瓦超大容量海上风电机组在中国福建成功并网发电，值得关注或参观学习。兴建新的核电站需要慎重，因为这有可能会抑制对于海上风力资源的开发进程。

1.3 将“双碳”战略与扩大内需有机结合起来

最近，扩大内需再次被提上议事日程。如何扩大内需，经济学界有很多讨论。然而，如果按照过去的思维定式，比如扩大燃煤产量等，无疑是一种倒退。经济形势复杂，短期内似乎也难以通过房地产开发来拉动经济。拉动内需其实很简单，就是让收入相对较低的地区有足够发展绿色经济的机会，增加当地居民收入，提升其消费能力。我国部分中风力资源最丰富最密集的地带恰恰也正是地广人稀的西北地区，或人口流失地区（例如东北地区），人均收入水平较低。假如我们未能将扩大内需与“双碳”战略更加紧密地结合起来，而是把心思放在对诸如“何不食肉糜”的研究思路方面，无疑是一种南辕北辙的做法。如何利用陆地和近海的丰富风力资源，关乎经济增长是否可持续、地区差距能否缩小和低碳经济能否实现等多个方面，不可小觑。

2 实证检验之一：碳排放与GDP水平之间有何关系

2.1 理论预设及其修正可能性

人类成规模地利用化石能源已有数百年历史。我国改革开放以来，能源供给和消费水平均大幅度上升，与此同时，经济增长迅速。最近一二十年，水能、核能等清洁能源占比不断上升，打破了化石能源一统天下的局面。尽管如此，化石能源依然占据核心地位，短期内难以改变。本文的初始理论假设是，在经济发展初期、中期，化石能源消耗（伴随碳排放）对于促进经济增长有利，但也存在一种相反的力量，即并非碳排放（通常伴随空气污染等）越多越好，过多的碳排放反而制约经济增长，显著地降低经济增长速度。一种替代假设是，重点检测二次能源——电力消耗与实际GDP之间的关系，但依然考虑碳排放问题——因为电力生产不仅来源于化石能源，也来源于可再生能源等。

具体来说，可以首先设定如下一个二次函数模型：

$$\ln Y = Constant + a \times \ln Carbon + b \times (\ln Carbon)^2 \tag{1}$$

其中，Y代表实际GDP，$Carbon$代表碳排放量，$Constant$指常数，a和b分别表示一次项和二次项的参数，预先假定$a>0$且$b<0$。当然，这并不意味着我们宁愿通过实证分析结论来支持这种模型预设，而是借此评估这样一个看似“显然”的命题。假如实证结果不支持上述预设，也未必一定是坏事，它可以帮助我们看清楚“修正”模型的新方向。

2.2 模型设定

模型假定之一：在化石能源占比足够高的背景下，能源消耗量能反映经济活动频繁程度，但二氧化碳的排放也会与能耗呈现对应关系。实际上，该假设已无须检验，但有助于碳排放量测算。

模型假定之二：伴随能源消耗的二氧化碳有利于经济增长，只有当碳排放过高时，碳排放对于经济增长才会产生显著抑制作用。

模型假定之三：电力作为二次能源发挥的作用会越来越大，其来源比较广泛，对于GDP的影响应该会更为直接。

$$\ln RGDP_{it} = c + \alpha_1 \ln Carbon_{it} + \alpha_2 \ln Carbon_{it} \times \ln Carbon_{it} + \varepsilon_{it} \tag{2}$$

如前所述，初始模型假定碳排放利于经济增长，至多只有当碳排放足够高时才会对经济增长有负面影响。公式（2）是公式（1）的另一个版本，以便利用面板数据进行实证分析。下标i代表横截面（各省级单元），t表示时间（年份），ε_{it}为随机变量。

2.3 数据来源

原始数据来源包括多年的《中国统计年鉴》《中国能源统计年鉴》（知网）等，其中，包含有各种能源折标准煤参考系数等信息。多年期省级碳排放数据来自推算，不同种类的传统能源带来的碳排放量有别，推算中所使用的参数依据来源于国家标准《综合能耗计算通则》（GB/T 2589—2020）、《省级温室气体清单编制指南》（发改办气候〔2011〕1041号）等。需要说明的是，采用这种办法得到的省级碳排放面板数据虽然并不能完全代表碳排放的实际量，但是，横向加总之后历年碳排放与通常报告的全国碳排放量差距足够小，故有较为充分的可信度。特别地，由于采用了统一的参数和国家标准进行测算，因而能够客观地反映各地样本年份的真实情况。样本时间范围是2003—2016年，西藏缺乏完整数据，涉及的中国大陆省级单元为30个，面板数据的样本总量为420个。

2.4 面板数据实证检验结果

变量均通过了单位根检验，表明原始数据为平稳序列。采用豪斯曼（Hausman）检验，可以确定，以随机空间和随机时间为假设得到的R平方值过于低下，不具有统计意义，加以舍弃，亦不在此进行报告。模型一为固定空间和随机时间假设条件下的检验，R平方值较高，然而，依据豪斯曼检验法则，按照5%的置信水平，模型一无法通过该检验。

反过来看，需要检验以固定时间为前提来检验随机空间效应存在性，这就是模型二。Chi-Sq统计量较大，对应的p值非常小，远低于0.01，这意味着此时随机空间效应是明显存在的，也即该模型设定是合理的，此种情况下也不宜再使用固定时间和固定空间假设条件下的模型。

综上所述，模型二为最合理的模型设定。从模型二的结果来看，按照0.10这样的标准来看，两个变量均为显著，也就是说，模型假定之二勉强得到验证。对数化之后的碳排放的回归系数为正，其对数化后的二次项系数为负。这对于一些行业或政府部门而言，似乎是好消息，亦符合初期理论模型预设。然而，按照高质量发展标准，具体而言，按照0.05或0.01这样更为严格的置信水平标准，两个变量均不显著，故上述结果不应该作为放任碳排放的理由（表1）。

表1 公式（2）的实证结果

Table 1 Empirical results of formula (2)

	模型一		模型二	
	随机时间/固定空间假设检验		固定时间/随机空间假设检验	
解释变量	系数	p值	系数	p值
c	8.8782***	0.0000	8.8373***	0.0000
$\log Carbon_{it}$	0.0446	0.3182	0.0773*	0.0806
$(\log Carbon_{it})^2$	−0.0207*	0.0726	−0.0224*	0.0511
豪斯曼检验	Chi–Sq. Statistic	Prob.	Chi–Sq. Statistic	Prob.
	5.455	0.065*	22.829	0.0000***
R–squared	0.792		0.228	

注：①方法：Panel EGLS，样本量：30 × 14=420；被解释变量：实际GDP。
②***、**、*分别表示显著性水平为0.01、0、05和0.10，下同。

特别地，如果将豪斯曼检验标准放宽一点，比如为0.10而非0.05,那么，模型一同样具有合理性。然而，对数化碳排放变量系数变小，且不再显著，对数化碳排放的平方项依然在0.10置信水平下显著，其系数依然为负值。与模型二相比，模型一R平方值要大得多，或者说，总体解释能力要强得多，这意味着绝对不应高估粗放式能源消耗对实际GDP的贡献。

3 实证检验之二：电力消耗与GDP水平之间有何关系

3.1 理论预设及其意义

电力作为清洁的二次能源，对于经济社会各个方面的影响早已毋庸置疑。特别地，对于中国而言，电力消耗如果与实际GDP之间有紧密关系，则更容易被鼓励使用。一种非常简单的模型设定是：$RGDP=\exp(c)\times Power^{\beta_1}x^{\beta_2}\exp(\beta_3\ln x\times\ln x)$。此处，变量$x$等可以被视为控制变量。刻意选择碳排放量等作为控制变量，既是为了间接探测一次能源内部结构调整的潜力，也是为了与公式（2）进行对比。上述模型设定的意义在于，同时考虑二次能源和碳排放两种因素，探测他们与实际GDP之间的关系，有利于确立或坚定有关政策路线，借助经济增长力量，解决各种难题，比如，环境支付意愿或能力不足的问题。

$$\ln RGDP_{it}=c+\beta_1\ln Power_{it}+\beta_2\ln Carbon_{it}+\beta_3\ln Carbon_{it}\times\ln Carbon_{it}+\sigma_{it} \qquad (3)$$

公式（3）把电力消耗视为主要解释变量，其余为控制变量。也可以说，公式（2）是公式（3）的特例。当然，相对于公式（2），也可以将电力视为新增的控制变量，以便在公式（2）的基础上改善模型设定的合理程度。电力指标通常被认为是经济形势的指示器，是不应该被忽视的。仅将电力作为解释变量与实际GDP进行回归，在各种情形下的显著水平均非常高，且系数为正，但R平方值不是特别高，故对该一元回归结果不进行专门报告。

3.2 模型设定的合理性

各地人口规模相差较大，在对公式（3）进行实证检验时，采用了电力消耗总量（而非人均电力消耗），间接包含了人口规模因素，能降低估计偏误。电力消耗与碳排放之间的相关系数不高，故该实证分析中不存在因明显多重共线性而会导致的估计偏误。除其他变量外，对数化电力变量亦通过了单位根检验，原始数据为平稳序列，与被解释变量之间无协整关系。

表2 公式（3）的面板数据计量分析结果

Table 2 The econometric analysis results of panel data in formula (3)

	模型三		模型四		模型五		模型六	
解释变量	系数	p值	系数	p值	系数	p值	系数	p值
c	7.913***	0.0000	6.09***	0.0000	8.078***	0.0000	5.982***	0.0000
$\ln Power_{it}$	0.141***	0.0000	0.434***	0.0000	0.125***	0.0000	0.443***	0.0000
$\ln Carbon_{it}$	0.041	0.3354	−0.121***	0.0044	−0.003	0.939	−0.084*	0.2353
$(\ln Carbon_{it})^2$	−0.0224	0.0416**	−0.012	0.2639	−0.012	0.0713	−0.015**	0.4349
豪斯曼检验	固定时间/随机空间		固定空间/随机时间		固定时间/固定空间		随机时间/随机空间	
	卡方统计量	Prob.	卡方统计量	Prob.	卡方统计量	Prob.	卡方统计量	Prob.
	55.977	0.000***	777.751	0.000***	Null	Null	0	1
R-squared	0.334		0.911		0.997		0.417	

注：面板样本：30×14=420；方法：Panel EGLS；被解释变量：实际GDP。

模型三为固定时间和随机空间假设条件下的检验（表2，下同）。依据豪斯曼检验法则，按照1%的置信水平，模型三得以通过该检验。反过来看，需要检验以固定空间为前提来检验随机时间效应的存在性，这就是模型四。运用豪斯曼检验得到的Chi-Sq统计量极大，高达778，其对应的p值则非常小，远低于0.01，这意味着模型四的随机时间效应是十分显著的，也即该模型设定同样具有合理性。尽管此种情况下不应当再对固定时间和固定空间假设进行检验，但在表2中，作者依然给出了两者均为固定情形的结果，以便参考（模型五）。此外，以空间和时间同时随机为假设，则完全无法通过豪斯曼检验（模型六）。

综上所述，模型三和模型四在设定方面都是合理的。然而，计算结果表明，两者有一致的地方，也有不同的地方。具体而言，第一，电力消耗与实际GDP之间有显著的正相关关系得到证实，其回归系数明显比其他变量的系数更大。第二，对数化碳排放变量一次项的系数在模型三中是不显著的，但在模型四中，按照0.01置信水平，是显著的，且为负值。第三，碳排放二次项系数在模型三中显著，但在模型四中不显著。

3.3 因果关系检验

（1）按照0.01显著水平标准，在三种滞后条件下，电力不是实际GDP的Granger原因假设，均不能被拒绝；在滞后二期和滞后三期情形下实际GDP不是电力的Granger原因假设，同样未能被拒绝，但是，在滞后一期情形下，被拒绝，表明存在一种情形：实际GDP高低是电力消耗变动的原因，而非结果。

（2）按照0.05显著的水平标准，电力不是实际GDP的Granger原因假设在三种情形下全部都“不能被拒绝”，相反，实际GDP不是电力的Granger原因则在三种情形下全部都“被拒绝”，这表明，耗电量不是实际GDP的原因，而实际GDP才是影响电力消耗的原因。该结果表明：实际GDP规模为“因”，耗电量为“果”。

（3）按照非严格的0.10显著水平标准，在三种情形下，有两种表明电力消耗与实际GDP之间存在“互为因果”关系，分别是滞后一期和滞后三期情形。这表明，尚不能完全排除通过加快电力化步伐来刺激GDP的可能途径，尽管这远非唯一途径。

实证结果的经济学含义是，GDP总量大的地区对于电力需求会更强烈，但地区性电力超前发展则未必一定对当地经济增长有实效。以2021年数据为依据，大陆GDP排名前十位的省级区域中，东部地区占60%，中部地区占30%，西部地区占10%，这表明东中部地区对于电力的需求仍将十分强烈。西部地区拥有传统和新能源资源优势，但是，如果单纯地进行本地能源扩张而不充分考虑其他途径，或者，如果不与电力需求大省之间进行紧密协作，则其经济增长效果恐怕会大打折扣（表3）。

表3 Granger因果关系实证结果

Table 3 Granger causality empirical results

零假设：	Obs	F-Statistic	Prob.	滞后期
LOG(*POWER*) 不是 LOG(*RGDP*) 的 Granger 原因	390	3.63	0.0572*	滞后一期
	360	1.76	0.1727	滞后二期
	330	2.40	0.0672*	滞后三期
LOG(*RGDP*) 不是 LOG(*POWER*) 的 Granger 原因	390	11.69	0.0007***	滞后一期
	360	4.26	0.0147**	滞后二期
	330	2.81	0.0393**	滞后三期

3.4 主要实证结果分析

考虑到从模型四得到的R平方值高达91%，远高于模型三中的R平方值，故最优模型可以被认为是模型四。图1根据模型四的估计结果绘制，可以得出这样的结论：第一，电力化或电力消耗与实际GDP增长息息相关。第二，从国家政策取向角度看，有很大可能会持久地或阶段性更加“厌恶”碳排放，可能逐步强化（甚至有时会突变式增强）对化石能源特别是对燃煤的收紧政策（特殊时期例外）。第三，在能源需求仍然强烈的背景下，对于某些企业而言，是非常难得的盈利机会，但是，站在国家或人类大势高度，是否应当及早在可再生能源富集地进行更大更长远的布局，未雨绸缪，值得认真对待——当然，这同时需要国家层面来进行“精准”扶持，需要好的顶层设计来引导。

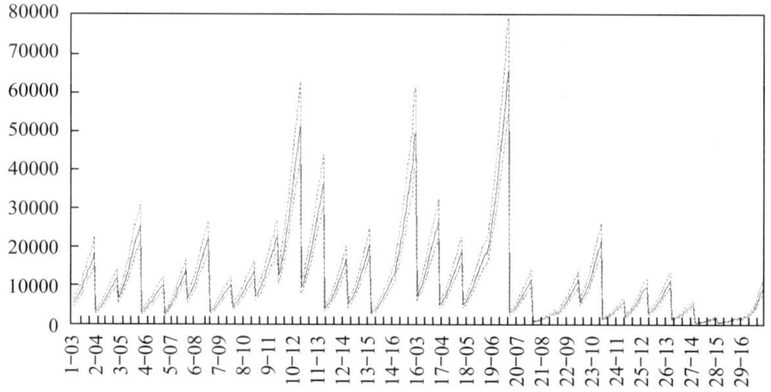

图1 实际GDP理论值与实际值对比拟合图（依据表2中的模型四）

Figure 1 Comparison chart between theoretical and actual GDP (according to model 4 in Table 2)

4 以合理的激励相容机制引导企业绿色逐利

改革开放以来，经济社会发展多次遇到困难，都顺利地解决了。这意味着，目前也不用惧怕遇到新的困难。乐观的预期将带来好的结果，而悲观的预期更有可能制造负面的后果。迎接“双碳”目标既是挑战，也可能会是机遇。

4.1 牢固树立“绿水青山就是金山银山”观念，弘扬中华生态文明

党的二十大报告明确指出：“绿水青山就是金山银山”。更美好的大自然、更和谐的人与自然关系，可以降低自然灾害发生的频率和强度，这本身就是一种收获。在历经较长时期的粗放发展之后，类似于绿水青山的自然环境显得相对稀缺，从经济学角度看，稀缺性意味着经济价值，比如，文旅产业可以从中受益。大中华的历史非常悠久，令人骄傲，但

这也意味着有不少土地存在被过度开垦的现象，缺乏休养生息的机会。集约利用土地、水域甚至海面，保护湿地等特殊区域，是弘扬中华生态文明的重要举措，责无旁贷。

4.2 我国可再生能源资源极其丰富而非贫乏

实施“双碳”战略，降低燃煤消耗，不仅仅是为了降低碳排放。由于燃煤火力发电等带来粉尘或其他污染物，对人们的健康造成危害，必然应该逐步减少对煤炭等传统能源的依赖，这是一个难以逆转的大趋势。进一步看，地球十分悠久的历程中，曾多次历经冰期，从这个意义上看，化石能源属于战略资源，似乎不宜在我们这几代人中将其快速地消耗掉。相比之下，开发利用可再生能源具有极高的战略价值和深远意义。值得庆幸的是，中国可再生能源资源相当丰富。以风力为例，除海上风力资源外，西北、东北和华北都有丰富的风力资源，便于就近利用，在突出对于风力资源开发的政策支持前提下，很有可能对于缓解南北地区差距扩大产生积极作用。

中国的阳光辐射资源也非常丰富。即使是全国平均日照时间最短的省级区域重庆，其地理纬度不高，夏季太阳辐射足够强，且同其他季节相比，夏季的白天较长，光伏发电至少在夏季能产生较大收益。夏季正是用电高峰时期，在夏季利用更多一些的光伏发电来替代燃煤发电是合算的，尤其是在雨水不足、日光辐射强、天气极端炎热的年份。世界银行集团已能提供包括中国在内的东亚地区太阳光辐射数据信息，对于企业而言，可以精准地在线查询到具体位置的光辐射资源情况；对于政策制定者而言，从中可以获取帮助构建新发展格局的灵感。大致在胡焕庸线西侧，光能资源都极其丰富，如何将资源优势与扩大内需、陆上丝绸之路重建等结合起来值得深入讨论。

4.3 尝试采用“良性循环”思路来利用可再生能源

以省会为代理变量，煤炭资源大省的山西如何更好更快地实现能源转型值得讨论（Peng等，2022）[12]。从长远来看，运用海上风力发电的电力来帮助淡化海水，再将淡水梯级输送到内蒙古高原东侧，有可能形成一种良性循环，也可以理解为是一种“抽水蓄能”方式。抽水所需要的电力，可以来源于内蒙古的风光资源。淡水进入高原，必然利于部分“三北防护林”的建设和保养等。例如，内蒙古正蓝旗光能资源丰富（辐射为每平方米1700千瓦时以上），海拔最低高度大约1200米，与渤海海岸的直线距离不足400千米。在华北降水量丰沛季节，就近进行“抽水蓄能”效益会变得更大，值得大胆进行具体尝试，意义重大①。

① 近期，与内蒙古正蓝旗相距不到200千米的河北省张家口市已开始进行“抽水蓄能”前期准备工作。

4.4 从光伏扶贫迈向光伏引领

我国在扶贫领域已经取得巨大成功，其中，光伏扶贫功不可没。以地处高原的青海省为例，不少农村地区因光伏扶贫而受益，大幅度减少了对燃煤的使用。煤炭燃烧消耗氧气，高原氧气比较稀薄，减少对于天然氧气的消耗，肯定有利于旅游产业发展。假如那里的光伏发电还能被用于分解淡水而同时制造氢气和氧气，让氧气成为当地廉价产品或归还给大自然，让氢气得以使用、转运或储存，那么这将是一个一举多得的典型案例。

4.5 创造“氢能经济”，大步迈向“氢能社会”

可以被电解为氧气和氢气，氧气对于生命的价值已是众所周知，氢气则是可以被存储的清洁能源。利用可再生能源制氢，积少成多，将极大地增进能源供给的灵活性。剩余的氧气可以被压缩，进行小型化封装，应该会有潜在商业价值，比如用于老年人健康保健或高原旅游时随身携带。在2023年出版的《碳中和与氢能社会》一书中指出，“海上风力资源丰富而且相对稳定，使得海上风电项目的年可利用小时数明显高于陆上项目”，“更重要的是，海上风电项目毗邻沿海区域，靠近氢能的主要消费市场，这既降低了氢的储运成本，又保障了氢的消纳，增强了项目的经济开发性”（王震等，2023）[13]。东部沿海地区的环境支付能力相对更强，从前面的实证分析结果来看，对于电力的需求仍然非常强劲，超常规发展海上风电及风电制氢项目已有一定实践基础，宜上升为国家战略，意义深远。

4.6 需要通过系统性的顶层设计来引导企业更有积极性创造或迎接“风光时代”

企业有天然的逐利动机，很难全靠号召来要求企业追求绿色发展。例如，在一些可再生能源资源开发条件极好的地区，比较容易生产出丰富的绿色电力，但由于环境条件艰苦，开发的隐形成本比较高，且远离主要市场，最终会削弱有关企业在这方面增大投入的积极性。好的机制确实有助于绿色发展，例如，国际上的清洁发展机制（CDM）就是一种好的机制。国内也需要类似的机制，但由于实际情况可能更加复杂，需要足够好的顶层设计来更好地推动国家绿色发展。在这方面或许更能充分体现和发挥我国的大国体制优势。然而，由于信息不对称，顶层设计者的想法与企业层面的意愿或许会有很大差异，好的顶层设计必然应当充分考虑企业的现实利益，否则双方的愿望都有可能落空。作为一种探索性“试验”，一种带有中国特色的、增进顶层设计质量的思路可以是：有关龙头企业派出代表到政府相关部门进行短期挂职（比如一年），充分领会国家战略意图；

反之亦然，即政府政策设计者深入企业一线挂职（比如一年），进行深度体验，感受企业层面的诉求。当然，这种试验思路本身算不上是顶层设计，至多只是一种建议，或可姑且称为“双向沟通机制”，但是，完全可能会利于增进顶层设计质量，也有可能会为企业带来意想不到的、新的创收机会。

在这样的大背景下，构筑绿色金融生态，以实际行动支撑或进一步证实“绿水青山就是金山银山”理念的正确性，可能正当其时。总之，创造条件引导企业绿色逐利，降低准入门槛，有利于将双碳压力转换为动力或牵引力，在理论上，并非毫无可能。

5 在优化“双碳”战略中创造绿色经济增长机会

经济增长有快有慢，不宜过度纠结于短期快慢。从长期来看，中国经济增长必然呈现进一步上升趋势，有可能呈现出一种螺旋式上升趋势。

5.1 探索太阳辐射峰值“临界点”的存在性

从理论上看，应当存在太阳辐射强度峰值。减少燃煤消耗，还有其他效应。有学者估计，如果中国的空气质量得到改善，它可以使潜在的光伏发电能力提升12%～13%，进而恢复到20世纪60年代的辐射水平（Sweerts等，2019）[14]。这意味着，在迈向“双碳”目标进程中，可能还存在一种“加速效应”。也就是说，我国年平均光照辐射会慢慢变强，进而在未来某一时期加速降低光伏利用的成本。国有大型能源企业不应固守传统思维，应当尽最大努力向未来投资，既利国利民，也利于企业。国有大企业拥有体制优势和责任，值得认真考虑。

5.2 智能技术与能源开发利用相结合很可能成为最有前途的新模式

中国社会科学院习近平生态文明思想研究中心主任杨开忠指出：“生态文明区别于工业文明的实质在于怎样生产、用什么要素生产”；“从绿色化和数字化融合视角看，这是能源供给清洁化、能源使用电气化、生产工具智能化、生产原料数据化的结合，生态文明基于可再生能源、人工智能、数据”（杨开忠，2023）[15]。人工智能技术已经异军突起，令人感到震撼甚至有所不安。然而，目前的人工智能训练极度耗能，似乎会进一步增大“碳达峰”和“碳中和”的压力。引导人工智能技术与能源尤其是可再生能源开发利用相结合，有利于减缓这种压力；人工智能技术也很可能降低可再生能源开发利用成本，例如，光伏板根据日照变化方向而自动转向，可以收集更多的能量进行发电。总之，应当引导和拥抱，对于新技术，不要视而不见。

5.3 通过“宽严并举、快慢有别”的空间差异化政策取向，发挥资源禀赋国土空间比较优势

中国幅员辽阔，地理特征差别很大。以风力资源为例，包括海上风力在内，各地的天然禀赋差异极大，开发效率差别大，采用“一刀切”政策显然是不恰当的。各地太阳辐射也有类似情况，资源禀赋差别大。

在迈向“双碳”目标任务进程中，宜采用多元化发展路径。大型能源企业的保供任务重，但从足够长远的趋势来看，保供未必就一定会局限于原有产品，也有可能按照直接或间接提供的电力多寡来衡量。从这个角度来看，企业在有效益的情况下，更应当额外考虑如何投资于未来的问题。

“宽严并举”意思是对于拥有密集可再生能源资源禀赋的地区（含近海），政策制定者应当考虑提供更加鼓励和优惠的政策，以便企业有机会获取稳定而持久的效益，是为“严”；对于不具备条件或条件不够的地区，则暂不必如此对待，否则效率不高，需要防范“骗补”现象发生，是为“宽”。“快慢有别”是指对于某些综合条件足够好的地区，应当要求提前实现“碳达峰”，是为“快”；对于少数综合条件较差的地区，依靠自身如期实现“碳达峰”恐怕比较困难，或者会付出过高的代价，比如效益低，比如不利于增大就业机会，等等，是为“慢”。对于后者，通常需要借助于外力，如重庆在本地可再生能源开发利用方面举步维艰，但中央已于2021年同意研究论证“疆电入渝”工程。

5.4 “疆电入渝”工程及其对于优化重大生产力布局的潜力值得关注

“疆电入渝”工程是开发新疆风电以满足重庆绿色电力需求，是成渝地区“双城”经济圈建设的重要环节[16]。借助特高压技术传输电力，只要损耗不是过大，就很可能是值得的。该工程如能顺利实现，就意味着不仅新疆自身能够提前实现碳达峰，也能帮助重庆降低“拖后腿”的概率。2023年“疆电入渝”工程已经正式启动（崔曜，2023）[17]。该工程的起点为新疆哈密，终点为重庆境内，以可再生能源为主要来源。从成本核算角度看，即使因距离过于遥远导致初期损耗过大，还可以考虑采取分段核算策略，将其视为“疆电入X”+“X电入渝”工程，X地点可以是位于疆渝之间的中点位置。该中点位置的本地传统能源可以更早地被取代——更早实现“碳达峰”，其自身可再生能源产生的电力可以更近一点地进入重庆，而重庆方面因自身存在资源禀赋缺陷，可能愿意支付更有吸引力的电力价格，这样就会激发“多赢”效果。在金融支持方面，假如重庆自身感觉力量有限，也可以考虑以“成渝地区双城经济圈”为平台融资来降低风险，上述策略还可以得到拓展，进而最大化西部地区唯一直辖市重庆对西部绿色发展的牵引力量。

6 主要结论及政策启示

6.1 结论

本文的明确结论是：将“双碳”压力转化为高质量发展牵引力不但是应当的，而且是可能的。例如，依据世界银行集团的风力分布大数据信息，开发利用我国近海海上风力资源应当会大有前途。未来，“抽水蓄能”很有可能在以河北省张家口等为代表的内蒙古高原东南侧开启连锁绿色增长效应，这不仅是因为高原风光资源丰富，而且也因为离渤海海岸很近。海洋经济正在孕育，海洋经济与沿海经济进行融合发展，意义深远。高效利用西北、华北和东北地区的风光资源，借助包括特高压在内的技术进步力量进行电力输送，对于缓解地区差距有积极作用。让“双碳”与“构建新发展格局”进行有效战略对接，促进人与自然和谐发展，不仅是可能的，而且有预期经济价值，利于扩大内需，增进国内经济良性大循环效果。

6.2 政策启示

6.2.1 坚定对于“绿水青山就是金山银山”论断的充分信任

本文实证分析结论不但不支持碳排放利于经济的传统认知观念，而且，假如采取严格意义上的统计推断标准，从长远来看，可以认为减少碳排放反而利于经济。这一判断也符合诺贝尔经济学奖得主诺德豪斯的看法，因为传统模型中并未考虑因碳排放（全球变暖、气候异常等）带来或加剧的各种灾害损失。退一步看，即使不考虑传统化石能源的碳排放问题，由于化石能源具有不可再生性质，其稀缺性也将会变得越来越严重。从长远来看，其成本更有可能呈上升趋势，平均效益有可能会下降。目前，我国能源总量需求仍然强劲，不少化石能源企业仍然有机会获取好的经济效益，但应该考虑未雨绸缪，利用难得的“窗口期”逐步增大在可再生能源领域的投资，抢占未来战略制高点。

6.2.2 高度重视海上风电产业等的发展，满足沿海地区更为强烈的电力需求

实证结果显示，实际GDP与电力消耗之间呈现高度显著的正相关关系。按照概率统计意义上的高标准，实际GDP为“因”，电力消耗为“果”。沿海地区经济总量大，对于电力的需求量非常大。电力作为二次能源，其能量来源已经呈现多元化态势，海上风力可以就近转化为满足沿海地区电力需求，投资效益相对更有保障。

6.2.3 应不断优化“双碳”战略，让升级后的“双碳”战略成为“构建新发展格局”的“牵引力”

“双碳”通常被视为是一种巨大压力，然而这种压力可以且应当被转换为巨大的牵引

力，优化生产力布局，激发内需，增进国内经济大循环。“双碳”战略本身需要依据实践情况，不断得到优化，避免因“一刀切”对一些地方的经济带来过大的不利影响。假如我们承认作为二次能源的电力对国民经济的影响还会越来越大，那么，电力的远距离传输技术（特高压等）就会显得更加重要。但过远的电力传输仍然会增加成本负担，是否将一些耗电产业迁移至距离清洁能源供给地更近一些的地方，需要进行决策权衡。无论如何，在谋划“构建新发展格局”时，应当尽可能充分地顾及“双碳”因素，降低走弯路的概率。

6.2.4 应密切关注“疆电入渝”工程案例的探索意义和预期价值

“疆电入渝”行动似乎还鲜为人知，目前还难以断定该工程的预期经济效益，但其预期社会效益是难以估量的。据初步判断，“疆电入渝”的意义和价值恐怕不亚于“三峡工程”，但基本上没有三峡工程曾经面对的非自愿性移民问题。通过采用一定策略，不但可以确保“疆电入渝”工程具有经济效益，而且可借机带动西北地区发展，预期示范价值很大。

6.2.5 应高度重视对于“能源政策取向”主题的探索价值

“双碳”战略成败在相当程度上取决于顶层设计质量，必须集思广益，以海纳百川的气魄评估各方政策建议质量。毋庸讳言，本文提出的“宽严并举、快慢有别”能源政策取向可以接受各方面的考评，如果无法被证伪，就应当进入政策制定者的视线，加以认真对待。

总之，将“双碳”压力转化为我国高质量发展牵引力，是完全可能也是应当的。在应对气候变化方面，中国可以有很大作为，同时也应加强国际合作。在这个过程中，中国经济增长同样充满希望，绿色金融亦将大有可为。

参考文献

[1] 张华，魏晓平. 能源替代与内生经济增长路径研究［J］. 北京理工大学学报（社会科学版），2014，16(04)：42-49.

[2] 王疏影，史鹤凌，黄有光. 碳减排与经济增长双赢的可行性分析［J］. 社会科学战线，2015(03)：39-50.

[3] 刘俏. 碳中和与中国经济增长逻辑［J］. 中国经济评论，2021(Z1)：18-23.

[4] 韦东明，顾乃华. 城市低碳治理与绿色经济增长——基于低碳城市试点政策的准自然实验［J］. 当代经济科学，2021，43(04)：90-103.

[5] 陈丛波，叶阿忠. 传统能源、可再生能源电力生产与经济增长——基于半参数结构全局向量

自回归模型的实证分析［J］. 华南理工大学学报（社会科学版），2021，23(01)：60–72.

［6］姜曼，杨司玥，刘定宜，等. 中国各省可再生能源电力消纳量对碳排放的影响［J］. 电网与清洁能源，2020，36(07)：87–95.

［7］Nordhaus William. Climate change: the ultimate challenge for economics［J］. American Economic Review, 2019, 109(6): 1991–2014.

［8］Blazquez Jorge, Maria Martin–Moreno Jose, et al. Aiming for carbon neutrality: which environmental taxes does spain need by 2030?［J］. Economics of Energy & Environmental Policy, 2021, 10(2): 215.

［9］Lin B, Moubarak M. Renewable energy consumption – Economic growth nexus for China［J］. Renewable & sustainable Energy Reviews, 2014, 40(12): 111–117.

［10］Ocal O, Aslan A. Renewable energy consumption – economic growth nexus in Turkey［J］. Renewable & Sustainable Energy Reviews, 2013, 12(28).

［11］Zhang ZX. China in the transition to a low–carbon economy［J］. Energy Policy，2010，38(11): 6638–6653.

［12］Peng CY, Zhou WX, Xie G, et al. Study on updating the spatial strategy for the carbon neutrality target of China［J］. Theoretical Economics Letters, 2022, 12: 1749–1772.

［13］王震，张岑. 碳中和与氢能社会［M］. 北京：中国石化出版社，2023.

［14］Sweerts B, Pfenninger S, Yang S, et al. Estimation of losses in solar energy production from air pollution in China since 1960 using surface radiation data［J］. Nature Energy, 2019, 4(8): 657–663.

［15］杨开忠. 建设集绿色与智慧于一身的数字生态文明［N］. 光明日报，2023–07–22（12）.

［16］周文兴. 石油峰值提前与能源利用哲学［C］// 中国石油大学（北京）中国能源战略研究中心. 第二届中国能源战略国际论坛论文集，2007：96–102.

［17］崔曜. 十年前构想一朝成真，“疆电入渝”将给重庆带来什么［N］. 重庆日报，2023–08–08.

Analysis on the Relationships between Carbon Emissions, Electricity Energy Consumption and Economic Growth with Policy Suggestions

Wenxing ZHOU

Chongqing University

Abstract: Based on panel data, including carbon emissions data, for the period 2003—2016, this paper puts forward some alternative new ideas that are conducive to the targets of "carbon peaking" and "carbon neutrality". Adopting "virtuous cycle" models to utilize renewable energy is worth advocating. An orientation selection of "Leniency Combined with Strictness, Slowness Combined with Swiftness" for carbon neutrality policy design is proposed. This idea has certain unique value in the field of renewable energy policy research in China, which can balance efficiency and fairness, stimulate the diversified comparative advantages among regions, increase domestic demand, and enhance the domestic economic cycle, etc.

Keywords: "Double-carbon" strategy; Offshore wind power; New development pattern; Xinjiang electric power entering Chongqing; Top-Level design

不确定性加剧背景下我国能源系统韧性评估方法与提升对策

丛威[*1]，吕明[2]，孙楚钰[1]

1. 中国海油集团能源经济研究院；

2. 北京联合大学

摘要： 能源安全始终是能源经济研究领域的重要课题。受能源绿色低碳转型、突发地缘政治事件、国际金融投机行为等多重因素影响，我国能源安全的外部环境发生变化、不确定性日趋加剧。在这一背景下，能源安全的研究范式呈现更为多元复杂、更具系统性等新特征，本文阐释了能源系统韧性的理论逻辑，并基于系统动力学理论构建能源系统韧性的评估模型，通过对能源系统韧性指数的多情景模拟分析，提出提高能源系统韧性的有关对策建议。

关键词： 能源安全；能源系统韧性；评估方法；系统动力学

1 我国能源安全的外部环境发生变化

能源安全始终是能源经济研究领域的重要课题。党的二十大报告中作出“我国发展进入战略机遇和风险挑战并存、不确定难预料因素增多的时期，各种‘黑天鹅’‘灰犀牛’事件随时可能发生”这一战略判断。近期，受新冠疫情与乌克兰危机、欧洲能源危机等突发事件叠加影响，我国能源安全外部环境更加复杂多变，不确定性因素日趋增加。

1.1 突出表现

1.1.1 国际油气市场异常波动

受多重因素综合影响，2020年以来国际油气市场价格波动剧烈。美国当地时间2020年4月20日，WTI原油5月期货合约官方结算价低至–37.63美元/桶，2021年初起油价呈波动上升态势，2022年乌克兰危机爆发推升原油价格至120美元/桶高位（图1）。2022年11月柴油价格与汽油价差高达1.61美元/加仑，去年同期价差仅为0.23美元/加仑[1]。欧洲TTF天然气期货市场价格也因乌克兰危机等因素飙升而破历史纪录（图2）。

* 丛威，男，博士，正高级经济师，主要从事战略经济与政策领域的研究工作。E-mail：congwei2@cneei.com.cn

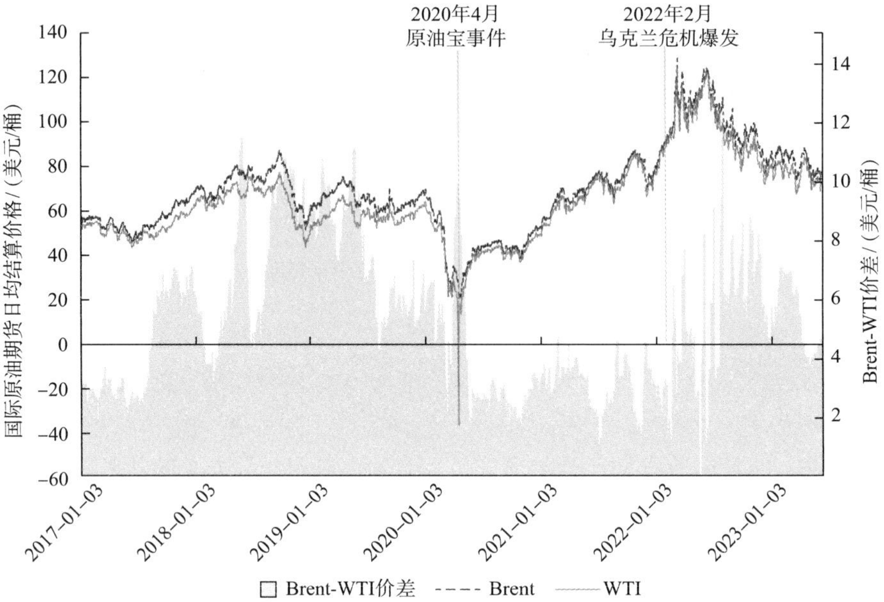

资料来源：Wind

图1　2017—2022年原油市场价格

Figure 1　Market price of crude oil in 2017—2022

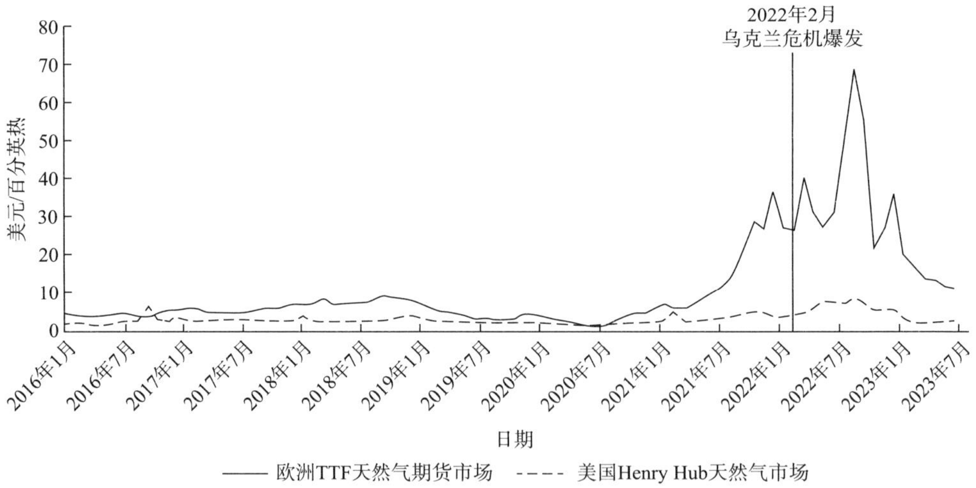

资料来源：S&P Global

图2　TTF天然气期货市场价格

Figure 2　TTF market price

长期以来，我国油气对外依存度较高。如图3所示，自2015年起我国石油对外依存度已超60%，据国际能源署（IEA）预测，我国石油对外依存度将在2035年升至84.6%[2]，高进口比例的石油叠加剧烈波动的原油市场价格，将对我国的能源安全产生巨大压力。

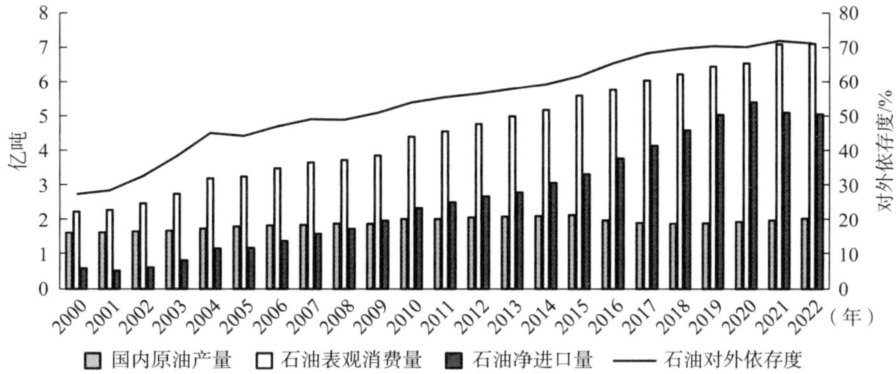

资料来源：中国能源统计年鉴、中国海关总署、国家统计局、卓创资讯

图3　2000—2022年中国原油产量、消费量、净进口量及对外依存度

Figure 3　2000—2022 China crude oil production, consumption, net import and external

1.1.2　世界能源供给能力下降

由于世界范围内的能源公司普遍选择在清洁能源投资上持续发力，自2016年起化石能源投资额低于清洁能源投资额[3]。2020年全球能源投资减少20%，一次能源生产总量减少4%[2]（图4）。

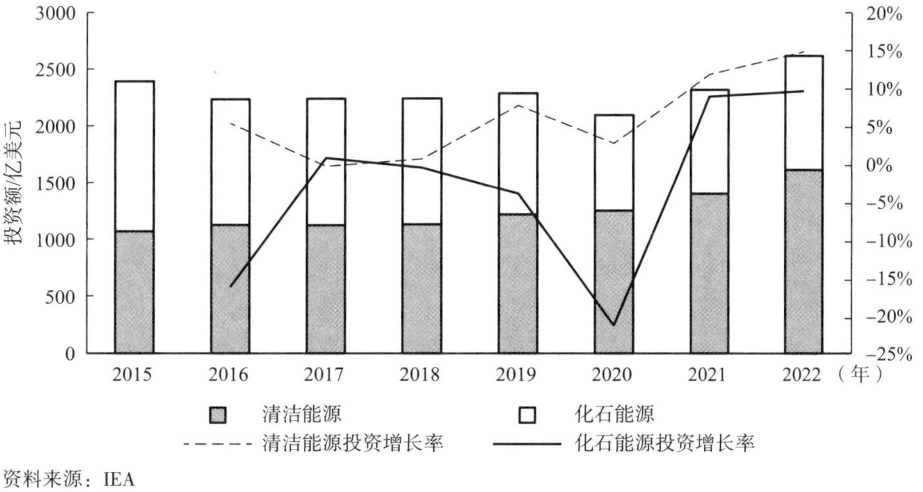

资料来源：IEA

图4　2015—2022年全球清洁能源和化石能源投资额

Figure 4　2015—2022 Global investment in clean energy and fossil energy

即便在化石能源投资中，不考虑股息加回购、发行、偿还净债务等金融支出，真正落实到石油和天然气上的支出比例也呈快速下降趋势。2022年，石油和天然气资本性支出仅占石油天然气行业全部现金支出的48%[3]（图5）。长此以往，全球化石能源投资将进入退坡阶段，未来勘探开发能力将波动下跌，全球新增油气田减少，在我国高对外依存度的前提下，对外部供应的选择主动权将进一步下降。

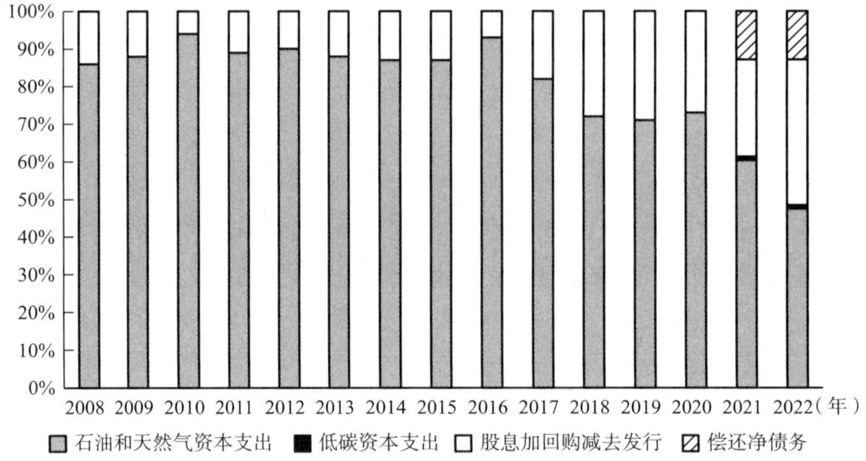

资料来源：IEA

图5 2008—2022年石油和天然气行业的现金支出分布

Figure 5 2008—2022 Distribution of cash expenditure in oil and gas industry

1.1.3 全球能源需求持续低迷

在新冠疫情等一系列因素影响下，2019—2020年全球一次能源消费断崖式下跌，2021年起全球经济逐步复苏、需求有所提振，一次能源消费总量略有回升（图6）。但由于大宗商品合约订单具有长期性，而能源需求恢复具有时滞性，部分地区能源呈现供大于求特征。

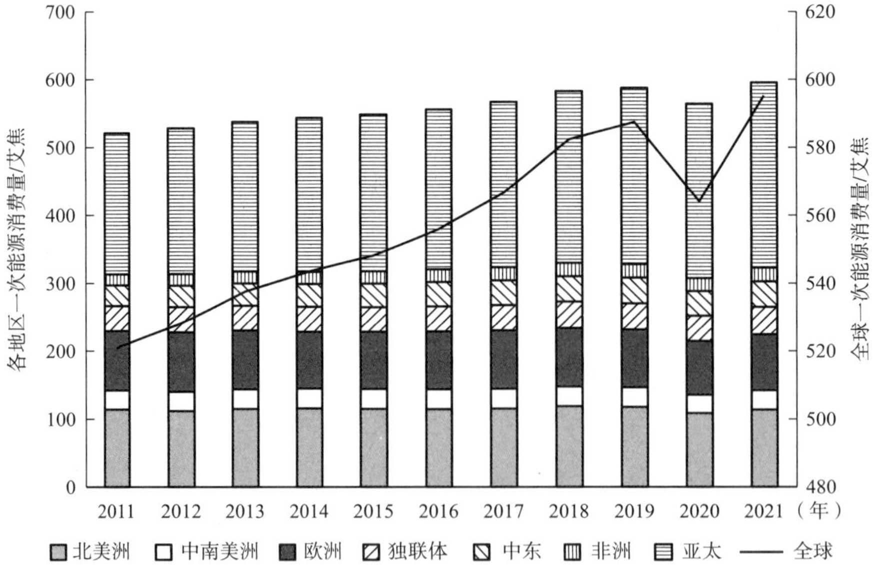

资料来源：The World Bank

图6 2011—2021年全球一次能源消费量

Figure 6 2011—2021 Global primary energy consumption

1.2 原因分析

随着全球化的不断深入，我国能源安全与全球能源系统的不确定性呈现强相关特性。综合来看，主要受到来自三个方面不确定性的冲击。

1.2.1 能源转型路径的不确定性

欧洲工业国家普遍追求激进转型策略。2019年欧盟提出《欧洲绿色协议》作为其2050年碳中和路线图，2021年推出“Fit for 55”一揽子计划，建议在欧盟范围内达到2030年可再生能源占一次能源消费总量40%以上的目标[4]。新能源增长速度不及化石能源退出速度，叠加以新能源为主的电力系统受天气影响较大，能源系统稳定性大幅降低。2022年夏季，欧洲遭遇五百年以来最严重干旱，水电骤减，“欧洲蓄电池”挪威的水电发电量同比减少10%[5]。

“能源不可能三角”理论认为能源系统不可能同时具备能源清洁、能源稳定、能源廉价三个特征。面对新的绿色低碳转型趋势，构建新型能源体系在“不可能三角”中的侧重点将发生变化，稳定化石能源供应仍将十分重要（图7）。

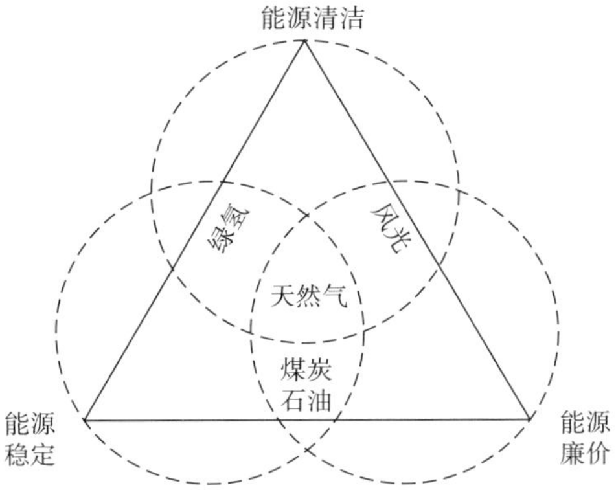

图7　不同能源产品在“能源不可能三角”中的位置
Figure 7　Energy products in energy impossible trinity

1.2.2 国际政治格局的不确定性

以乌克兰危机为代表的突发性地缘政治事件威胁能源安全已成为常态。欧盟经历三次城市燃气价格改革，天然气占一次能源消费比重提高至三分之一[6]，2021年欧盟80%以上的天然气消费依赖进口，其中来自俄罗斯的天然气进口量约占40%，俄罗斯2021年向欧洲输送约1440亿立方米管道天然气。2022年9月，“北溪”管道因爆炸停运，俄罗斯至欧洲天然气断流，天然气连同其他大宗商品价格直线上涨，能源成本急剧上升[7]。

新兴市场国家的崛起对当前世界秩序的影响深远，世界各经济体频繁转向、摩擦增大，随着全球新自由主义思潮渐退及中美博弈加深，在突发性地缘政治事件频发且更加不可预料的情况下，我国较高的能源对外依存度将使能源系统面临愈加不确定的外部挑战。

1.2.3　国际金融投机行为的不确定性

随着能源市场和金融市场的发展，能源与金融间的联系愈加紧密，相互影响程度逐步加深，能源价格、能源产品、能源市场等金融化特征越来越明显[8]。全球各区域性能源市场价格波动增大了跨区套利的空间，资本的逐利性推动能源投资者由投资实体经济转向寻求更高回报的金融投资，越来越多地参与到大宗商品期权、期货、现货等投机套利交易中，国际金融投机者在全球能源市场中的博弈行为更加复杂难料，这也进一步加剧了油气等大宗能源商品价格的波动。

1.3　小结

全球能源安全已进入能源转型、地缘政治与气候变化等多种风险因素交织影响的新阶段，全球能源安全形势日益复杂严峻，不确定性加剧。目前，关于保障能源安全的课题已有大量研究，但大多假设能源系统始终保持持久、稳定的状态，通过建立单一、静态的指标体系来评估能源安全状态。然而在新形势下，要综合考虑加剧的不确定性因素对能源系统的冲击及其叠加影响，密切关注“黑天鹅”“灰犀牛”事件冲击下的能源系统承受能力、恢复能力和适应能力。

2　能源系统韧性的理论逻辑

2.1　能源安全研究范式新特征

高影响、低概率（HILP）极端事件使得能源系统承受更大风险[9]，而传统的、仅从能源供应侧评估能源安全的机制显然难以适应新形势，需要构建新的能源安全理论框架以应对新挑战[10]，综上，能源安全研究范式已呈现以下三个方面特征：

（1）由线性研究转为系统性研究。突出表现在外部环境分析中，增加对极端性事件冲击能源系统的风险评估。由于能源具有“经济－社会－自然”的复合属性，极端不确定性的外部因素将通过各要素间控制与反馈过程传导至能源系统。因此，必须坚持底线思维，充分评估极限施压情景下的能源安全状况。即使是较低概率的极端事件，只要其对能源系统具有高影响力，就要纳入能源安全风险性评估的系统性考量[11]。

（2）由相对单一的能源品类研究转为多能互补式研究。突出表现在能源安全的概念由单一的石油供应安全扩展为多元能源品类互补所构成的系统性安全。第一次石油危机以来，石油长期作为最重要的全球性大宗商品和战略性能源产品，石油的供应安全始终作为衡量能源安全最重要的指标，且长期作为能源安全评估的唯一指标。气候变化与绿色低碳转型的交织作用将推动世界由石油时代逐步向新能源主导的多能互补时代更替。能源安全将成为一个更加多元复杂的系统性过程，能源安全评估也必须基于对化石能源与可再生能源共同构成的能源系统进行分析[12]。

（3）由单向研究转为双向研究。突出表现在能源安全不再仅仅是单向的对市场供需差距、对外依存度等指标的线性考量，还应考虑系统响应度的反向过程。传统能源安全观之下，主要以能源供需差距、对外依存度等单项的线性指标来衡量能源安全水平。单向的线性考量将导向更有刚性的能源系统[13]，但无法充分体现能源系统对极端情景下各类不确定性的响应以及恢复常态的双向过程（图8）。这一缺项必须在新的研究范式中予以补足。

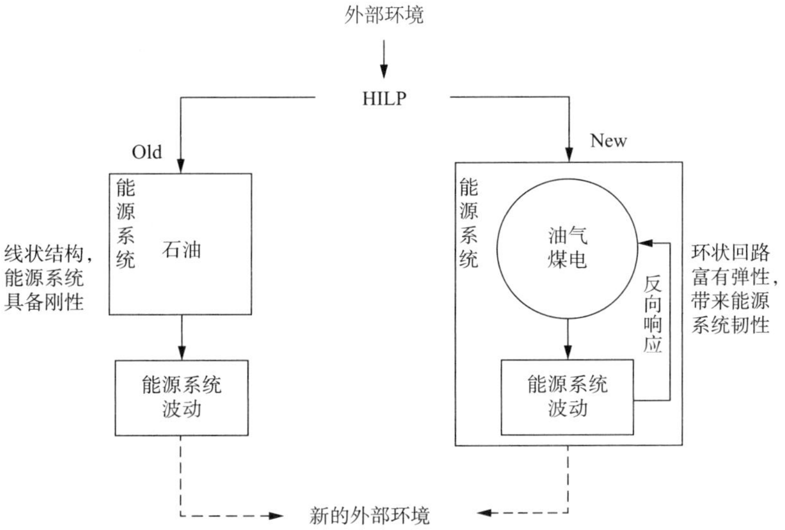

图8　能源安全研究范式的变化

Figure 8　The changes of research paradigm of energy security

2.2　能源系统韧性的构成要素与评估要点

IEA在2015年最早提出了能源系统韧性的概念，以适应能源安全研究范式的新变化。韧性的概念最早应用于工程物理领域，后又应用于心理学等学科。在生态学的应用场景下，韧性最早拓展为“生态韧性”概念，是一种对生态系统可持续性的度量。而现有文献中，韧性的定量研究最早且最多应用于“城市韧性”这一概念[14]。借鉴城市韧性等领域对韧性的定量评估相关文献，尹德挺[15]提出城市韧性的评估要点主要涉及城市本身的鲁棒性、冗余性、多样性、智慧性，城市居民的适应性、反思性、学习性，以及各类互动活动的高流动性和协作性等。马欢等[16]在构建新疆经济韧性指标体系时，主要考虑了机动性、适应性和转型能力三个方面。在有关农业经济韧性评估的文献中，则重点考量了抵抗、适应和变革三个维度[17]。综合对这些评价维度的分析，总体上可以概括为刻画正向过程的指标和刻画反向的指标两大类，即反映引发能源安全风险的过程、反映能源系统响应能源安全风险的过程，从这两个相反的过程进行双向刻画，应是对能源系统韧性开展评估方法研究的基本思维逻辑。

对照上述城市韧性、生态韧性、经济韧性等"韧性"的延伸概念，本文将能源系统韧性的概念引申为：能源系统在发生能源供应冲击、需求突变等复杂剧烈变化时保持能源供需稳定的能力，综合概括为稳态运转、灵活反馈和战略次序三方面的构成要素。稳态运转意味着能源系统运行不能大起大落、大开大合，不能搞"运动式"降碳、"跃进式"接入波动性强的可再生能源，以免造成能源供应混乱无序；灵活反馈是指能源体系要像面团一样能够随时回归原始状态，而不是弹簧式剧烈波动，造成能源消费的剧烈动荡；战略次序是指运行机制要做到先立后破，安排好发展优先序，统筹长短期发展目标。预期管理是统筹的重要环节，是实现能源系统高韧性的关键前提。通过使用多种手段在经济社会及能源系统中进行有效引导、协调和稳定预期，实现需求调整，在相对稳态下匹配能源供需，才能实现能源系统稳态运转（如图9所示）。

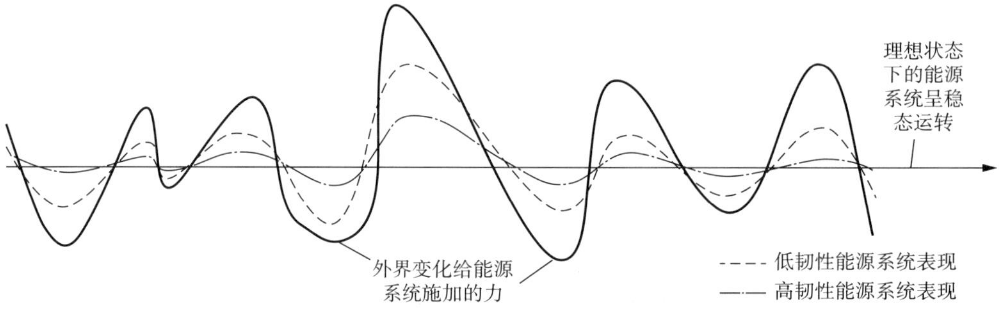

图9 "弹簧式"外界波动对不同韧性能源系统的影响

Figure 9 Influence of "spring" external fluctuation on energy systems with different resilience

在系统韧性的评估方法上，大体上分为定性和定量测度两大类。在定量测度类中，随着不同学科的交叉融合，产生了借鉴物理学中引力模型、生物学中神经网络，以及基于模糊综合评价法的指标体系评估法等不同领域的定量测度方法[18]，进一步丰富了能源系统韧性评估的方法论体系。而上述评估方法往往基于一个切面评估，往往无法以动态的全过程表征来测度系统的韧性。在韧性评估越来越强调系统、双向、多元的背景下，基于系统动力学（SD）模型和基于复杂适应系统理论的多主体模型（ABM）逐步成为主流定量测度方法[19]。系统动力学强调系统是在不断发展变化的，在系统的动态变化中跟踪和模拟系统的发展和变化趋势，通过不同情景下的动态模拟分析及政策比较，准确反映系统受内外环境的影响。本文将选用系统动力学理论中的因果循环关系建立能源系统韧性的评估模型，从能源安全面临的风险和能源系统响应风险的能力两个维度双向构建能源系统韧性指数，作为评估的核心定量指标，动态模拟分析评估我国能源系统韧性。

3 我国能源系统韧性评估与建模分析

3.1 能源系统韧性指数的界定

能源系统涉及煤炭、石油、天然气、可再生能源等多种能源品类，各能源品类间在系统内存在互补、替代等多重复杂关系。本文定义能源系统韧性指数为，能源系统面对外部环境中突发事件对能源安全构成危险或发生不确定性较大的系统性变化时，为保障能源安全，确保产业和居民用能，能够及时采取措施应对并恢复原状的能力。本文综合考虑煤炭、石油、天然气、可再生能源等能源品类，参考借鉴城市韧性指数的定义和评估方法，以反映对我国能源系统构成危险状况的危险指数（R）、反映能源系统响应外部冲击及实时恢复能力的稳定指数（S），来构建我国能源系统韧性指数（T），具体如公式（1）。

$$T=1/\exp\left(\frac{R}{S}\right) \tag{1}$$

其中，R表示危险指数，其取值范围介于0～1，其与能源系统韧性指数T呈反比关系；S表示稳定指数，其取值范围介于0～1，其与能源系统韧性指数T呈正比关系；T表示能源系统韧性指数，其利用自然指数函数进行刻画，取值范围介于0～1，以其取值评估能源系统的韧性大小。

3.2 我国能源系统韧性模型分析

3.2.1 建模目的

区别于传统的线性分析，本研究搭建基于系统动力学理论的我国能源系统韧性仿真模型，动态分析我国由煤炭、石油、天然气及可再生能源构成的能源系统稳定性和危险性，刻画各影响因素间的反馈结构和因果关系，建立我国能源系统韧性的评估方法。

3.2.2 系统结构分析

我国能源系统韧性主要取决于煤炭、石油、天然气、可再生能源等能源相互作用和影响，根据公式（1）定义，主要由能源系统稳定性和危险性决定。

稳定性主要由煤炭、石油、天然气、可再生能源的需求满足率来决定，能源需求与供给影响需求满足率，同时要考虑各种能源占一次性能源消费的比重和能源进口问题。

危险性主要由石油、天然气的对外依存度决定，考虑进口、我国生产和消费间的关系，同时统筹考虑石油、天然气战略储备，共同决定石油、天然气的实际供给。

3.2.3　因果分析

3.2.3.1　稳定指数因果分析

在新型能源系统安全研究范式中，能源安全从单一的能源品类转为多能互补模式，因此将可再生能源纳入能源系统稳定性分析，即我国能源系统稳定性系统主要厘清煤炭、石油、天然气、可再生能源需求与供给情况，主要因果关系反馈回路包括：

（1）煤炭链正向过程。煤炭净进口量—煤炭供给—煤炭占一次能源消费总量的比重—煤炭需求—煤炭需求满足率，煤炭链响应反向过程：煤炭需求满足率—新增煤炭产能—煤炭产能—原煤产量—煤炭供给。

（2）天然气链正向过程。天然气进口短缺比例—天然气进口—天然气供给—天然气消费占一次能源消费总量—天然气消费—天然气需求满足率，天然气链响应反向过程：天然气需求满足率—天然气战略储备—天然气供给。

（3）石油链正向过程。石油消费占一次能源消费总量的比重—石油消费—石油需求满足率，石油链响应反向过程：石油需求满足率—石油战略储备—石油供给。

（4）可再生能源链正向过程。可再生能源消费占一次能源消费总量的比重—可再生能源发电需求量—可再生能源需求满足率，可再生能源链反向过程：可再生能源需求满足率—可再生能源装机量—可再生能源发电量。同时，考虑到需求满足具有时滞性，在因果关系中设置煤炭需求满足率、石油需求满足率、天然气需求满足率、可再生能源需求满足率与上一期能源供需相关。

在反馈回路分析的基础上，进一步明确各个反馈回路间的作用关系，进而得到稳定性指数因果关系分析图，如图10所示。

3.2.3.2　危险指数因果分析

在“富煤、贫油、少气”的能源结构下，极端不确定性对我国石油、天然气影响较大，因此我国能源系统危险性系统主要厘清石油、天然气应对极端性事件冲击能源系统的情况，进一步作用于煤炭消费占一次能源消费总量的比重，影响煤炭需求，主要因果关系反馈回路包括：

（1）系统响应度正向过程。天然气进口短缺比例—天然气净进口量—天然气对外依存度—能源系统危险性指数。

（2）系统响应度正向过程。石油进口短缺比例—石油净进口量—石油对外依存度—

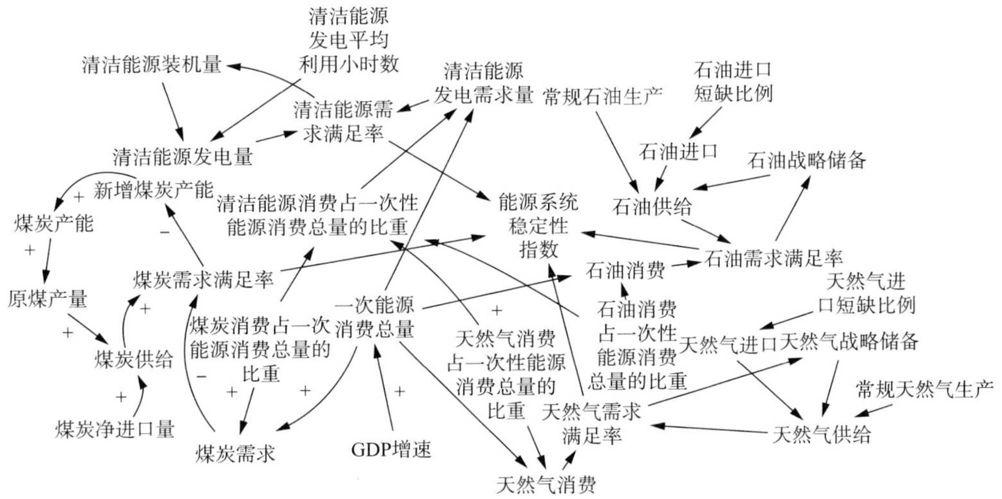

图10　我国能源系统稳定性因果分析图

Figure 10　Causal analysis of the stability of China energy system

能源系统危险性指数。

（3）系统响应度反向过程。能源系统危险性指数—煤炭消费占一次能源消费总量的比重—煤炭需求。

在反馈回路分析的基础上，进一步明确各个反馈回路间作用关系，进而得到危险性指数因果关系分析图，如图11所示。

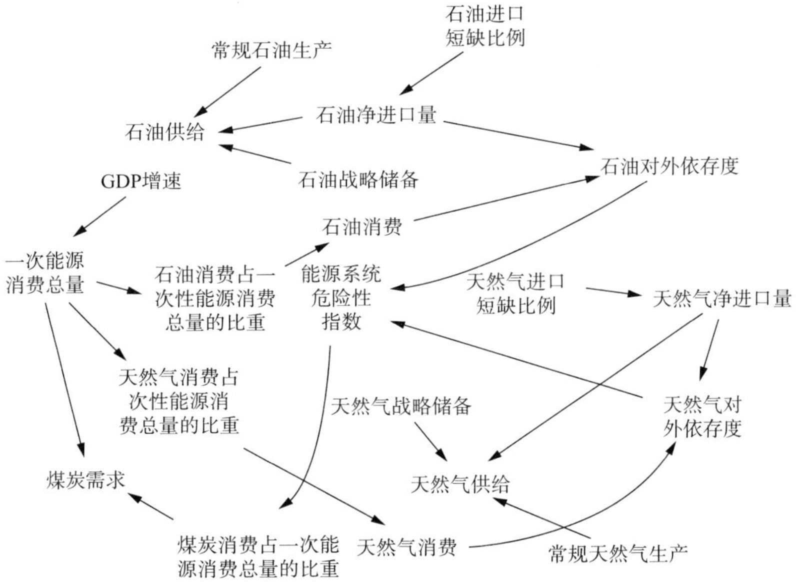

图11　我国能源系统危险性因果分析图

Figure 11　Causal analysis of the hazard of China energy system

3.3 我国能源系统韧性模型流图构建

根据上述分析，选取我国能源系统韧性指数、能源系统稳定性指数、能源系统危险性指数为速率变量，分别对应相应的状态变量，煤炭、石油、天然气、可再生能源4个具体系统动力学流图如图12所示。

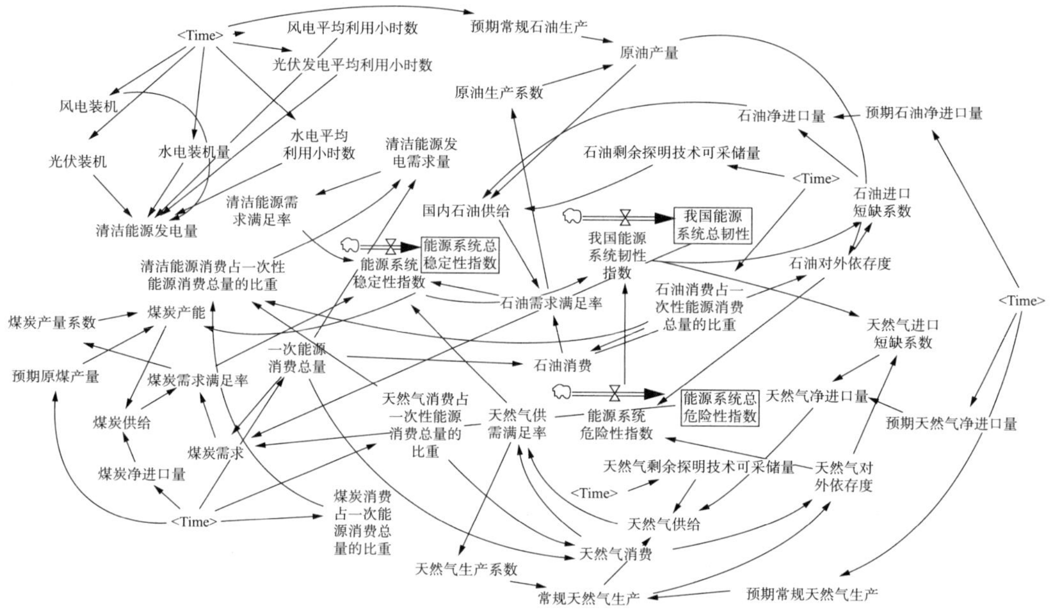

图12 我国能源系统韧性流图

Figure 12 Ductile flow of China energy system

3.4 我国能源系统韧性模型仿真

3.4.1 真实性检验

为了验证本文所搭建模型的有效性，更好地利用模型预测我国能源系统稳定性、危险性及韧性的变化趋势，用各变量在2010—2022年的时间序列数据进行真实性检验，并通过数据检验对各个指标进行修改和完善，使模拟数据与历史数据的拟合相对误差符合标准（5%范围内）。

3.4.2 动态仿真

在真实性检验基础上，对我国能源系统稳定性（图13）、危险性（图14）、韧性（图15）进行动态仿真，将各项数据代入模型计算，在分析煤炭需求满足率、石油需求满足率、天然气需求满足率及清洁能源需求满足率时，以（能源供给/能源需求）的无量纲处理得出能源需求满足率参数，再根据公式（1）求得能源系统韧性指数。发现我国能源系统韧性在2010—2017年出现了一定波动，这主要是由于石油天然气对外依存度快速升高。2018年以来，随着我国能源体系不断完善，特别是可再生能源发展步伐加快，相关配套政策不断发力，我国能源系统韧性指数企稳回升。近3年来逐步趋于稳定，但韧性仍不足，有待未来采取积极对策提升我国能源系统韧性。

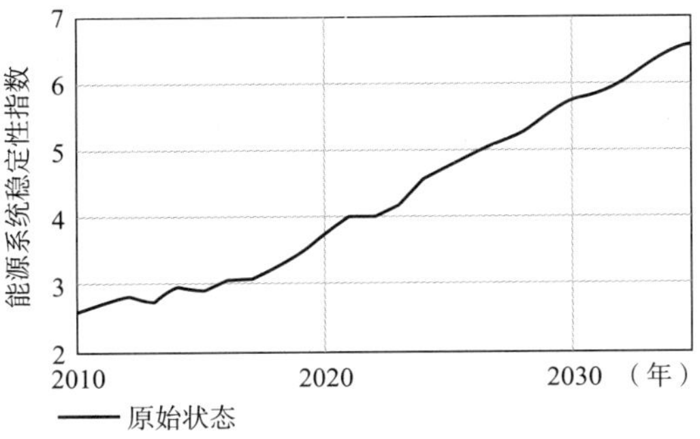

图13　我国能源系统稳定性动态仿真

Figure 13　Dynamic simulation of energy system stability in China

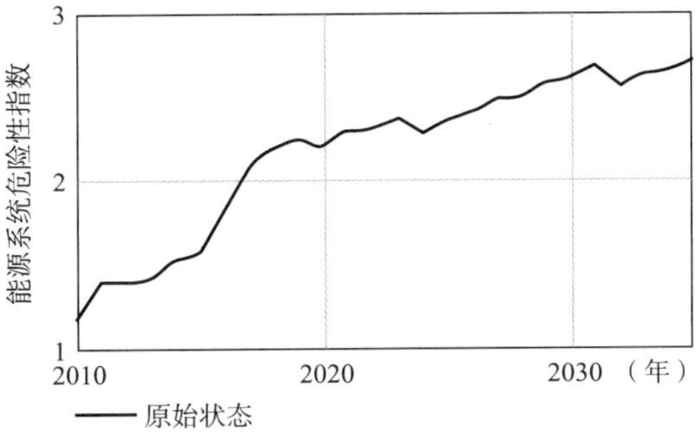

图14　我国能源系统危险性动态仿真

Figure 14　Dynamic simulation of energy system risk in China

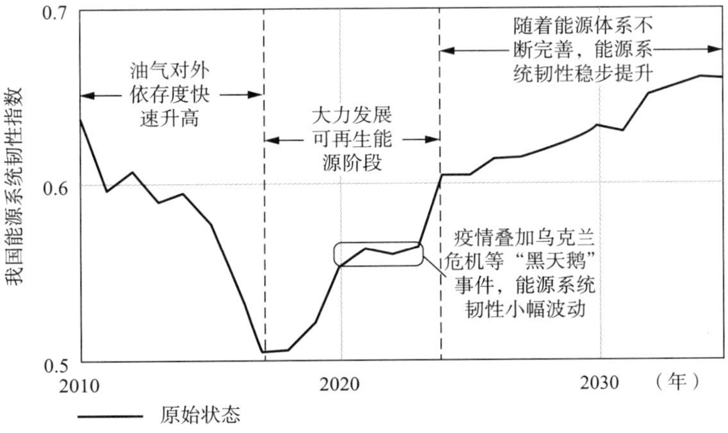

图15　我国能源系统韧性动态仿真

Figure 15　Dynamic simulation of energy system toughness in China

3.5 我国能源系统多情景模拟

根据我国向国际社会承诺的“碳达峰、碳中和”发展目标，对应能源系统韧性的构成要素，设定三种发展情景如下：

（1）积极发展清洁能源情景。有序增加风电、水电、太阳能等清洁能源发电装机规模，推进清洁能源替代传统化石能源，不仅可以提高我国能源系统韧性，还将有助于二氧化碳减排。在此情景下，预测清洁能源装机容量为基本情景下的1.1倍进行仿真模拟。

（2）煤炭消费稳步下降情景。根据我国“富煤、缺油、少气”的资源禀赋，不能对煤炭消费采取“一刀切”的退出政策，清洁能源替代煤炭消费要保持稳定，有序平稳替代。此情景下，取煤炭占一次能源比例预测95%置信区间的下限（基准情景为1）。

（3）提升油气自给能力情景。结合对未来国际局势的研判，可能会出现国际石油、天然气进口由于地缘政治、供给减少等突发不确定因素影响，必须不断提升我国油气自给保障能力，将能源的饭碗牢牢端在自己手上。在此情景下，设置油气净进口大幅减少，占基准情景的60%～80%。

下面，将应用搭建的系统动力学模型对三种情景的能源系统韧性、危险性、稳定性分别进行政策仿真模拟。

3.5.1 能源系统稳定性指数

在对稳定性的模拟中可以发现：三种情景下，积极发展清洁能源对我国能源系统稳定性更有利，同时要注意到控制煤炭消费稳步下降，也可以保障我国能源系统稳定性。具体如图16所示。

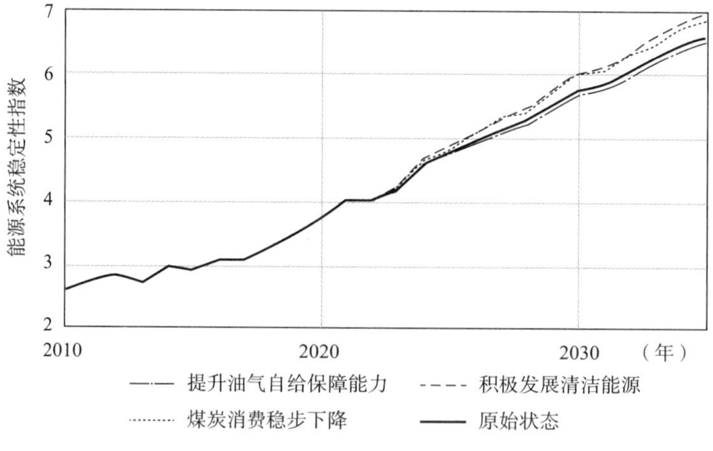

图16 我国能源系统稳定性多情景模拟

Figure 16 Multi-scenario simulation of energy system stability in China

3.5.2 能源系统危险性指数

在对危险性的模拟中可以发现：三种情景下，提升我国油气自给能力有利于控制我国能源系统危险性。具体如图17所示。

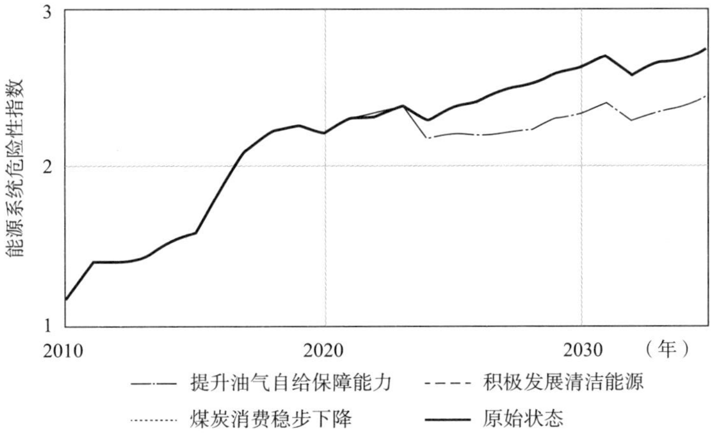

图17 我国能源系统危险性多情景模拟

Figure 17 Multi-scenario simulation of energy system risk in China

3.5.3 能源系统韧性

在对能源系统韧性的模拟中可以发现：三种情景下，不断提高我国油气自给能力有利于提高我国能源系统韧性，同时积极发展清洁能源与控制煤炭消费稳步下降对我国能源系统韧性影响适中，效果基本相似。具体如图18所示。

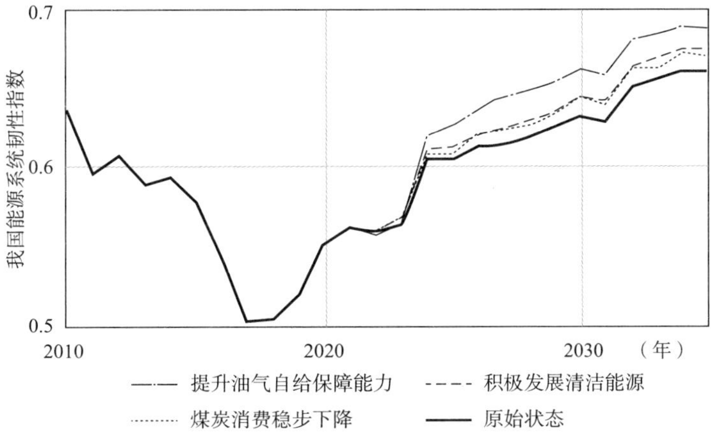

图18 我国能源系统韧性多情景模拟

Figure 18 Multi-scenario simulation of energy system toughness in China

4 对策建议

基于上述模拟结果，就提高我国能源系统韧性提出以下四点对策建议。

4.1 平衡好能源替代战略时序

在当前发展阶段，过快退出化石能源会降低能源系统韧性，加快发展清洁能源能够提高能源系统韧性。在“双碳”背景下，需要平衡清洁能源增量与化石能源兜底保障间的关系，根据实际情况统筹清洁能源发展步伐，在退出化石能源降低能源系统韧性、发展清洁能源提高能源系统韧性中找到平衡，稳妥提升我国能源安全保障能力。一是摸底各能源品类全生命周期国内部分的碳排放，清晰明确核算化石能源全生命周期碳排放量，预测不同时期技术进步将带来的碳排放减少程度，为超前研判化石能源退出时机提供充分依据。二是大力推广以电代煤、以气代煤技术，降低高排放、高污染的煤炭直接需求，发展超临界和超超临界燃煤发电，降低燃煤发电排放量，降低化石能源退出波动性。三是着重降低油气对外依存度，加大国内增储上产力度，加强化石能源退出时序控制能力。与此同时，持续完善清洁能源发展的外部条件。关键矿产是我国发展清洁能源的外部条件中目前最大的瓶颈制约因素[21]，而我国钴、镍、锰、锂、铂族金属、铜等清洁能源发电所需的关键矿产对外依存度超过70%。关键矿产供应链易遭受地缘政治等突发性紧急事件的冲击而断裂，影响清洁能源新增装机数量。

4.2 加快推进储能系统建设

经实证研究，储能系统建设可直接提高电力供应能力，对缓解能源系统波动性、增强能源系统韧性是有效的。但在当前能源系统中，煤炭、石油、天然气等化石能源均已建成一定规模的大型储备基地，具备保障一定能源供应韧性的条件，但清洁能源存储还未形成规模，储能系统不足。建议加快构建多元储能系统，能够迅速对可再生能源波动作出反应，及时调峰调频，间接扩大可再生能源利用小时数，提高清洁能源需求满足率，提高能源系统韧性。短期内，巩固发展抽水蓄能，提高水电供给能力；中期推动电化学储能、压缩空气储能、机械储能等新型储能技术研发，降低新型储能运行成本；长期发展氢能等季节性储能，提高跨季节电能保障能力。

4.3 稳住油气基本盘

坚定不移发展新型油气产业，充分释放油气参与工业生产的潜能。重点发挥天然气在能源转型中的桥梁功能，并在逐步实现100%清洁能源系统中发挥好“伴侣能源”作用[20]。短期内，结合电力供需形势扩展天然气利用方式，加快地下储气库建设，以管网改革为契机进一步提高天然气产业链整体市场化运营水平。积极推进风、光、气多能互补项目，促进天然气发电与新能源融合发展，加快构建并完善新型电力系统。中期内，多渠道扩展天然气资源来源，争取市场定价话语权。一方面，扩大天然气进口渠道及方式，与伊朗、沙特等更多国家签订中长期与现货合约，进行小范围、小规模天然气贸易人民币结算试点；全面拓展进口国别及航线，完善LNG接收站、LNG运输船、陆上管道等天然气基础设施建设，以政策支持本土企业扩大自有LNG运输船队伍并发展航运商保，强化全球LNG资源配置能力。另一方面，大力投入和推进深水油气勘探，针对南海富碳天然气，开发利用并推广富碳天然气CO_2-CH_4干重整、富碳天然气制甲醇一体化、富碳天然气CO_2加氢制液体燃料等技术，实现天然气利用转型升级。长期来看，仍应将天然气作为能源系统“应急箱”中的重要组成部分，辅以CCUS、海底固碳等技术实现未来天然气排放对冲，丰富能源系统韧性组成，托底能源系统安全。

4.4 平稳有序保障“退煤”转型

长远来看，我国煤炭必将面临定位转变，并最终退出历史舞台，煤炭消费量将稳步下降。煤炭供给侧应结合国家能源安全保障需求及清洁能源转型路径，与时俱进持续完善煤炭退出机制，一是丰富煤炭利用方式，积极发展煤制气，提高煤炭利用效率，降低单位煤炭碳排放量；二是支持传统矿区转型，将传统矿区与清洁能源开发利用相结合，积极利用坑口火电厂及电力运营优势，依托资源禀赋进行风光绿点转型；三是为煤矿工人提供培训和再就业的机会，减轻结构性转型对煤矿工人造成的影响，确保以社会可接受的方式实施。

参考文献

[1] 财联社. 柴油相对汽油溢价创历史新高 一场全球“柴油荒”已不可避免？[EB/OL].[2022-11-17]. https://www.sohu.com/a/671006647_121687414 .

[2] 国际能源署. 2020年世界能源投资报告 [R]. 国际能源署，2020.

[3] 国际能源署. 2023年世界能源投资报告 [R]. 国际能源署，2023.

[4] 中能传媒研究院. 德国能源危机分析及启示 [EB/OL].[2022-12-14].http://mm.chinapower.com.cn/zx/jzqb/20221214/179523.html.

[5]《环球》杂志. 能源危机下，制造业“逃离”欧洲？[EB/OL].[2022-11-23]. https://mp.weixin.qq.com/.

[6] 景春梅，苗韧，刘满平. 欧盟城市燃气价格的三次改革 [J]. 价格与市场，2014，6.

[7] 李永昌. 欧洲天然气危机对我国的启示 [EB/OL]. [2022-09-16]. http://center.cnpc.com.cn/sysb/system/2022/09/14/030079899.shtml.

[8] 冯保国. 能源安全中的能源金融问题 [J]. 国际石油经济，2023(05)：1-10.

[9] 陶然，赵冬梅，徐辰宇，等. 考虑电-气-热-交通相互依存的城市能源系统韧性评估与提升方法 [J/OL]. [2023-08-24]. 电工技术学报：1-16.

[10] 朱彤. 能源安全新风险与新逻辑：系统韧性的视角——兼论新逻辑下我国能源安全问题与战略思路 [J]. 技术经济，2023，42(02)：1-10.

[11] Deverteuil G, et al. Disaster and lived politics of the resilient city [J]. Geoforum. 2021, 125:78-86.

[12] Alech C, et al. The concept of energy security:Beyond the four as [J]. Energy Policy, 2014(7):415-421.

[13] 王守相，黄仁山，潘志新，等. 极端冰雪天气下配电网弹性恢复力指标的构建及评估方法 [J]. 高电压技术，2020，46(1)：123-132.

[14] 史晨辰，朱小平，王辰星，等. 韧性城市研究综述与展望——基于城市复杂系统视角 [J/OL]. [2023-08-24].生态学报，2023(04)：1-12.

[15] 尹德挺，营立成，陈革梅. “韧性城市”建设：理论逻辑、评估机制与实践路径 [J]. 广州大学学报（社会科学版），2023，22(02)：113-121.

[16] 马欢，郭金忠，迟乔木. 新疆经济韧性指标体系构建 [J]. 合作经济与科技，2023(09)：8-11.

[17] 赵巍，徐筱雯. 数字经济对农业经济韧性的影响效应与作用机制 [J]. 华南农业大学学报（社会科学版），2023，22(02)：87-96.

[18] 季小妹，聂智磊，朱运海，等. 城市韧性与城市网络关联性理论研究进展及展望 [J]. 中国名城，2023，37(01)：23-31.

[19] 朱琳，董藩. 创新要素与经济韧性的空间效应研究 [J/OL]. [2023-08-24]. 科技进步与对策：1-11.

[20] 王震，孔盈皓，李梦祎. 新形势下中国天然气安全态势研究 [J] . 天然气与石油，2023，41(01)：1-7.

[21] 王震，李楠，丛威. 海洋关键矿产开发支持能源转型研究 [J]. 中国能源，2022，44(07)：50-58.

Analysis on the Toughness Assessment Method and Promotion Countermeasures of China Energy System under the Increasing Uncertainty

Wei CONG[1], Ming Lü[2], Chuyu SUN[1]

1.CNOOC Energy Economics Institute;

2.Beijing Union University

Abstract: Energy security has always been an important topic in the field of energy economy research. Influenced by multiple factors, such as green and low-carbon energy transformation, unexpected geopolitical events, and international financial speculative behavior, the external environment of China energy security has changed and the uncertainty is getting worse. Under this background, the research paradigm of energy security presents new features, such as more diversity, complexity and systematic. This paper explains the theoretical logic of energy system toughness, builds an evaluation model of energy system toughness based on system dynamics theory, and puts forward relevant countermeasures and suggestions to improve energy system resilience through multi-scenario simulation analysis of energy system resilience index.

Keywords: Energy security; Energy system toughness; Evaluation method; System dynamics

新形势下我国能源安全指标研究及相关建议

郭胜伟*，孔盈皓，徐立昊，门秀杰

中国海油集团能源经济研究院

摘要： 在能源转型加速、国际局势复杂多变的背景下，我国能源安全面临新的挑战。本文梳理了我国能源安全面临的新形势、新要求，从“能源供应有保障，能源消费可承受，能源发展可持续，能源系统有韧性，能源科技有支撑，能源治理有抓手”六个维度研究界定了我国能源安全的新内涵，并在此基础上提出了能源安全保障指标体系。最后，从巩固提升能源资源自给能力、努力夯实能源进口保障水平、着力牵引能源自给稳健接续、大力提升能源系统运营韧性以及做实能源发展支撑保障体系五个方面提出了政策建议。

关键词： 能源安全；能源转型；指标体系

0 引言

进入“十四五”以来，国际地缘冲突及意识形态重塑冲击现有能源格局，给我国能源安全带来了新的挑战。2022年2月乌克兰危机爆发，随之欧美对俄罗斯展开全面制裁，俄罗斯则采取一系列反制裁措施。乌克兰危机及制裁与反制裁，对“二战”之后的国际政治经济秩序形成了巨大的冲击，对全球能源市场走势影响深远。乌克兰危机已持续一年之久，目前仍处于胶着状态，不确定性依然时刻影响着全球能源安全。

与此同时，“双碳”目标的提出为我国能源行业的发展提出了新的要求。2020年9月，我国明确提出，力争2030年前二氧化碳排放达到峰值，努力争取2060年前实现“碳中和”目标。党的二十大报告进一步要求“坚持先立后破，有计划分步骤地实施碳达峰行动”，稳妥应对系统性风险，保障能源安全。

立足国际、国内形势变化，本文剖析国际形势与能源合作新动向，分析国内能源发展新要求，研判我国能源安全面临的新挑战，并在此基础上，进一步分析能源安全新内涵，研究能源安全保障指标体系，最后提出针对性的政策建议。

* 郭胜伟，男，硕士，高级工程师，主要从事能源经济研究与管理工作。Email：guoshw@cneei.com.cn

1 国际、国内能源新趋势

1.1 国际形势与能源合作出现新动向

美国与其主要伙伴国从分裂重新走向“团结”[1]。团结体现在军事、经贸、能源、金融领域的紧密合作。军事方面，朝着加强政治军事和军事技术统一的路线推进。经贸方面，积极解决或至少明显缓和紧张的内部经贸关系。能源方面，依托液化天然气（LNG）贸易加强能源合作。金融方面，联合将俄罗斯踢出国际结算系统（SWIFT）。在美国主导的北约框架内，西方世界全方位打压其他国家的发展，美国政府继续将我国视为“最大的地缘政治挑战”和“头号战略竞争对手”。

全球能源供需体系加速重构。欧洲国家通过扩大美国及中东油气进口加快能源对俄“脱钩”，俄罗斯则采取油气市场东移战略，出口逐步转向中国和印度。欧盟委员会提出REPowerEU能源独立计划，计划通过增加从非俄罗斯供应方进口能源以及提高能效、增加可再生能源和电气化的方式，尽快摆脱对俄罗斯化石燃料的依赖。面对西方在能源领域的制裁，俄罗斯积极寻找欧洲之外的油气出口地区，全力加紧对亚洲输气管线的完善，大力推动“东方石油”项目，满足东南亚、印度和中国油气市场的需求。未来，随着乌克兰危机和西方对俄能源制裁措施长期化，全球能源体系或逐渐走向分裂，可能逐步形成以中印为主的“用俄罗斯能源”和以欧美为主的“去俄罗斯能源”两个相对平行的能源体系[2]。

全球能源市场供应紧张。能源转型政策较为激进造成各国对化石能源投资不足，叠加乌克兰危机引发贸易格局变化等多重因素共同驱动，造成国际能源供需失衡，化石能源价格连续上涨，全球能源供应的稳定性明显降低[3]。2022年欧美对俄制裁极大限制了俄罗斯化石能源出口，引发全球能源紧张，石油、天然气、煤炭等化石能源价格快速走高。天然气现货价格创下了历史新高，亚洲LNG基准价格突破80美元/百万英热，折合原油价格超过400美元/桶；原油市场也波动不断，继WTI价格在2020年创“负油价”后，Brent价格在2022年一度飙涨至130美元/桶；纽卡斯尔煤炭价格飙升140%，创下2008年以来的最大涨幅。未来数年，俄罗斯油气生产和出口受限将导致全球油气供应持续处于短缺状态，加之“碳达峰、碳中和”行动引发的化石能源投资意愿低迷，全球化石能源供应的稳定性将明显降低，甚至会频繁出现轻度供应短缺危机与价格大幅波动[4]。

各国能源政策向能源安全聚焦。俄欧之间能源交易进一步武器化，欧洲国家出现能源供应紧张局面，能源安全再次成为关注焦点，短期内加大化石能源产业的投资，同时面向中长期更加坚定发展本土非化石能源[5]。短期看，一是过去具有争议甚至呼吁淘汰的能源被视作短期“备胎”而加以启用，德国、意大利、英国、西班牙、法国等先后宣布重启煤电来应对能源危机；二是荷兰、德国以及英国加快北海地区油气开发，以帮助增加国内燃料供应。长期看，为了彻底摆脱对俄罗斯化石能源依赖，欧洲加大本土风电、光伏等可再生能源投资，提高未来可再生能源发展目标。

美国在油气市场影响力持续提升。美国作为当前全球第一大石油生产国和第一大天然气生产国，即将成为全球第二或者第三的天然气出口国，在全球能源格局中的影响力持续上升。美国原油与天然气出口有利于提升其国内WTI、Henry Hub等油气定价基准在全球油气贸易中的影响，预计更多油气交易者和更广泛的市场都将直接或间接根据其基准进行定价，美国油气因而将在全球范围内拥有更大的影响力。未来，美国通过政治或金融手段影响其国内油气产量、出口量以及价格，进而对全球能源市场进行干预的能力进一步提升[6]。

1.2 国内形势与能源发展提出新要求

积极稳妥推进“碳达峰、碳中和”要求能源发展先立后破。我国“碳达峰、碳中和”“1+N”政策体系已基本建立，推动“碳达峰、碳中和”落地实施，要立足我国能源资源禀赋，坚持先立后破，化石能源退出要建立在新能源发展成熟的基础上，有计划分步骤实施“碳达峰”行动。可再生能源的发展尚离不开化石能源的兜底“护航”。要加强煤炭清洁高效利用，有序减量替代，推动煤电节能降碳改造、灵活性改造，支撑可再生能源发展。可再生能源的发展需要以新型电力系统建设为基础。要加快构建新型电力系统，适应可再生能源比例持续提高的要求，在规划理念革新、硬件设施配置、运行方式变革、体制机制创新上做系统性安排。

加速建设全国统一的能源市场，提升能源发展质量和安全水平。《中共中央国务院关于加快建设全国统一大市场的意见》指出，在有效保障能源安全供应的前提下，结合实现“碳达峰”“碳中和”目标任务，有序推进全国能源市场的建设。以建立全国统一的能源市场破解影响能源市场功能及规模效益的体制机制障碍，推动我国从“能源大国”向“能源强国”转变。发展能源期货市场，助力实体企业合理利用金融工具抵御外部风险，保障国内供应安全；推动油气管网互联互通且公平开放，打破行业垄断，实现能源增产保供；建立和完善全国电力和煤炭交易中心，促进生产与消费地区间的平衡，减少供需错配和地方保护。

1.3 我国能源安全面临新挑战

1.3.1 能源进口安全风险加大

我国能源引进地缘风险增大。我国能源进口来源高度集中。2021年从中东、非洲地区原油进口占全部进口的72%，乌克兰危机背景下，欧洲对俄能源“脱钩”，加剧对中东、中亚等我国能源进口重要地区的油气资源竞争。

我国能源运输航道封锁、运力不足等敞口风险较大。我国超过80%的原油进口需途经马六甲海峡和霍尔木兹海峡，原油运输依赖海运，且通道单一。另外，限制油轮运输是欧美国家利用非军事手段限制别国油气进口与出口的常用措施，但是我国海上油气进口自有运输船队能力与进口量不匹配。世界百年未有之大变局背景下，必须时刻警惕我国能源供给面临的渠道封锁和贸易制裁风险。

1.3.2 能源转型安全隐患初步显现

能源保供与转型统筹难度较大。与欧美国家相比，我国能源消费以煤炭为主、消费量大且仍处于增长阶段，实现2030年前“碳达峰”、2060年前“碳中和”目标复杂且艰巨。“双碳”目标下，若能源转型路径设计不合理可能引发能源供给能力无法匹配经济发展需求，引发局部地区能源供应短缺问题[7]。同时，由于非化石能源快速发展，非化石能源在能源系统中占比较快提升，极端天气对能源系统稳定性的影响更加明显。如2022年夏，四川平均降水量较常年同期显著减少，造成水电发电量断崖式下降，该地区出现大面积、长时间拉闸限电。联合国政府间气候变化专门委员会研究显示，受气候变暖影响，极端天气事件不断增加，未来几十年全球所有地区都将面临气候变化加剧的考验。随着我国能源转型持续深入，非化石能源供给能力的随机性、波动性将持续放大，极端天气下能源供给需求将进一步呈现出异常复杂的局面[7]。

1.3.3 产业链安全问题依然突出

国内油气增产稳产难度逐渐加大。国内现有主要大型油田，均已过开采峰值，逐步进入开发中晚期，随着时间的推移稳产难度不断增加。同时，由于剩余资源禀赋和分布特征更加复杂，品质总体较差，普遍具有埋深大、物性差、丰度低、水深大等特点，油气开发对象薄、小、低、深等特点愈加明显[8]。未来，非常规、深层（或深地）、深水（或深海）等“两深一非”难开采油气储量将成为油气增产的主力军，技术难度与成本将进一步增加。

能源“卡脖子”技术依然存在。我国在油气精细勘探技术、深海工程、超高温井下工具、智能导钻等高端技术方面还存在“卡脖子”技术瓶颈。在新型电力系统、新型储能、氢能和燃料电池、碳捕集利用与封存、能源系统数字化智能化等方面仍存在短板。

关键矿产存在供应安全风险。目前，锂、钴、锰、稀土等矿物是新能源发电、储能和应用的主要原材料。但目前，国内优质资源家底薄弱，锂、镍、钴、锆、铍、锰、铬、铂族金属等对外依存度高[9]。未来，全球能源绿色转型将继续拉动新能源矿产需求快速飙升。2021年IEA发布的《关键矿产在清洁能源转型中的作用》报告显示，由低碳能源技术驱动的能源系统矿物需求将远超化石燃料能源系统，预计2040年全球新能源矿产，如锂、钴、镍等需求将比2020年增加6倍，特别是用于电动汽车和电网存储的矿物需求将至少增长30倍。考虑到这些矿产资源与油气资源不同，全球范围内储量及产量集中，要提前关注能源革命可能逐步演变为对关键矿物的争夺[10]。

1.3.4 安全治理体系建设仍需大力推进

油气基础设施安全风险增加。目前，我国油气进口管道共8条，管道进口量占我国原油进口的10%，占天然气进口的30%以上，是油气进口的重要来源之一。乌克兰危机中，针对“北溪”管道的袭击，使得“世界基本保持和平，能源通道基本安全”这一“和平假设”不再成立，能源基础设施安全、能源应急管理值得警惕。

我国在国际能源市场中的议价权较弱，在国际能源市场的影响力和主导权与我国作为全球第二大经济体和第一大能源消费国的地位不匹配，在国际竞合关系中处于不利地位[7]。我国原油期货2021年日均成交量约18万手，与境外两大原油期货（Brent、WTI）100万手以上的日均成交量有较大差距；天然气期货至今仍未上市；油气进口价格多与国外油气定价基准相挂钩。随着中长期大国博弈不断深化，来自其他国家的价格战、金融战将成为我国能源供给的重大国际隐患，油气期货市场建设仍需大力推进。

2 新形势下我国能源安全新要求

2.1 能源安全新内涵

国际能源署早在20世纪70年代就提出能源安全的概念，主要针对第一次世界石油危机引发的石油供应短缺，核心是关注能源的供应安全，尤其是石油的供应安全和价格稳定，涉及的维度和能源种类相对单一。随着能源产业持续深入发展，其在人类社会运行中的作用不断衍生，而随着经济社会的发展、国际政治形势的变化、环境与气候治理的约束、能源科学技术的进步、可持续发展理念的普及，能源安全的内涵也在不断丰富[11]。进入21世纪，从世界范围来看，能源安全向保障社会及经济稳定发展、环境及气候持续改善扩展，涵盖能源可获取、可支付、可持续、能源治理及国际合作等多个维度[12]。

面对当前国际和国内新的宏观形势，我国能源产业更需要通过高质量发展，为中国式现代化的建设提供保障，要以全领域能源供应安全为基础，提升能源系统本质安全为抓手，促进能源绿色低碳发展为方向，这也体现了我国能源安全内涵的拓展[13]。

2.1.1 能源供应有保障

供应保障是提高能源安全的核心，主要以防止能源或能源相关资源供应中断为重心。

保障能源供应安全需要立足国内多样化的能源自产、国外多元化的能源引进，以及国内外多方式的能源运输，使我国能源自给能力更强、能源国际话语权更大、能源供应基础设施更坚强。另外，由于清洁能源为主的能源系统需要相应关键矿物支撑，因此矿物安全已成为我国能源安全中一个新的关键要素，需要保障关键矿物的供应。

2.1.2 能源消费可承受

消费可承受是提高能源安全的目的，其核心是能源可以“用得起”。随着我国经济社会向更高质量发展，能源消费将协同生态环境保护、科技进步、管理提升，以及产业结构调整，将从更广的层面支撑中国式现代化建设，可见能源消费关乎我国经济社会稳定运行与健康发展。为了避免我国社会发展和经济建设发生由于使用能源成本过高而导致的系统性风险，需要保持我国能源消费成本在合理范围内。

2.1.3 能源发展可持续

发展可持续是提高能源安全的时代要求，需要立足我国自身能源资源禀赋，推进能源清洁绿色稳步转型，实现与自然和谐的绿色低碳能源供给。我国能源相关碳排放占碳排放总量的80%左右，在“碳达峰、碳中和”目标下，需要我国立足自身资源优势，积极推进非化石能源发展，在降低能源碳排放的同时，切实提高能源自主保障能力。但由于非化石能源的稳定性不足，需要坚持“先立后破”的原则，发挥化石能源“兜底”保障的同时，稳步替代传统能源。

2.1.4 能源系统有韧性

系统韧性是提高能源安全的途径，是指能源系统保持、适应、应对和解决由经济、社会、环境以及制度等所带来的冲击的能力。在新形势下，一方面，国际政治格局深刻变革以及全球气候变化等导致全球能源极端事件频发，容易给我国能源系统造成外部冲击。另一方面，我国坚持能源革命，能源体系加快绿色低碳转型，新能源对传统能源的接替存在不确定性，对我国能源系统构成内在风险，这都需要我国重视能源系统中的薄弱环节，不断提升能源产业链的韧性。

2.1.5 能源科技有支撑

科技支撑是提高能源安全的关键举措，是推动能源产业自主发展、提升国际话语权、参与全球能源治理的根本保障。通过不断的科技创新，掌握能源关键核心技术，突破能源发展“卡脖子”技术，引领全球能源产业发展，彻底改变我国能源安全状况，实现能源独立。

2.1.6 能源治理有抓手

能源治理是提高能源安全的有效手段，是指国内能源体制机制完善，保障能源体系运作安全、高效，国外加强应对气候变化合作，积极参与全球能源治理，能源合作开放、共赢、稳定。一方面，要持续完善国内能源管理、监测、市场等法律、法规制度体系，深化能源市场与价格机制改革。另一方面，积极协商共建国际能源合作平台、能源交易中心，推动构建更加公平、均衡普惠、开放共享的全球能源治理体系。

2.2 能源安全保障指标体系研究

能源安全评价理论基础包括系统论、需求供给理论、可持续发展理论和循环经济理论等[14]。在能源安全新内涵的框架下，本文遵循系统论、需求供给等理论，按照系统性、科学性、明确性、可操作性等原则，通过广泛的资料查阅，确定了13个能源安全保障指标，如表1所示。

表1 我国能源安全保障指标体系

Table 1 China's energy security guarantee indicator system

维度	序号	指标名称	指标属性
供应安全	1	能源国内产量	约束性
	2	油气储采比	预期性
	3	油气自给率	约束性
	4	能源进口集中度	约束性
消费安全	5	能源消费价格指数	约束性
	6	国际能源议价能力	预期性
发展可持续	7	非化石能源产量	预期性
系统有韧性	8	油气管道里程	预期性
	9	油气储备能力	约束性
	10	电力灵活性资源规模	预期性
	11	电网跨区输电能力	预期性
科技有支撑	12	新增关键技术突破领域个数	预期性
治理可实施	13	能源治理效能	预期性

13项能源安全保障指标详细解释如下：（1）能源国内产量反映我国能源自产规模，为正指标①。（2）油气储采比反映石油和天然气作为影响能源安全关键因素，其可持续自产能力，为正指标。（3）油气自给率反映油气自主保障能力，为正指标。（4）能源进口集中度指我国能源进口中居于前五位国家（或地区）进口量与总进口量比值，反映了能源进口多元化程度，为负指标②。（5）能源消费价格指数指以“五年规划”前一年为基期，规划各年能源消费价格与基期价格相比得到的百分数，反映了社会消费能源的成本，

① 正指标：指标值越大，表示指标更优。

② 负指标：指标值越小，表示指标更优。

为负指标。（6）国际能源议价能力指我国通过协商共建国际能源合作平台，建设油气交易中心等，持续增强自身国际能源价格主导能力，为定性指标。（7）非化石能源产量反映我国非化石能源发展规模，包括电和非电利用，为正指标。（8）和（9）油气管道里程和油气储备能力反映油气系统韧性，为正指标。（10）和（11）电力灵活性资源规模和电网跨区输电能力反映电力系统韧性，为正指标。（12）新增关键技术突破领域个数反映能源领域科技发展形势，为正指标。（13）能源治理效能主要指能源行业市场机制、管理模式、监管水平、法制体系、标准体系等的健全程度，以及参与国际能源合作效果，为定性指标。

2.3 相关指标目标测算及权重确定

结合我国在“30.60”目标下的能源发展趋势，表2对我国能源安全指标现状进行测算，并依据未来我国能源消费结构及政策导向，提出不同指标的保障目标。

表2 我国能源安全保障目标

Table 2 China's energy security guarantee goals

序号	指标名称	单位	2021年	2025年	2030年	2035年	备注
1	能源国内产量	亿吨标煤	43.3	>46	>46.5	～49	历史数据来自国家统计局；目标值为笔者测算。
2	油气储采比	年	石油：18.5 天然气：30.5	石油：19 天然气：31	石油：20 天然气：32	石油：19 天然气：32	历史数据根据自然资源部、国家能源局、国家统计局相关数据计算。目标值为笔者测算。
3	油气自给率	%	石油：28 天然气：56	石油：28 天然气：52	石油：28.5 天然气：52	石油：37 天然气：57	历史数据根据国家发改委、国家能源局、国家统计局、中国海关总署数据计算。目标值为笔者测算。
4	能源进口集中度	%	石油：60 天然气：70	石油：60 天然气：70	石油：60 天然气：70	石油：60 天然气：70	历史数据根据中国海关总署数据计算。目标值为笔者测算。
5	能源消费价格指数	—	120.5	105	105	105	历史数据暂采用《中国统计年鉴》中“燃料、动力类工业生产者购进价格指数”。目标值为笔者测算。
6	国际能源定价能力	—		建立健全石油、天然气交易中心，加快天然气（LNG）期货上市，油气期货市场初步形成。	推动更多油气期货品种上市，形成亚太地区具有影响力的油气定价基准。	初步具备国际能源定价能力。	

续表

序号	指标名称	单位	2021年	2025年	2030年	2035年	备注
7	非化石能源产量	亿吨标煤	8.8	~11.5	~12	~17	历史数据通过《中国矿产资源报告2022》数据计算；目标值为笔者测算。
8	电力灵活性资源规模	亿千瓦	3.5	7.2	9.4	~20	历史数据根据公开资料整理；目标值为笔者测算。
9	电网跨区输电能力	万千瓦	15615（2020年）	20000	25000	33000	历史数据来自中电联。目标值为笔者测算。
10	油气管道里程	万千米	超过18	~21	~25	~27	历史数据根据公开资料整理。目标值来自《"十四五"现代能源体系规划》及笔者测算。
11	油气储备能力	亿吨/亿方	石油：约0.9 天然气：270	天然气：550~600	天然气：600~700	天然气：~1000	历史数据根据公开资料整理；目标值来自《"十四五"现代能源体系规划》及笔者测算。
12	新增关键技术突破领域个数	个		~50	~50	~50	目标值来自《"十四五"现代能源体系规划》及笔者估算。
13	能源治理效能	—		能源统一大市场加速建设、能源法律法规进一步健全、积极参与国际能源合作。	能源统一大市场初步建立、能源体制机制初步健全、参与国际能源治理初具成效。	全面建成能源统一大市场、能源体制机制完善、积极参与国际能源治理，贡献中国方案。	

指标权重往往与研究目的有较大关系，并无绝对正确合理的权重。因此，以下主要对常用的指标权重确定方法进行介绍，相关研究者可以基于自身的研究目的选择合适的方法。指标权重的确定大致可以分为主观赋权法和客观赋权法两种。主观赋权法主要由专家经验得到权数，是一种结合性方法，易操作，存在一定主观性。常用方法有层次分析法AHP、权值因子判断表法、德尔菲法等。客观赋权法是依据历史数据研究指标之间的相关关系或指标与评估结果的影响关系来综合评价的方法。常用方法有主成分分析、因子分析、熵值法等。

3 相关建议

百年未有之大变局加速演进，我国能源安全形势面临新形势、新挑战，我国能源安全指标现状与未来能源安全目标仍有一定差距，建议从提高国内产量、夯实进口能力、加速能源转型、提高能源系统韧性以及加强科技支撑等角度提高我国能源安全水平。

一是立足本土，巩固提升能源资源自给能力。在做好国内化石能源生产的基础上，重点强化能源关键矿产供应。着力推进新能源关键矿物铜、锂、钴、镍、锰及稀土等资源国内勘查，统筹自有产能释放与外部资源依存，采取多样化和更为分散的方式充分开发生产相关矿物，加强矿物回收和再利用，促进产业链进一步升级，提升我国新能源矿物产业链水平，改善供应链弹性和可持续性，提高关键矿物供应安全。

二是拓展国外，努力夯实能源进口保障水平。进一步深化能源对外合作、多元化能源进口，务实开展海外油气资源互换。依托“一带一路”建设，鼓励国内石油公司与国际石油公司开展海外油气储量异地置换，推进北美、欧洲等地油气储量置换至“一带一路”国家或地区。在互利共赢原则下，优化油气国际贸易，鼓励适度灵活开展进口油气资源互换，保障我国油气进口安全稳定。

三是消费转型，着力牵引能源自给稳健接续。在逐步提升清洁能源消费比重的同时，下大力气做好煤炭高效清洁利用。大力推进现役煤电机组节能提效升级和绿色低碳改造，积极开展煤电机组灵活性改造，推动煤电与新能源协同发展。推进现代煤化工发展，拓展煤炭作为原料的利用方式和范围，积极实施煤化工与可再生电力、绿氢等新能源耦合发展。巩固提升煤制油气战略替代能力，支持煤炭地下气化技术示范，降低煤炭开发利用对环境的影响。

四是强链补链，大力提升能源系统运营韧性。积极探索库存井油气储备模式，进一步强化能源储备能力。结合国内油气田勘探开发特点，通过小范围试点，逐步探索形成一套库存井油气储备新型作业模式。依托油气体制改革，形成针对库存井油气产量的经济补偿机制，形成稳定的盈利模式。

五是强化赋能，做实能源发展支撑保障体系。加大气勘探开发、氢能、特高压输电等能源技术研究与推广应用，加快太阳能、风能、生物质能、海洋能、可控核聚变等非化石能源前沿性、颠覆性开发利用技术攻关。推进全国统一能源市场建设，加强同能源国际组织交流合作，持续提升能源治理水平。

参考文献

[1] 安·瓦·科尔图诺夫，白娜. 乌克兰危机与“西方的团结”[J]. 俄罗斯东欧中亚研究，2022，(04)：1-11+158.

[2] 刘贵洲，黄浩凯，胡红民. “两个半球化”和“两个能源圈”：乌克兰危机背景下全球能源格局的重塑[J]. 俄罗斯东欧中亚研究，2023(1)：20.

[3] 王震，鲍春丽. 中国海洋能源发展报告 [M]. 北京：石油工业出版社，2022.

[4] 张宇燕. 2023年世界经济形势分析与预测（世界经济黄皮书）[M]. 北京：社会科学文献出版社，2023.

[5] 贾劲松，王建萍，孙曼丽，等. 欧盟能源政策调整及其对国际液化天然气市场潜在影响分析 [J]. 国际石油经济，2022，30(08)：64–71.

[6] 王震，孔盈皓，王文怡. 美国LNG出口潜力、竞争力与溢出效应研究 [J]. 天然气与石油，2022，40(01)：1–7.

[7] 曾鸣，李源非，王雨晴. 新形势下我国能源安全形势及对策 [R/OL]. (2022–12–08) [2023–03–28]. https://mp.weixin.qq.com/s?__biz=MzIzMjY0ODI3Mg==&mid=2247503722&idx=4&sn=c23e9553c50e5db56d5e2c3cb9a609b7&chksm=e8933455dfe4bd43a65df1a3db9b7259c91f14206bb2786daf83dad6f6f294f30acec43519c6&scene=27.

[8] 潘继平. 中国油气勘探开发新进展与前景展望 [J]. 石油科技论坛，2023，42(01)：23–31+40.

[9] 陈甲斌，霍文敏，冯丹丹，等. 中国与美欧战略性（关键）矿产资源形势分析 [J]. 中国国土资源经济，2020，33(8)：9.

[10] 毛建华. 丁士启代表：加快完善新能源产业关键矿产资源供给保障体系 [J]. 中国有色金属，2022(06)：47.

[11] 侯梅芳，葛苏，程小岛. 新形势下中国能源安全的内涵，挑战和举措 [J]. 天然气工业，2022，42(9)：157–165.

[12] 黄维和，韩景宽，王玉生，等. 我国能源安全战略与对策探讨 [J]. 中国工程科学，2021，23(1)：6.

[13] 王建良，唐旭. 大变局下的中国能源安全：挑战与破局 [J]. 国家治理，2022(20)：4.

[14] 王小琴. 能源安全系统构建与评价研究 [D]. 中国地质大学，2016.

Research on Energy Security Indicators and Related Suggestions in China under the New Situation

Shengwei GUO, Yinghao KONG, Lihao XU, Xiujie MEN

CNOOC Energy Economics Institute

Abstract: Against the backdrop of the accelerated energy transformation and the complex and volatile international situation, China's energy security is facing new challenges. This article combed the new situation and requirements faced by China's energy security, defined the new connotation of China's energy security from five dimensions: "energy supply is guaranteed, energy consumption is affordable, energy development is sustainable, energy system is resilient, energy technology plays a supporting role, and energy governance has a grasp", and proposed an energy security assurance indicator system on this basis. Finally, policy recommendations are proposed from five aspects: consolidating and improving the self-sufficiency capacity of energy resources, striving to consolidate the level of energy import security, focusing on the steady continuation of energy self-sufficiency, vigorously improving the operational resilience of the energy system, and strengthening the support and security system for energy development.

Keywords: Energy security; Energy transformation; Indicator system

基于混合生命周期分析的中国陆上油气开发温室气体排放研究

张胜军*，王思允，门秀杰

中国海油集团能源经济研究院

摘要： 油气对外依存度居高不下促使中国加大本土油气勘探开发力度，“碳达峰、碳中和”政策提出后又要求油气开发向清洁低碳方向转型。为了更好地了解中国油气开发阶段的温室气体排放情况，本文以我国陆上四川盆地、东南沿海、松辽盆地和新疆盆地等共6个油气田65口井2017年开发数据为样本，基于混合生命周期分析法（H-LCA）构建我国陆上油气开发阶段温室气体排放核算模型，对直接与间接温室气体排放情况进行测算，并在单位井深维度下对比分析了我国页岩气、常规天然气和常规石油的排放差异。研究发现，天然气开发所产生的温室气体排放约是常规石油的1.5～2倍，四川盆地天然气开发阶段的排放量最大，其次是东南沿海、松辽盆地和新疆盆地的石油开发。对比涵盖直接与间接的单井完全温室气体排放量和单位井深排放量发现，我国油气井完全温室气体排放量与储层深度或井深正相关关系较弱，在物料供应链上形成的间接排放是油气开发阶段减排降碳的重点。

关键词： 石油；天然气；页岩气；温室气体排放；混合生命周期分析

0 引言

作为世界上最大的能源进口国，我国高度重视能源安全问题，已将能源安全提至与粮食安全同等重要的战略高度。我国提出“四个革命、一个合作”能源安全新战略，鼓励能源企业加大油气勘探开发力度和增储上产，将能源饭碗端在自己手中[1-4]。“碳中和、碳达峰”目标的提出，对能源供应体系提出了新要求，加速推进中国能源供应的绿色低碳转型[5]。为兼顾能源安全与可持续发展，我国近中期的能源供应与保障需要石油与天然气并举，常规与非常规并存[6-10]。天然气因其低含碳量特点被认定为可持续发展进程中的桥梁能源，但其开发过程的温室气体排放也不容忽视，需对其进行完整核算明确分析[11]。

* 张胜军，男，硕士，高级工程师，主要从事战略规划与能源产业发展研究工作。E-mail：zhangshj4@cneei.com.cn

生命周期分析法是核算石油和天然气开发阶段环境影响的主流方法。根据研究视角与核算逻辑的不同，该方法可进一步分为“自上而下”和“自下而上”两类。“自上而下”方法是基于宏观经济数据从产业层面进行核算，例如经济投入产出生命周期分析（Economic input-output based life cycle analysis，EIO-LCA）。但这种粗略的评估不能阐明其中的物理因素及其影响机理[12-15]。“自下而上”方法是基于工业过程单元从工程操作层面进行核算，例如基于过程的生命周期法（Process based life cycle analysis，P-LCA）。但此类方法只能向上追溯有限层数的物质输入，存在“截断误差”，不能覆盖经济系统的完整边界[16-17]。也有研究综合上述两类方法构建集成模型，应用在页岩气开发阶段的环境影响评价中，但主要局限于四川盆地[18-19]。国外学者对比了页岩气和常规天然气开发对环境的影响，但得出的结果大相径庭。Howarth等研究认为，由于页岩气上游行业存在严重的甲烷泄漏，美国页岩气的生命周期温室气体排放量至少比常规天然气高出30%[20]。Hultman等经计算估计，页岩气的温室气体排放量比常规天然气高出11%，而Jiang等的结果仅比常规天然气高出3%[21-22]。但由于生产数据的缺乏，此类研究的研究对象主要集中在美国，对我国油气开发决策的参考价值较小。

因此，本文将集成“自上而下”和“自下而上”核算方法，遵循混合生命周期分析法（Hybrid life cycle analysis，H-LCA）的核算逻辑，构建中国陆上油气开发阶段温室气体排放核算模型，对常规石油、常规天然气和页岩气开发阶段的温室气体排放情况进行测算，并在单位井深水平下对比分析不同地域分布和井深条件的油气田排放特征，为我国油气产业发展和相关开发决策提供参考。

1 研究方法

1.1 生命周期边界

本文选取新疆、吉林、辽河和福山4个常规油田代表我国西部、东北和东南部产油区的地质特征，选取常宁-威远、涪陵代表我国页岩气田的地质特征[23-24]。本文同时选取一个四川盆地的常规天然气田与页岩气田形成相似地质特征、不同资源种类的对比。

该模型的系统边界是油气开发过程，包括井场准备、钻井和完井三个主要阶段。井场准备阶段包括道路维修与建设、井场建设、配套设施建设三类建设活动。其中，配套设施建设主要是污水池、工艺储水、水处理等设施的建设活动。由于这些设施所需的能源和物料投入对环境的影响与其他活动相比要小很多，且其中一些设备和材料很容易重复使用或回收再利用，因此本文不考虑配套设施建设所产生的排放。

钻井阶段包括钻井和固井过程。完井阶段主要包括清井、射孔、压裂和试采。由于在射孔和试采过程没有显著的能源和物料消耗，因此本文在完井阶段只考虑清井和压裂过程（见图1）[16]。本文假设施工单位在油气开发阶段使用了绿色完井技术，没有泄漏甲烷到大气环境中[25]。同时，由于井场建设周期较短（60～90天），但建成的井场使用寿命较长（10～15年），所以本文不核算系统边界内其他基础设施在后续十余年使用寿命的温室气体排放[26]。

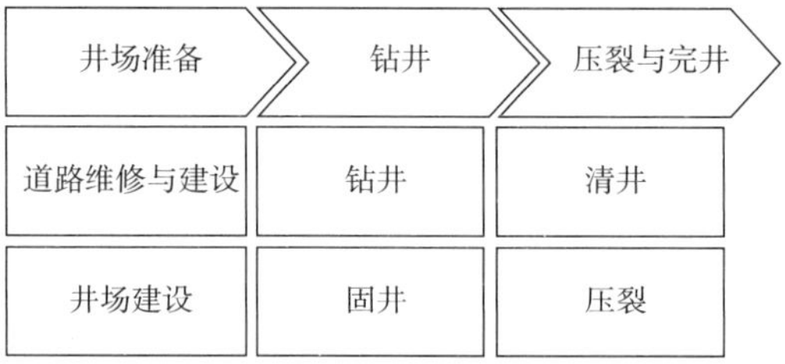

图1　混合生命周期模型系统边界

Figure 1　System boundary of the H-LCA model

本文借鉴《温室气体核算体系》（GHG Protocol）中范围一至范围三排放概念，将油气田开发阶段的温室气体排放核算边界划定为两部分，一是开发现场因柴油燃烧所产生的直接排放，二是生产油气开发现场除柴油外其他物料所产生的间接排放。根据政府间气候变化专门委员会（IPCC）建议的100年全球变暖潜力，采用二氧化碳当量单位（CO_2eq）来统一计量二氧化碳（CO_2）、甲烷（CH_4）和一氧化二氮（N_2O）的排放量[27]。

1.2　核算模型构建

本文遵循Bullard及其同事在20世纪70年代第一次石油危机中提出的H-LCA模型思路，构建我国陆上油气开发阶段温室气体排放核算模型[28-32]。模型中，范围一属于直接排放，采用P-LCA方法计算；范围二与范围三属于间接排放，采用EIO-LCA方法计算。计算公式见公式（1）。

$$GE_{tot}=GE_{D}+GE_{ID} \tag{1}$$

其中，GE_{tot}为我国油气田开发的温室气体排放总量，也称为完全温室气体排放量；GE_D为直接排放；GE_{ID}为间接排放量。三个变量的计量单位均为tCO_2eq。

现场使用的原材料和设备可以通过核算模型中P-LCA部分的生命周期清单（Life cycle inventory，LCI）获得。其中，燃料燃烧所产生的温室气体排放是直接排放，计算公式见公式（2）。

$$GE_{\mathrm{D}}=\sum_{m}\sum_{n}\sum_{l}P_{\mathrm{D}.mnl}\cdot\lambda_{l}\cdot EF_{l} \tag{2}$$

其中，$P_{\mathrm{D}.mnl}$为在m阶段n过程中对l能源的直接消耗量，单位为t、kg或m^3；λ_1为l能源的标准煤转换系数，单位为tce/t、tce/kg或tce/m^3，不同能源的净热值转换系数来自IPCC[27]；EF_l为l种能源的排放因子，单位为tCO_2/MJ、tCH_4/MJ、tN_2O/MJ。

为生产套管、砾石、支撑砂和水泥等原材料所产生的温室气体排放是间接排放，也被称为隐含排放。本文将通过EIO-LCA方法来计算该部分间接排放，计算公式见公式（3）。EIO-LCA模型的详细描述可参考Chang等、Crishna等和Singh等[33-35]研究。

$$GE_{\mathrm{ID}}=EM=s'\cdot(1-A)^{-1}\cdot d \tag{3}$$

其中，EM是隐含的温室气体排放矩阵，$(1-A)^{-1}$为列昂惕夫逆矩阵，d为对应物料需求的经济值向量。s是各部门排放系数的对角矩阵，可由公式（4）计算：

$$s_i=c_i/o_i \tag{4}$$

其中，c_i是i部门的温室气体排放量，o_i是i部门的经济总产出。

在P-LCA研究部分，本文对6个区块共65口油气井开发阶段的物料消耗情况进行了调研，形成了包含11种物料的生命周期清单和基于油气井现代产量递减分析法（Advanced production decline analysis，Arps）计算得来的单井平均产量。为统一物料的核算方式，本文对物料中的混合物进行了拆分记录，将大部分油田使用的水基钻井液记录为水和膨润土，将威远和涪陵地区使用的油基钻井液记录为柴油、水、石灰和氯化钙（$CaCl_2$），将完井阶段使用的压裂液记为水[36]。

中国投入产出表是EIO-LCA研究方法的基础。由于我国每五年编制一次基于调查数据的中国投入产出表，并根据已有最新年份的各部门投入产出比例编制两个调查年中间年份的投入产出延长表。所以，为保证数据质量，本文以2017年中国投入产出表为基础数据开展EIO-LCA部分的研究[37]。中国投入产出表中各经济部门的能源消耗数据来自《中国统计年鉴》[38]。需要说明的是，为保证数据口径一致，本文在核算之前将中国投入产出表与统计年鉴中经济部门的划分进行了合并和统一，并通过生产者价格将物料的度量单位从实物量转化为价值量，使之与投入产出表中的经济部门相对应。

2 结果分析

本文以油田为单位，将65口井的物料消耗数据划分为低、中、高三个水平，分别代表油气田内油气井开发阶段每种物料消耗量的最小值、中位数和最大值。三种物料消耗水平下的温室气体排放结果如表1和表2所示。

表1　2017年油气田单井温室气体排放结果

Table1　GHG emissions per well in 2017

地区	井场准备阶段			钻井阶段			完井阶段			总计		
	直接温室气体排放/tCO_2eq											
	低	中	高	低	中	高	低	中	高	低	中	高
四川	10.9	15.6	23.8	1024.0	1257.2	1433.6	1.4	1.4	1.4	1036.4	1274.2	1458.9
威远涪陵	6.2	10.1	14.3	712.0	1277.3	1687.5	276.9	585.6	759.0	995.1	1873.0	2460.7
新疆	7.9	14.9	22.0	159.3	232.7	337.6	1.4	1.4	1.4	168.6	249.0	361.1
吉林	10.6	23.5	40.8	539.5	924.8	1454.8	1.4	1.4	1.4	551.6	949.8	1497.1
福山	8.6	18.1	34.6	643.6	804.4	1030.0	1.4	1.4	1.4	653.7	824.0	1066.0
辽河	10.7	16.8	28.5	215.2	460.4	867.8	1.4	1.4	1.4	227.4	478.6	897.8
	间接温室气体排放/tCO_2eq											
四川	14.2	20.0	34.1	1441.1	2922.6	3609.5	0.1	0.1	0.1	1455.4	2942.7	3643.7
威远涪陵	16.4	23.0	31.8	1010.3	1728.4	2163.7	18.9	53.0	84.2	1045.6	1804.4	2279.7
新疆	15.2	26.7	40.6	254.8	262.3	316.3	0.1	0.1	0.1	270.1	289.0	357.0
吉林	24.2	51.4	90.7	278.1	609.6	848.7	0.1	0.1	0.1	302.4	661.1	939.5
福山	16.6	34.9	67.3	250.0	508.2	859.0	0.1	0.1	0.1	266.7	543.2	926.4
辽河	17.3	30.6	49.9	155.7	246.1	497.0	0.1	0.1	0.1	173.1	276.8	547.0
	完全温室气体排放/tCO_2eq											
四川	25.2	35.6	57.9	2465.1	4179.8	5043.1	1.5	1.6	1.6	2491.8	4216.9	5102.6
威远涪陵	22.6	33.0	46.1	1722.3	3005.7	3851.2	295.8	638.6	843.1	2040.7	3677.3	4740.4
新疆	23.1	41.5	62.7	414.1	494.9	653.8	1.5	1.6	1.6	438.8	538.0	718.1
吉林	34.8	74.9	131.5	817.6	1534.4	2303.6	1.5	1.6	1.6	854.0	1610.9	2436.6
福山	25.2	53.0	102.0	893.6	1312.6	1888.9	1.5	1.6	1.6	920.4	1367.2	1992.5
辽河	28.0	47.4	78.4	371.0	706.5	1364.8	1.5	1.6	1.6	400.5	755.5	1444.8

表2　2017年油气田温室气体排放强度结果

Table2　GHG emissions intensity in 2017

地区	井场准备阶段			钻井阶段			完井阶段			总计		
	直接温室气体排放/（$kgCO_2eq/TJ$）											
	低	中	高	低	中	高	低	中	高	低	中	高
四川	0.3	0.4	0.6	26.8	32.9	37.5	0.0	0.0	0.0	27.1	33.3	38.1
威远涪陵	0.8	1.4	2.0	97.2	174.3	230.3	37.8	79.9	103.6	135.8	255.6	335.8
新疆	118.5	222.9	330.0	2386.9	3487.0	5058.2	21.6	21.6	21.7	2527.0	3731.5	5410.0
吉林	50.5	111.8	194.2	2567.1	4400.4	6922.3	6.9	6.9	6.9	2624.4	4519.1	7123.4
福山	5.5	11.5	22.0	408.3	510.3	653.4	0.9	0.9	0.9	414.7	522.7	676.3

续表

地区	井场准备阶段			钻井阶段			完井阶段			总计		
	直接温室气体排放/（$kgCO_2eq/TJ$）											
	低	中	高	低	中	高	低	中	高	低	中	高
辽河	11.4	17.9	30.5	229.8	491.6	926.6	1.5	1.5	1.5	242.8	511.1	958.6
	间接温室气体排放/（$kgCO_2eq/TJ$）											
四川	0.4	0.5	0.9	37.7	76.4	94.4	0.0	0.0	0.0	38.0	76.9	95.3
威远涪陵	2.2	03.1	4.3	137.9	235.9	295.3	2.6	7.2	11.5	142.7	246.3	311.1
新疆	227.9	399.5	608.8	3818.1	3929.2	4738.9	1.5	1.7	1.8	4047.5	4330.3	5349.5
吉林	115.2	244.6	431.5	1323.2	2900.6	4038.4	0.5	0.5	0.6	1438.9	3145.7	4470.4
福山	10.5	22.2	42.7	158.6	322.4	544.9	0.1	0.1	0.1	169.2	344.6	587.7
辽河	18.5	32.7	53.3	166.3	262.8	530.7	0.1	0.1	0.1	184.8	295.6	584.1
	完全温室气体排放/（$kgCO_2eq/TJ$）											
四川	0.7	0.9	1.5	64.4	109.3	131.8	0.0	0.0	0.0	65.1	110.2	133.4
威远涪陵	3.1	4.5	6.3	235.1	410.2	525.6	40.4	87.2	115.1	278.5	501.9	647.0
新疆	346.4	622.4	938.8	6205.0	7416.2	9797.1	23.1	23.3	23.5	6574.5	8061.9	10759.5
吉林	165.7	356.4	625.7	3890.3	7301.0	10960.7	7.3	7.4	7.5	4063.3	7664.8	11593.8
福山	16.0	33.7	64.7	566.9	832.7	1198.4	1.0	1.0	1.0	583.9	867.4	1264.1
辽河	29.9	50.6	83.7	396.1	754.4	1457.3	1.6	1.7	1.7	427.6	806.7	1542.7

2.1 常规油气开发阶段温室气体排放分析

结果显示，常规天然气田开发阶段的单井完全温室气体排放显著大于常规油田，但从单位能源产量所产生的温室气体排放来看，又明显小于常规油田，详细结果如图2所示。从单井来看，四川的完全温室气体排放量最大，达到4216.9tCO_2eq（2491.8～5102.6tCO_2eq），约是吉林和福山的3倍。辽河和新疆的完全温室气体排放较少。但在单位能源产量维度下，油田之间的对比关系会发生较大变化。在中等消耗水平下，新疆（8.1tCO_2eq/TJ）、吉林（7.7tCO_2eq/TJ）的完全排放量约是福山（0.9tCO_2eq/TJ）和辽河（0.8tCO_2eq/TJ）的9倍，约是四川常规天然气田（0.1tCO_2eq/TJ）的80倍。在能源消费端，天然气通常因其低碳、清洁和高效等多方面优势被当作我国能源体系低碳转型的重要桥梁能源，但本文的核算结果揭示，天然气在开发阶段的温室气体排放较大。对于常规天然气开发，需要着力提升单井产量以降低单位产量的温室气体排放量，从而才能发挥天然气全产业链的低碳优势。

对于常规油田和气田，其温室气体排放的产生形式也略有不同。常规油田的排放主要由直接形式产生，在物料的中等消费水平下，占比超过完全排放量的一半。相比之下，常规气田的排放主要由间接形式产生，在中等物料消费水平下，四川常规气田的间接排放量可达到完全排放量的69.8%。

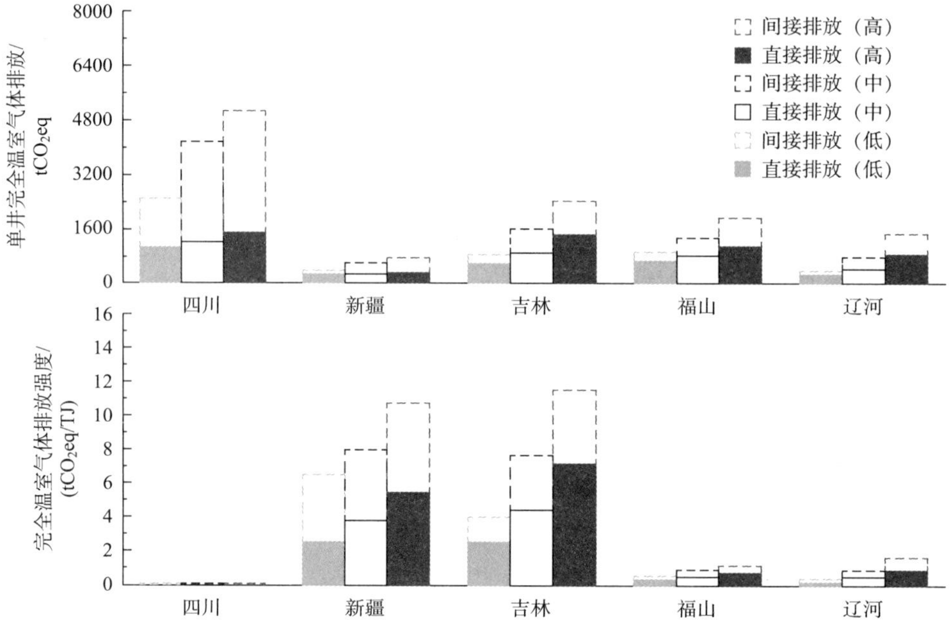

图2　2017年常规油气田单井及单位能源产量的温室气体排放

Figure 2　Full GHG emissions and full GHG emissions intensity of development in conventional oil and gas fields in 2017

分析常规油气开发细分阶段的温室气体排放可以发现，温室气体排放主要发生在钻井阶段，井场准备和完井阶段的排放量可忽略不计，具体结果如图3所示。2017年，四川常规气田的排放主要是间接排放，排放量占完全排放量的56.0%（43.5%～58.0%），而其他四个油田的排放形式差别不明显，直接和间接排放各占一半。以新疆油田为例，53.0%（48.4%～61.5%）的完全温室气体排放属于间接排放。总体而言，常规气田减排降碳需要加大单井产量，同时注意挖掘钻井阶段间接排放减排潜力，常规油田则需关注钻井阶段直接排放。

进一步分析各阶段的物料投入发现，无论是石油还是天然气，开发阶段的温室气体排放均集中在柴油、套管、水泥和水。具体情况如表3所示。在四川常规天然气的开发过程中，上述四种物料所产生的温室气体排放占总体排放的99.1%。其中，因生产套管所产生的间接排放最多，达到完全排放总量的一半，因此，四川常规天然气田减少温室气体排放，应重点关注套管的使用，着力降低其使用量。

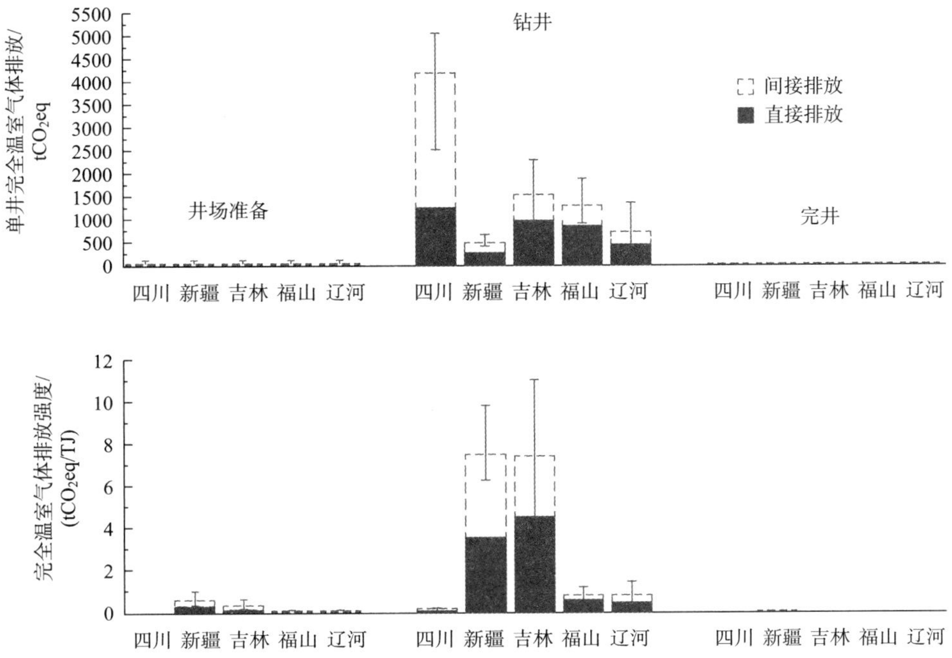

注：误差线分别表示低消费水平和高消费水平下的完全温室气体排放量。

图3　2017年常规油气田分阶段的单井及单位能源产量温室气体排放

Figure 3　GHG emissions per well and per production at different stages of development in conventional oil and gas fields in 2017

表3　2017年中等消耗水平下的常规油气田单井物料隐含温室气体排放量（单位：tCO_2eq）

Table3　GHG emissions per well of major materials in five fields in 2017 under the medium scenario (Unit: tCO_2eq)

名称	物料投入				小计	完全排放	占比
	柴油	套管	水泥	水			
四川	1274.2	2753.8	151.3	0.8	4180.1	4216.9	99.1%
吉林	949.8	517.1	79.4	0.7	1547.0	1610.9	96.0%
福山	824.0	458.5	33.9	0.7	1317.1	1367	96.3%
辽河	478.6	208.9	27.2	0.6	715.3	755.5	94.7%
新疆	249.0	226.7	31.7	0.7	508.1	538.0	94.4%

相比而言，其他油田四种物料产生的完全温室气体排放量占比略小，福山、吉林和辽河占比分别为96.3%、96.0%和94.7%，新疆油田的比例最低，但也达到了94.4%。此外，与常规气田明显不同，常规油田开发阶段因燃烧柴油所产生的直接排放大于因消耗套管所产生的间接排放，因此，若减少常规油田钻井阶段的排放，可重点关注柴油燃烧，减排措施包括提高动力装置对柴油的利用效率、采用碳捕获技术等。

2.2 常规天然气与页岩气开发阶段温室气体排放对比

结果显示，在四川，威远、涪陵页岩气田和常规气田的单井排放规模相当，详细结果如图4所示。2017年，威远、涪陵页岩气田单井完全温室气体排放量为3677.3tCO_2eq（2040.7～4740.4tCO_2eq），是常规气田的87.2%。但单位天然气产量的排放强度，常规气只有威远、涪陵页岩气的五分之一。从温室气体排放产生形势来看，威远、涪陵页岩气田与常规气田有所不同，更与常规油田类似，直接排放占比稍高，在中等物料消耗水平下，占完全排放的65.3%。总之，在目前开发技术水平下，页岩气的温室气体排放强度高于常规天然气，“双碳”目标下天然气开发需考虑非常规气与常规气的这种差别。

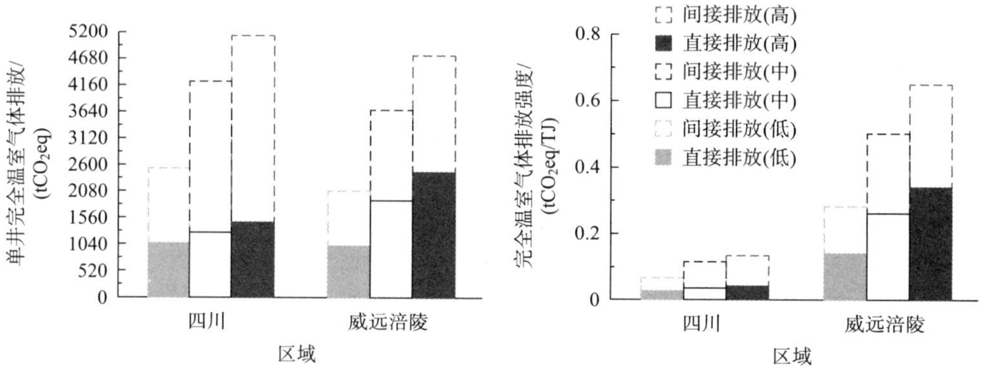

图4 2017年四川和威远涪陵气田温室气体排放对比

Figure 4 Comparison of GHG emissions between Sichuan and Weiyuan & Fuling in 2017

进一步分析天然气开发细分阶段，威远、涪陵页岩气田与常规气田的排放特征存在较大不同，页岩气田在钻井阶段和完井阶段都产生了大量的排放。从图5中可以看出，

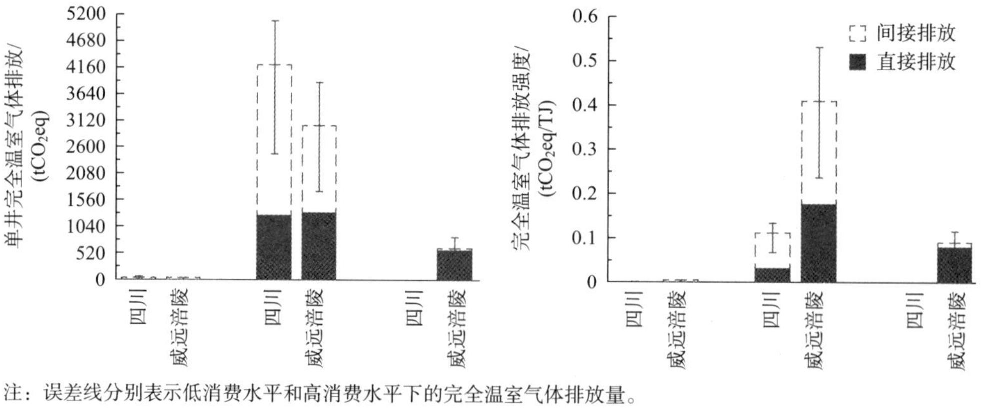

注：误差线分别表示低消费水平和高消费水平下的完全温室气体排放量。

图5 2017年四川和威远涪陵气田不同阶段温室气体排放对比

Figure 5 Comparison of environmental pressure per well at different stages between Sichuan and Weiyuan & Fuling in 2017

威远、涪陵钻井阶段的温室气体排放占完全排放量的81.7%，低于常规气田，完井阶段产生占17.4%，远高于常规气田，说明降低页岩气开发阶段的温室气体排放，要同时考虑钻井阶段和完井阶段。

与常规天然气田不同，威远、涪陵页岩气田在开发阶段投入了更多种类的物料，因此排放源更多，但是柴油、套管、水泥、水仍是温室气体排放的主要来源，详细结果如表4所示。在物料的中等消费水平下，威远、涪陵页岩气田因上述四种物料使用所产生的温室气体排放量为3596.1tCO_2eq，占开发阶段完全排放量的97.8%，因此降低因柴油燃烧产生的直接碳排放以及因套管、水泥、水消耗产生的间接碳排放都是页岩气开发阶段碳减排的主要方向。

表4　2017年中等消耗水平下的页岩气单井物料隐含温室气体排放量（单位：tCO_2eq）

Table4　GHG emissions per well of major materials in Weiyuan & Fuling in 2017 under the medium scenario(Unit: tCO_2eq)

名称	物料投入				小计	完全排放	占比
	柴油	套管	水泥	水			
威远涪陵	1873.0	1546.3	159.6	17.3	3596.1	3677.3	97.8%

2.3　陆上油气井单位井深维度下温室气体排放分析

理论上，井深与油气开发阶段的温室气体排放存在直接和间接联系，一方面，随着井深的增加，钻机需要更多的柴油来提供动力，直接影响范围一的排放；另一方面，井深决定了套管的使用数量，从而以间接排放的形式影响范围二和范围三的排放。在同一水平下比较不同地区不同井深油气井开发阶段的温室气体排放差异，能够分析油气藏地质特征和资源品种对开发阶段排放的综合影响，本文比较了不同油气井单位井深的排放差异，详细结果如图6所示。

从生产现场的调研结果可知，在四川常规天然气田每百米进尺耗油10.2tce。吉林、福山、辽河钻机能耗为9.2～13.6tce/百米。新疆的百米进尺油耗最小的，约为5.4tce[39–41]。从本文核算得出的单位井深完全温室气体排放角度来看，四川常规天然气田（76tCO_2eq）的每百米井深的温室气体排放量最大，其次是威远、涪陵页岩气田（74tCO_2eq）、福山油田（43tCO_2eq）、辽河油田（41tCO_2eq）、吉林油田（37tCO_2eq）和新疆油田（29tCO_2eq）。

可见油气田单位井深维度排放量顺序与单井维度、单位能量维度相比变化较大。本研究中吉林油田是井深最大的油田，约为4369米，也是单井完全温室气体排放量最大的常规油田，但其百米井深的完全温室气体排放量却小于福山和辽河，辽河是井深最浅的常规油田，但百米井深的完全温室气体排放量较大。四川常规气田、威远和涪陵页岩气

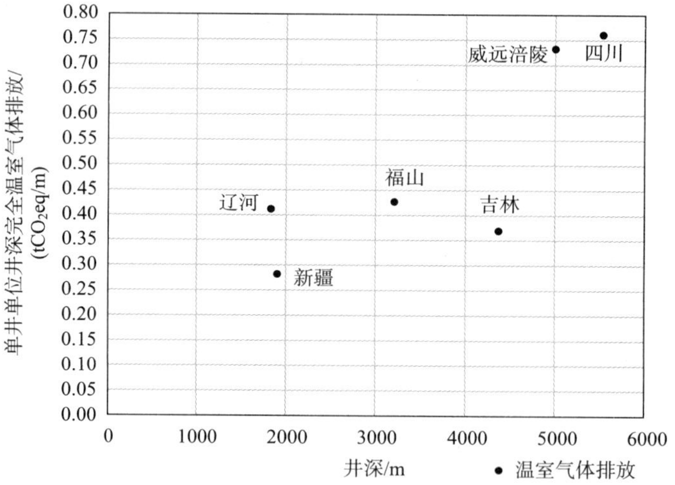

图6 2017年中等消耗水平下每百米井深温室气体排放情况

Figure 6 GHG emissions per meter well depth under the medium scenario in 2017

田单位井深完全温室气体排放量仍然最大，是其他常规油田的1.5～2倍，以上说明，排除井深影响后，油气田的排放量仍存在较大差异。各油气田具体的储层开发环境和地质条件是影响开发阶段温室气体排放的最为核心因素。从全国层面来看，天然气开发阶段的温室气体排放量大于石油，同一地区页岩气与常规气的差别较小。“双碳”背景下，油气开发决策应综合考虑不同区域、不同能源种类的温室气体排放差别。

3 结论

本文遵循H-LCA方法思路构建核算模型，对我国陆上6个油田65口井的页岩气、常规天然气和常规石油在开发阶段的温室气体排放进行了测算与分析。

结果表明，四川常规天然气开发的温室气体排放量最大，钻井阶段的套管使用是主要的排放源，其次是威远、涪陵的页岩气开发，主要排放来源是钻井和完井阶段的柴油燃烧。吉林、福山、辽河和新疆常规石油开发的温室气体排放量相对较小，只有四川常规天然气的三分之一到五分之一，也主要来自柴油燃烧所产生的直接排放。剔除井深的影响后发现，天然气开发每百米井深的温室气体排放为常规石油开发的1.5～2倍，同一地区非常规气（本文指页岩气）与常规气的差别较小。从开发阶段完全排放角度看，西南地区气田排放量最大，其次是东南沿海、松辽盆地和新疆盆地。

上述研究结果从温室气体排放的角度为我国不同地区不同种类油气资源开发决策提供了支撑。尽管天然气在使用时被认定为低碳、清洁、高效的能源品种，但其开发阶段的温室气体排放较大，从全生命周期看，发挥天然气全产业链的低碳优势需着力提升开发阶段单井规模，并应努力减少动力装置用能排放。目前开发技术水平下，页岩气的排放强度高于常规气，“双碳”目标要求下，天然气开发决策需关注资源差异对应的温室气体排放差异。常规石油因其成熟的开发技术和相对良好的地质条件，开发阶段温室气体排放强度低于天然气，应优先开发排放强度低的区块，并应注意加强钻井阶段排放管理。

参考文献

[1] 中国石油和化学工业联合会. 2022年中国石油和化工行业经济运行情况报告［R］. 北京：中国石油和化学工业联合会，2023.

[2] 新华网. 习近平：积极推动我国能源生产和消费革命［EB/OL］.［2023-03-20］. http://www.xinhuanet.com/politics/2014-06/13/c_1111139161.htm.

[3] 人民网. 国家能源局：两方面措施保障我国油气供应安全［EB/OL］.［2023-03-20］. http://energy.people.com.cn/n1/2019/0920/c71661-31365247.html.

[4] 中国共产党新闻网. 深刻感悟思想伟力 坚决端牢能源饭碗［EB/OL］.［2023-03-20］. http://theory.people.com.cn/n1/2022/1101/c40531-32556145.html.

[5] Wang Y, Li H, Guo J, et al. Spatial evolution of green development at provincial level in China［J］. Chinese Journal of Population Resources & Environment, 2019, 17(1):39-48.

[6] 郭克强. 中国非常规油气产业波及效应研究［D］. 北京：中国石油大学（北京），2017.

[7] Hu D S, Xu S Q. Opportunity, challenges and policy choices for China on the development of shale gas［J.］Energy Policy, 2013, 60: 21-26.

[8] Li X, Mao H M, Ma Y S, et al. Life cycle greenhouse gas emissions of China shale gas［J］. Resource, Conservation & Recycling, 2020, 152: 104518.

[9] Zhu G Y, Zhang S C. Hydrocarbon accoumulation conditions and exploration potential of deep reservoirs in China［J］. Acta Petrolei Scinica, 2009, 30(6): 793-802.

[10] Yu J, Zheng M, Li J, et al. Resource potential, exploration prospects, and favorable direction for natural gas in deep formations in China［J］. Journal of Natural Gas Geoscience, 2018, 3(6): 311-320.

[11] Costa D, Jesus J, Branco D, et al. Extensive review of shale gas environmental impacts from scientific literature (2010 - 2015)［J］. Environmental Science and Pollution Research, 2017, 24(17): 14579-14594.

[12] Dale M, Krumdieck S, Bodger P. Net energy yield from production of conventional oil［J］. Energy Policy, 2011, 39: 7095-7102.

[13] Brandt A R, Sun Y, Bharadwaj S, et al. Energy return on investment (EROI) for forty global oilfields using a detailed engineering-based model of oil production [J]. PLoS One, 2015, 10: e0144141.

[14] Court V, Fizaine F. Long-term estimates of the global energy-return-on-investment (EROI) of coal, oil, and gas global productions [J]. Ecological Economics, 2017, 138: 145–159.

[15] Tripathi V, Brandt A. Estimating decades-long trends in petroleum field energy return on investment (EROI) with an engineering-based model [J]. PLoS One, 2017, 12(2): e0171083.

[16] Masnadi M S, El-Houjeiri H M, Schunack D, et al. Well-to-refinery emissions and net-energy analysis of china' s crude-oil supply [J]. Nature Energy, 2018, 3: 220–226.

[17] Suh S, Lenzen M, Treloar G J, et al. System boundary selection in life-cycle inventories using hybrid approaches [J]. Environmental Science & Technology, 2004, 38(3): 657–664.

[18] Chang Y, Huang R, Ries R J, et al. Shale-to-well energy use and air pollutant emissions of shale gas production in China [J]. Applied Energy, 2014, 125(14): 147–157.

[19] Wang J L, Liu M M, McLellan B C, et al. Environmental impact of shale gas development in China: A hybrid life cycle analysis [J]. Resources, Conservation and Recycling, 2017, 120: 38–45.

[20] Howarth R, Santoro R, Ingraffea A. Methane and the greenhouse-gas footprint of natural gas from shale formations [J]. Climate Change, 2011, 106(4): 679–690.

[21] Hultman N, Rebois D, Scholten M, et al. The greenhouse impact of unconventional gas for electricity generation [J]. Environmental Research Letters, 2011, 6(4): 44008–44016.

[22] Jiang M, Griffin W M, Hendrickson C, et al. Life cycle greenhouse gas emissions of Marcellus shale gas [J]. Environmental Research Letters, 2011, 6(3): 034014.

[23] Zeng S A, Gu J F, Yang S Y, et al. Comparison of techno-economic performance and environmental impact between shale gas and coal-based synthetic natural gas (SNG) in China [J]. Journal of Cleaner Production, 2019, 215: 544–556.

[24] Dong D, Gao S, Huang J, et al. A discussion on the shale gas exploration & development prospect in the Sichuan Basin [J]. Nature Gas Industry, 2014, 34(12): 1–15.

[25] Xue M, Fan J, Weng Y, et al. The potential of greenhouse gas emission during flowback process in Weiyuan Shale Production Site [C]. China, International Petroleum Technology Conference, 2019.

[26] Chang Y, Ries R J, Wang Y W. Life-cycle energy of residential buildings in China [J]. Energy Policy, 2013, 62: 656–664.

[27] Intergovernmental Panel on Climate Change (IPCC). Climate Change 2013: The Physical Science Basis [M]. Contribution of Working Group I to the Fifth Assessment Report of the Intergovernmental Panel on Climate Change. Cambridge: Cambridge University Press, 2013.

[28] Bullard C W, Penner P S, Pilati D A. Net energy analysis–handbook for combining process and input–output analysis [J]. Resource Energy, 1978, 1(3): 267–313.

[29] Meylan G, Ami H, Spoerri A. Transitions of municipal solid waste management. Part Ⅱ: Hybrid life cycle assessment of Swiss glass–packaging disposal [J]. Resources, Conservation and Recycling, 2014, 86: 16–27.

[30] Bicer Y, Dincer I. Life cycle environmental impact assessments and comparisons of alternative fuels for clean vehicles [J]. Resources, Conservation and Recycling, 2018, 132: 141–157.

[31] Chen X J, Griffin W M, Matthews H S. Representing and visualizing data uncertainty in input–output life cycle assessment models [J]. Resources, Conservation and Recycling, 2018, 137: 316–325.

[32] Lenzen M. Errors in conventional and input–output – based life– cycle inventories [J]. Journal of Industrial Ecology, 2008, 4(4): 127–148.

[33] Chang Y, Ries J R, Wang Y W. The quantification of the embodied impacts of construction projects on energy environment, and society based on I – O LCA [J]. Energy Policy, 2011, 39: 6321–6330.

[34] Crishna N, Banfill P F G, Goodsir S. Embodied energy and CO2, in UK dimension stone [J]. Resources, Conservation and Recycling, 2011, 55(12): 1265–1273.

[35] Singh P, Kansal A. Energy and GHG accounting for waste water infrastructure [J]. Resources, Conservation and Recycling, 2016, 128: 499–507.

[36] PetroChina. Environmental Impact Report of Shale Gas Development Capacity Construction Project in Three Blocks of Changning [R]. Weiyuan and Zhaotong: PetroChina, 2016.

[37] 国家统计局．2017年中国投入产出表 [DB/OL]. 北京：国家统计局，2019.

[38] 国家统计局．2018年中国统计年鉴 [DB/OL]. 北京：国家统计局，2018.

[39] Chen H, Wang L, Zhou F, et al. Rapid and efficient drilling of horizontal wells in the Weiyuan shale gas field, Sichuan Basin [J]. Natural Gas Industry, 2014, 34(12): 100–105.

[40] 聂靖霜．威远、长宁地区页岩气水平井钻井技术研究 [D]. 四川：西南石油大学，2013.

[41] Wang H C, Sun W, Liu S G, et al. General situation and prospect evaluation of the shale gas in Wufeng–Longmaxi Formation of Sichuan Basin and surrounding areas [J]. Journal of Chengdu University of Technology (Science & Technology Edition), 2012, 39(2): 176–181.

GHG Emissions from Onshore Oil and Gas Development in China Based on Hybrid Life Cycle Analysis

Shengjun ZHANG, Siyun WANG, Xiujie MEN

CNOOC Energy Economics Institute

Abstract: China has stepped up its oil and gas development as foreign dependence for oil and gas increased. Carbon neutral require a shift to cleaner, low-carbon oil and gas development. To better understand GHG emissions from current oil and gas development in China, a hybrid life cycle analysis (H-LCA) model was used to estimate of six fields at the development stage based on data from 2017. The full GHG emissions and full GHG emissions intensity (i.e., full environmental impact per unit of output by calorific value) of shale gas, conventional natural gas and oil development in China was compared and analyzed by eliminating well depth. GHG emissions of natural gas development is roughly 1.5 to 2 times that of conventional oil. Development of gas in Sichuan Basin have the largest emissions, following southeast coast, SongLiao Basin, and Junggar Basin. From the comparison of full emissions and full emissions intensity under per well depth, it's found that both of these are not positively correlated with reservoir depth and well depth even in the same basin. Indirect emissions in the material supply chain are the focus of carbon reduction in oil and gas development stage.

Keywords: Oil; Natural gas; Shale gas; GHG emission; Hhybrid life cycle analysis

油田服务船舶低碳化改造经济性及投融资模式研究

王禧润*，才晓宇，陈月飞，赵璧，邹波

中海油田服务股份有限公司

摘要： 为应对全球逐渐加剧的气候变化，各国政府和国际组织纷纷采取减少温室气体排放、推广清洁能源、加强自然资源保护等应对措施。航运碳排放是全球温室气体排放的重要组成部分，减少船舶运行中的碳排放对实现“碳达峰、碳中和”目标具有重要意义。本文分析了船舶行业低碳发展的方向，研究了油田服务船舶加装动力电池储能系统混动化改造的可行性、经济效益和主要优势，并创造性地提出了多方共赢的投融资模式，为海洋石油船舶行业绿色低碳可持续发展提供了有益的参考和建议。

关键词： 碳排放；船舶；混动化改造；动力电池储能系统；绿色低碳；OSV船舶

0 引言

随着全球气候变化加剧，越来越多的国家承诺在未来几十年内实现碳中和或净零排放。新能源、清洁能源的发展趋势正在向全球能源消费的各个领域扩展。航运业由于其碳排放具有全球流动性的特点而受到国际社会持续升高关注，航运低碳转型的重点聚焦在船用燃料的转变上。2023年7月3日至7日，国际海事组织（IMO）海洋环境保护委员会第80届会议（MEPC 80）在英国伦敦举行，会议通过了《2023年船舶温室气体减排战略》，提出了更加严格的目标以解决有害排放问题。其中包括到2050年实现国际航运温室气体净零排放的共同目标，并承诺确保到2030年采用替代性零和接近零的温室气体燃料。该战略是在联合国框架下航运业为实现巴黎协定的温控目标（即将全球平均气温较工业化前水平升高控制在2℃之内）做出的重要贡献。

选用清洁的替代能源或新动力技术将是航运业实现最终减排目标的重要途径，航运市场正在经历一场前所未有的绿色投资和船队更新。节能、绿色、环保是未来船舶行业的必然趋势，船舶新能源化、绿色化、智能化势在必行。在海洋油田服务领域，对现有

* 王禧润，男，本科，工程师，主要从事公司战略、能源行业政策、能源产业发展等研究。E-mail：wangxr8@cosl.com.cn

化石燃料船舶加装电池储能系统进行混动化改造，不但可以大幅减少化石环境、社会和治理燃料的使用与碳排放、降低船舶运维成本及提升作业的安全性，还可以助力企业提升自身（ESG）的表现、加强可行性技术方案储备和提前应对未来碳排放交易生效后的碳配额，同时为中国海上油气相关的船舶行业绿色低碳转型探索出一条可持续发展之路。

1 船舶行业低碳转型与电动化发展的趋势

1.1 船舶行业低碳转型及替代燃料与动力的发展趋势

船舶是海上贸易运输的重要载体，也是全球航运业排放污染的重要来源，航运带来的环境污染问题一直受到国际社会的高度关注。海上运输所造成的绝大部分污染（包括硫氧化物、氮氧化物、二氧化碳和颗粒物等），大部分来源于为这一重要载体提供动力的化石燃料。国际能源署（IEA）数据显示，2020年航运业二氧化碳排放量达到8.56亿吨，占全球二氧化碳排放总量的2.5%，以及温室气体排放量的1.8%。面对日益严格的监管环境，航运业正在竞相寻找可商业部署的零排放替代品，各国也将交通运输行业低碳转型的重点聚焦在能源消耗的转变上。

为了实现航运业低碳减排的总体目标，不仅需要从技术和营运方面提高船舶能效，更要进一步调整船用燃料的结构，尽快减少使用直至最后完全淘汰传统温室气体排放高的化石燃料，改为使用低碳或碳中和燃料，同时重点推动动力系统的低碳技术发展、采用新型推进系统与动力装置以进一步提高船舶主机的性能，等等。

未来绿色船舶的技术发展路线是多元化的，具体的发展趋势也会受到多方面的影响，如技术成熟度、市场认可度及商业化应用及运维的生态环境发展情况等，但就目前而言，国际上绿色船舶发展方向主要有LNG、LPG、甲醇、乙烷、生物燃料、液氨、氢、核能等几类低碳/零碳燃料（如图1所示），以及储能电池系统、燃料电池系统和风力辅助推进等新型低碳替代动力辅助措施，其中油电混动、LNG、甲醇和氨动力被认为是最具潜力的绿色动力发展方向。氢能由于储运困难且成本高昂，在未来很长一段时间内仍然无法大规模商用，其他燃料船舶尚处于试点阶段，大规模的商用还需较长时间的探索。

1.2 LNG动力船舶的发展及特点

自2000年以来，欧美发达国家有数家包括油田船舶服务公司在内的多家航运公司进行了LNG燃料动力船舶的有益探索，显示出LNG具有绿色、节能等优点。LNG燃料与柴油相比可减少15%～20%的二氧化碳排放，约80%的氮氧化物排放，是行业使用相对成

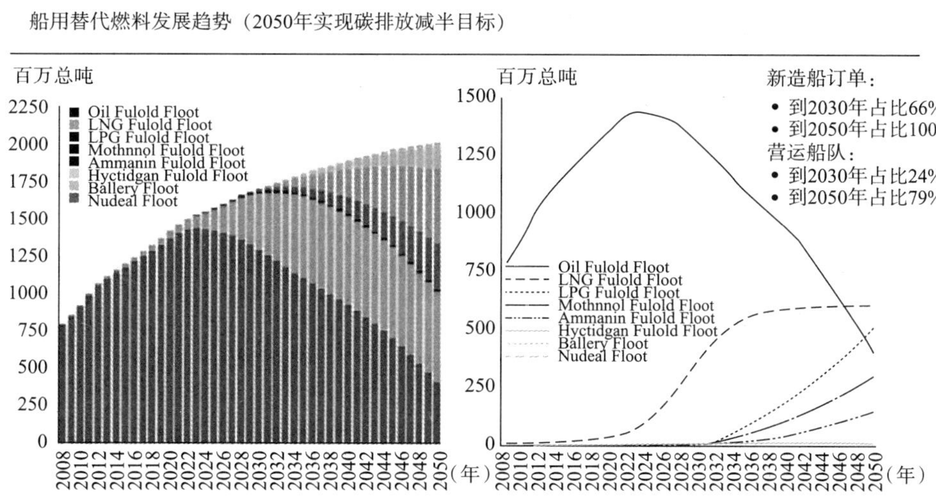

资料来源：克拉克森研究

图1　船用替代燃料发展趋势

Figure 1　Development trend of alternative fuel for ships

熟和广泛的低碳船舶燃料。但随着行业的发展，LNG船舶的一些特点逐渐显现出来，除在远洋LNG运输船上具有应用优势外，还在其他船舶领域被视为航运业的过渡燃料。

第一，LNG作为化石燃料，其减排能力仍然有限。伦敦大学能源研究所报告指出，随着LNG动力船舶使用数据的积累和分析，若考虑全生命周期的排放，LNG燃料与低硫重燃料油（LSHFO）相比环境效益有限，甚至是负面的。

第二，LNG动力船造价较高以及燃料价格上升带来投资及运营成本的上升。相同吨位的LNG动力船建造成本较常规燃油动力船高20%～30%（国内）、10%～20%（国际），且随着环保要求的提升，该差价将会被进一步拉大。在LNG动力船的燃料成本方面，随着乌克兰危机和“北溪”天然气管道爆炸等事件的发生，LNG燃料价格大幅上扬。国际清洁运输委员会（ICCT）研究指出，2019—2030年LNG的需求量将增至目前的3倍，并且2030年可再生LNG的成本将比化石LNG高出7倍以上，可再生LNG在未来可能缺乏供应，无法满足未来的需求，船舶LNG燃料成本也将大大增加。

第三，LNG燃料动力响应较慢，需要更大的动力冗余来保证船舶作业安全。由于LNG燃料发动机的燃气加载特性曲线较燃油平缓（燃气模式下须载从0加载至100%所需时间约为60s，而燃油模式下加载时间约为35s），因此在实际运营中动力响应相对较慢。为了保障作业安全，船舶靠离码头或平台、对外消防等工况下，船舶操控会采取动力冗余的策略，存在主机备车数量较多的情况，导致多种工况下主机运行负荷低，燃料消耗加大。

第四，国内配套基础设施不足。目前国内沿海LNG加注站非常稀少，加注极其不便，由加注LNG所带来的额外时间和燃料成本都较高，而使用船到船或车到船加注方式风险较高，因此，使用LNG燃料便利性大大降低，影响该类动力船在广泛海域的使用。

1.3 近海航运业电混及纯电动力船舶发展势头迅猛

在LNG动力发展趋势减弱及现阶段甲醇、氢气/氨能动力等尚未得到大规模采用、仍需持续进行技术探索和基础设备建设的情况下，电储能及动力电池技术越来越多地被应用到船舶行业。一方面是相对于化石能源电池能带来最直接的节能减排效果；另一方面是电车及电储能技术迅猛发展，船舶行业可以充分利用汽车电动化过程的三电（电池、电机、电控）技术积累和成本优势，将电动技术及理念应用到船舶动力设计、建造及改造过程中，降低船舶电动化的运维成本。受此影响，国内外各大动力电池与船舶动力设计建造企业纷纷展开合作，进行船舶电池动力系统的研发及电混、纯电船舶的设计、建造和改造。

据挪威船级社（DNV）统计，当下绿色船舶中电动船舶占主导。2019年以来电动船舶保有量快速提升，2022年全球绿色船舶保有量突破1000艘，其中电动船舶586艘（占比约58%)，仅2023年初全球电动船舶订单数量就已突破200艘。可以预见，随着全球新的造船周期的到来以及航运业的绿色能源.转型，将加快船舶电动化发展的趋势。克拉克森预计，带有电池动力的海上运维船将从目前的15%上升至2030年初的约75%，如图2所示，另外有20%的穿梭油轮和27%的多用途船也将配备电池动力。

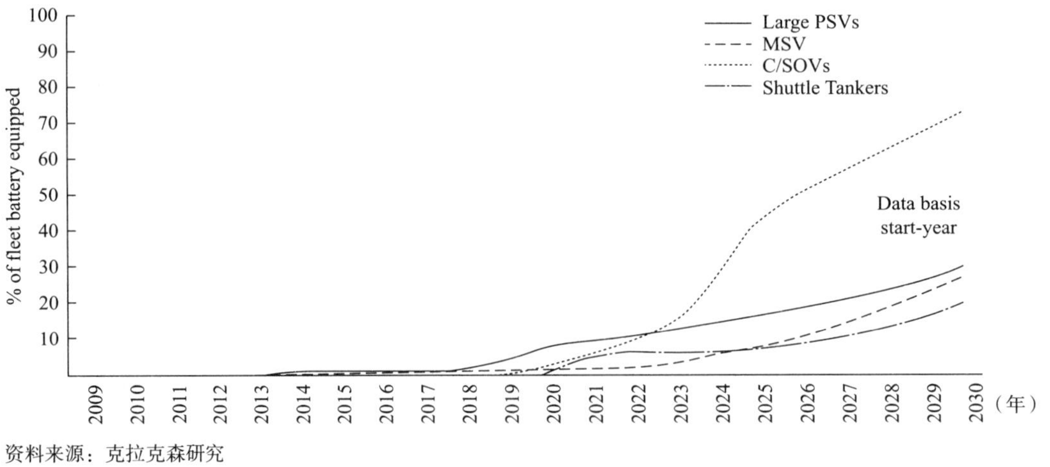

资料来源：克拉克森研究

图2 电动船舶发展趋势

Figure 2 Development trend of electric ship

行业预测，到2027年全球电动船舶市场规模达108.2亿美元。当前电动装机船型主要集中在内湖、内河及近海港口使用，以客船、货运、港口拖船、港务船以及海工船为主。随着船舶电推进技术、大功率电力并网技术等相继取得突破，大型、长距离航线船舶的电动化渗透有望加快。

2 船舶行业低碳转型与电动化发展对油田船舶服务行业的影响

鉴于电池动力在成本、节能、减碳、操控性及安全方面的良好表现，美国及欧洲一些油田船舶服务公司纷纷推动旗下船舶进行电动化的改造。目前仅在英国北海海域就已经有30%的油田服务船（OSV）改造为电池混动船舶，可见全球船舶电动化发展趋势已经对油田船舶服务行业带来显著影响。以下是油服行业内一些具体的改造案例。

美国哈维海湾国际海洋有限公司（Harvey Gulf International Marine，LLC）是一家专门从事海上拖航服务的企业，拥有65艘油田服务船，是美国船舶数量规模第四大的OSV运营商，其业务重点是在墨西哥湾深水和超深水区域为大型自升式和半潜式钻井平台提供拖航作业。自2014年开始，该公司投资建造LNG/柴油双燃料动力船队，是美国第一家下单订造LNG动力船舶的船东，并在墨西哥湾深水区为壳牌提供服务。2019年，该公司将旗下一艘双燃料油田服务供应船（PSV）Harvey Energy（配置3台瓦锡兰 6L34DF主机，总功率7530千瓦）进行加装动力电池系统的改造，成为美国船级社（ABS）入级的首艘“三燃料”动力船[1-3]。ABS的报告显示，该船经改造后实现了超过20%的燃料节省，并带来非常显著的降碳效果。之后，该公司继续推进8条船舶共加装10套动力电池系统的改装，包括4条LNG双燃料动力船以及柴电船，船舶类型涵盖平台供应船（PSV）、锚作拖船（AHTS）及多用途支持船（MPSV）。加装动力电池系统后，这些船舶分别变成“三燃料”和“双燃料”动力船。

挪威艾德维克近海服务公司（Eidesvik Offshore ASA）是一家从事海上供应、风电运维及地震服务的船舶运营商，拥有不同种类船舶16艘，其中PSV 8艘、水下服务船3艘、风电服务船2艘及地震船3艘，主要服务于北海海域，与Equinor及Siemens Gamesa（分别是国际著名的欧洲大型能源及海上风电企业）有长期服务合同。该公司于2003年引进LNG船[4]，成为首个将LNG作为近海PSV燃料的公司，又于2006年开始率先在PSV上实施电池混合动力系统的改造[5]。截至2022年，已完成11艘船舶电池混合动力改装。不仅如此，该公司还在零碳船舶方面继续探索，2021年将旗下Viking Energy号供应船改造为使用2兆瓦直接氨燃料电池[6]，改造后该船每年可以使用清洁燃料运行3000小时，证明了高功率、大规模船舶远程航行实现零排放的可能性。完成加装电池混动系统的改造后，上述船舶燃料节约率高达25%～28%，每年每船可以节省350吨左右的柴油以及减少1000吨以上二氧化碳的排放，成为电池混合动力应用领域的一个典范。

虽然上述两家公司是比较小型的船舶服务企业，但在油田船舶服务行业中具有明显的示范效应，推动了国际海洋船舶服务行业的低碳发展。鉴于船舶电动化改造带来的燃料节约效益，一些在Spears油田服务市场收入报告中排名靠前的大型国际海洋船舶服务公司纷纷入场，开始进行化石燃料动力船舶加装电池混合动力系统的改造。例如，2021年底，拥有60多艘各类海洋服务船舶的丹麦马士基（Maersk Supply Service）公司为其旗下一艘23000马力DPII柴电三用工作船（Maersk Minder号）安装了瓦锡兰电池组[7]，预计将减少15%的燃料消耗和二氧化碳排放。美国Edison Chouest Offshore（ECO）公司，运营船舶超过200艘，2022年与Equinor和bp的合资企业Empire Offshore Wind签订了一份长期船舶运营服务租约，租约要求ECO推出美国海上风电行业首艘插电式混合动力SOV[8]，为位于纽约长岛东南15～30英里的帝国海上风电场项目提供服务。2023年7月，拥有220余艘各类海洋服务船舶的美国Tidewater公司，收购了挪威Solstad Offshore公司全部37艘PSV[9]。Solstad Offshore公司在2022之前已经运营了10艘电池混合动力船舶[10]，2022年开始计划对11艘PSV进行加装电池混合动力系统的升级改造，项目完成后，该公司电混船舶将达到21艘，每年将再削减12000吨的二氧化碳排放量。此次收购后，Tidewater将拥有目前世界上最大的混合动力油田服务OSV船队，也是全球运营电混船舶最多的公司。

近年来，我国内河及近海航运业船艇电动化趋势越来越明显[11]，一些港口船舶服务企业也开始推进港作拖轮的电池混合动力改造，电动船舶建造市场规模越来越大（如图3所示）。然而在海洋油田船舶服务领域尚未看到电池混动技术的应用，中国海油集团公司及其下属相关企业是国内最大的近海船舶的使用者及服务提供商，完全可以借鉴国外行业及国内内河、近海的成熟经验，大力推动该项技术的使用，为船舶行业减碳及船舶动力技术的转型探索方向。

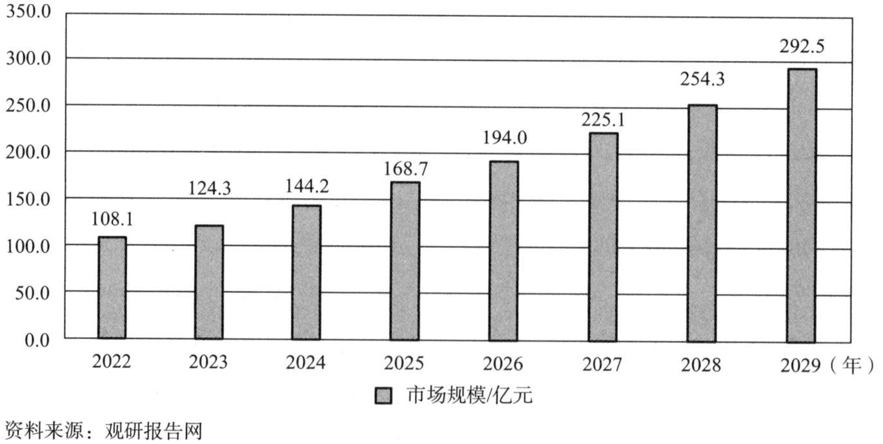

资料来源：观研报告网

图3　2022—2029年中国电动船舶市场规模预测

Figure 3　2022–2029Forecast of China's electric ship market size

3 油田服务船加装动力电池系统进行混动改造的可行性及意义

3.1 油田服务船舶混动改造的意义

油田服务船舶混动改造既响应了国家双碳行动的要求，又适应了行业低碳发展趋势，具有良好的技术、安全及节能降碳意义。

一是利用电储能系统及智能电源管理系统，对柴电船舶电网进行削峰填谷，平滑柴油机输出功率曲线，使船舶更加适应海上复杂工况要求。一般来说，OSV 船舶所面对的工况环境相对其他类型船舶更复杂多变，环境荷载等参数具有较强的随机性和突发性，对船舶电网的影响大，会降低设备的使用效率和可靠性，影响敏感性负荷的性能，大大减少其使用寿命，降低船舶运行的安全裕度。同时，船上设备载荷构成复杂，不同工况下动力需求变化较大，随之带来的船舶负载波动较大，当负载偏离最佳负荷点时，燃气或燃油能量不能高效地转化，燃料利用率及船舶运行的经济性随之大幅度下降。加装动力电池储能系统后，可利用其削峰填谷、均衡负载的功能改善船舶电站及电网的运行状况。此外，配备动力电池储能系统后，可以在柴电船舶原有电能管理系统（PMS）基础上，引进物联网及智能化技术，提升复杂工况变化条件下船舶的响应速度及自动化水平，推动传统船舶向智能化船舶转型。

二是加装动力电池系统可进一步提升船舶的操控性和安全性。由于电池储能系统动态响应速度快，电动机可适应频繁的转速和转向改变，通过电池储能系统并入电网，解决燃料发动机动态响应相对较慢的缺点，增强燃料动力系统的鲁棒性，提高动力系统响应的能力。同时还可以兼作应急发电功能，防止发生瘫船，避免传统机械结构下某些故障的发生。在船舶主机突发故障、全船电网承压的情况下，通过电池储能系统快速及时地投入电网，增强船舶动力系统的安全性和可靠性，尤其是恶劣环境下作业的安全性。为了保证电池储能系统自身的安全性，需要采用安全分级理念和多层安全防控策略，从电气安全设计、机械安全设计、热管理安全设计、可制造维护性等方面，对电池储能箱进行安全防护，确保电池部分具有多重安全性。

三是加装动力电池系统可减少噪声，提升船员工作环境的舒适性。当 OSV 船舶处于锚泊守护状态时，通过智能电源管理系统调节，船上所有用电设备使用储能电池进行供电，机械装置的震动和噪声更低，环境变得安静，船员舒适性大大提高，减少船员长期在高噪声环境下工作的时间，有利于船员得到更好的休息并保持良好的工作状态，从而降低人为失误的概率，提升船舶操作的安全性。需要注意的是，改装后的船舶需要在操作规程及管理制度方面进行适应性调整甚至进行一些重大改变。

3.2 技术可行性分析

现阶段中国已经发展成为全球动力电池、电储能及电车技术研发、设计、制造和使用方面处于领先地位的大国，也是船舶制造和使用的大国，因此电储能动力技术向国内船舶行业发展无论在技术、产业链和成本方面都具有较强的比较优势。近年来，包括宁德时代在内的数十家电池企业相继取得CCS在电动船舶领域的动力电池、电储能系统及相关产品认证，它们与船舶设计院所及船舶建造企业一起，共同推动了我国电动船舶的快速发展。

OSV船舶在实际生产作业过程中，有相当长的时间处于锚泊守护状态，其负载率处于较低水平。如表1所示，采用柴油与电力驱动相结合的形式，不仅能够解决续航问题，而且能够通过能源系统的优化管理，使船舶在功率需求较低的工况中减少发电机的使用台数、提高单台发动机组负荷率，或者停用发电机组，直接利用电储能系统供电，从而降低船舶能耗。电池达到使用寿命后，由厂家对废旧电池进行回收和集中处理，在实现资源再利用的同时也避免了生态环境污染。

表1　油电混动船工作状态分析

Table 1　Analysis of the working state of oil electric hybrid ships

工作状态	工作模式
普通航行状态	以更少的主机和更高的功率利用率降低燃油消耗
低速航行状态	开启一台或两台发电机组，在电推模式下驱动推进器，省油10%～15%
待命和动态定位状态	采用电力推进模式，减少发动机工作数量，省油和降低碳排放

国内已有动力电池巨头根据海上油田使用的一艘5000马力LNG、柴油双燃料动力OSV船舶的实地调研、测量数据，给出了在不改变船舶舱体结构的基础上加装动力电池的方案，将海上专用储能电池系统集成安装在船舶甲板靠近船首端位置，且对甲板有效载货空间及船舶可变载荷没有明显影响，原LNG、柴油双燃料动力船将变成“三燃料”动力船。因此，将现有化石能源油田服务船进行电储能混合动力改造，在技术上具有较强的可行性。

表2是一条5000马力OSV船舶海上实际作业数据，在该工况下，除巡航过程中发动机的负荷率达到70%左右外，其他状态下发动机的负荷率大多处于20%左右或更低，机组功率尚有较大富余，长期运行会导致能耗升高，并且影响发动机状态，增加维护保养成本。

表2　某5000马力OSV船舶实际作业记录数据

Table 2　The actual operation record data of a 5000 horsepower OSV ship

作业内容	耗时/小时	机组运行数量	1#发电机/千瓦	2#发电机/千瓦	3#发电机/千瓦	4#发电机/千瓦	负荷效率/千瓦
起航	9	3					64.91%
锚泊系水鼓	11.3	1					20.31%
吊货	3.6	3		333	324	274	33.73%
巡航	0.6	3					37.07%
锚泊系水鼓	6	1					23.51%
巡航	3.5	3					28.46%
吹灰	3.3	3	120	114		120	12.83%
巡航	2.3	3	112	110		108	11.96%
锚泊系水鼓	0.7	1				190	20.65%
接送货	1.5	3	153	151		124	15.51%
巡航	0.3	3	112	110		108	11.96%
吊货	1.1	3	333	324		274	33.73%
巡航	0.5	3	112	110		108	11.96%
锚泊系水鼓	9.8	1					21.09%
巡航	0.7	3	298		199	155	23.62%
吊货	1.2	3	660		540	616	65.80%
接送货	0.8	3	207		203	216	22.68%
巡航	0.8	3	145		144	167	16.52%
接送货	1	3	207		203	216	22.68%
巡航	2.2	3					23.62%
锚泊系水鼓	2.3	1	241				26.20%
吊货	1.8	3	660		540	616	65.80%
巡航	2.6	3	145		144	167	16.52%
锚泊系水鼓	12.2	1					23.17%
巡航	0.6	3	145		144	167	16.52%
吊货	1.8	3	660		540	616	65.80%
巡航	0.6	3	145		144	167	16.52%
锚泊系水鼓	3.5	1	194				21.09%
巡航	0.7	3	230	200	247		24.53%
吹灰	4	3	254	150	147		19.96%
巡航	2.7	3	646	670	664		71.74%
返航	1.7	3		548	544	567	60.11%
锚泊系水鼓	6.3	1			231		25.11%
返航	1.2	3		645	645	636	69.78%
靠泊	14.8	1			203		22.07%

针对该船上述作业工况，为其引入集装箱式动力电池单元，与原柴油动力组成混合动力系统，该混动系统的功率参考值根据柴油发电机组的负荷率设定。如表3所示，经过电池储能系统灵活优化调整机组平均负荷率后，发动机整体负荷率保持在70%～85%，发动机组总运行时间下降，并且相对稳定地运行在燃料经济性较佳的区域。当柴油发电机组的负荷率超过80%时，多余的发电功率由电池提供，使得柴油发电机组的负荷率始终维持在80%左右。当多余的发电功率超过储能输出功率或者电池电量（SOC）低于30%时，会导致多余的功率仍然由柴油发电机组提供，导致柴油发电机组的负荷率超过85%，PMS会触发柴油发电机组的增机。通过该混合动力系统的调节，船舶负荷率得到了明显改善，发动机的单位油耗显著降低。在实际使用中，储能装置的削峰填谷、均衡负载作用，可以减轻发动机运行波动、改善发动机运行状态，从而降低运维成本、延长发动机寿命。若对LNG动力船进行电动化改造，将会进一步节能降碳。

表3　某5000马力OSV船舶作业加装电池装置优化结果数据

Table 3　Optimization result data of a 5000 horsepower OSV ship operation with battery installation

作业内容	机组运行时间/小时	电池放电时间/小时	机组运行数量	机组平均负荷率/%	充放电功率/千瓦	电池充放电量/千瓦时	电池剩余电量/千瓦时	电池工作状态
起航	9	0	3	64.91%	0	0	1540	
锚泊系水鼓	2	9.3	1	85%	595.2	−547	993	放电/充电
吊货	3.6	3.6	1	85%	−149.0	−536	456	放电
巡航	0.6	0	2	85%	541.0	325	781	充电
锚泊系水鼓	1.1	4.9	1	85%	565.8	−437	344	放电/充电
巡航	3.5	0	1	85%	0.0	0	344	
吹灰	3.3	0	1	60%	200.0	660	1004	充电
巡航	0	2.3	0		−330.0	−759	245	放电
锚泊系水鼓	0	0.7	0		−190.0	−133	112	放电
接送货	1.5	0	1	85%	354.0	531	643	充电
巡航	0	0.3	0		−330.0	−99	544	放电
吊货	1.1	1.1	1	85%	−149.0	−163.9	380	放电
巡航	0	0.5	0		−330.0	−165	215	放电
锚泊系水鼓	3.5	6.3	1	85%	588.0	835.8	1051	放电/充电
巡航	0	0.7	0		−652.0	−456.4	594.2	放电
吊货	1.2	0	3	84.78%	524.0	628.8	1223.0	充电
接送货	0	0.8	0		−626.0	−500.8	722.2	放电
巡航	0	0.8	0		−456.0	−364.8	357.4	放电

续表

作业内容	机组运行时间/小时	电池放电时间/小时	机组运行数量	机组平均负荷率/%	充放电功率/千瓦	电池充放电量/千瓦时	电池剩余电量/千瓦时	电池工作状态
接送货	1	0	1	84.78%	154.0	154	511.4	充电
巡航	2.2	0	1	84.78%	128.0	281.6	793.0	充电
锚泊系水鼓	0	2.3	0		−241.0	−554.3	238.7	放电
吊货	1.8	0	3	65.80%	0.0	0	238.7	
巡航	2.6	0	1	84.78%	324.0	842.4	1081.1	充电
锚泊系水鼓	3.8	8.4	1	76.09%	486.8	58.96	1140.0	放电/充电
巡航	0	0.6	0		−456.0	−273.6	866.4	放电
吊货	1.8	0	3	78.26%	344.0	619.2	1485.6	充电
巡航	0	0.6	0		−456.0	−273.6	1212.0	放电
锚泊系水鼓	0	3.5	0		−194.0	−679	533.0	放电
巡航	0.7	0	1	86.96%	123.0	86.1	619.1	充电
吹灰	4	0	1	84.78%	229.0	916	1535.1	充电
巡航	2.7	0	3	71.74%	0.0	0	1535.1	
返航	1.7	0	3	60.11%	0.0	0	1535.1	
锚泊系水鼓	1.2	5.1	1	84.78%	549.0	−519.3	496.5	放电/充电
返航	1.2	0	3	85.33%	429.0	514.8	1530.6	充电
靠泊	4	10.8	1	81.85%	550.0	7.6	1538.2	放电/充电

3.3 经济可行性分析

3.3.1 直接经济效益

根据欧洲北海对已投入的同类型电混船舶的统计，相比化石燃料船舶可实现节能30%左右，一艘5000马力的OSV船舶一年可节约燃油300吨左右，年降碳超过1000吨。一些小型船舶节能效果更为可观，如挪威Aasen Shipping公司的9300载重吨Aasfjell号电池混动散货船，主机是一台2600千瓦（约3500马力）的瓦锡兰8L26柴油机，船上配置一台森尼伯根（Sennebogen）电驱挖掘机，每小时卸货能力为650吨。该船建造时，安装了一个339千瓦的动力电池系统，为港口作业提供动力，并在海上实现主发动机的调峰。该电池组除了在海上发挥作用外，还能在港口为推进和操纵作业提供动力而不需要主机。该船于2019年6月投入使用，从实际使用效果看，每年减少了400吨燃料使用，并在港口实现了零排放，可见经济及社会效益良好。

参考国内台架试验数据及欧美实际使用效果，国内5000马力的柴电OSV船舶进行加装1000千瓦动力电池储能系统的改造，加上相关配套及改造费，价格可以控制在1000万元以内，如表4所示。按每年至少节省300吨柴油及当前价格（7300元/吨）测算，则5

年内可收回改造成本，因此这种改造具有极高的经济性及性价比。如果从建造决策阶段做好选型，柴油+动力储能电池混动船舶的投资相比柴油+LNG双燃料动力船舶会有较大幅降低。

表4　5000马力OSV船舶建造、改造成本和节油费用

Table 4　Cost of construction, renovation, and fuel saving for 5000 horsepower OSV ships

动力类型	船舶成本/百万元	节油率	年节油量/（吨/年）	年节油费用/百万元
柴油	70～120（建造）	0	0	0
LNG	160（建造）	20%	200	1.6
电动混动	7～10（升级改造）	30%	300	2.4

随着中国动力电池技术的发展及市场规模的扩大，电池本身的价格持续下降，如图4所示，船舶配置动力电池储能系统的成本优势将更加突出。由于由大功率动力电池组提供动力，一些油田服务船在设计、建造时甚至可以减少一台柴油发动机，在节省的空间内安装动力电池储能系统，可以进一步降低建造投资及运维成本。

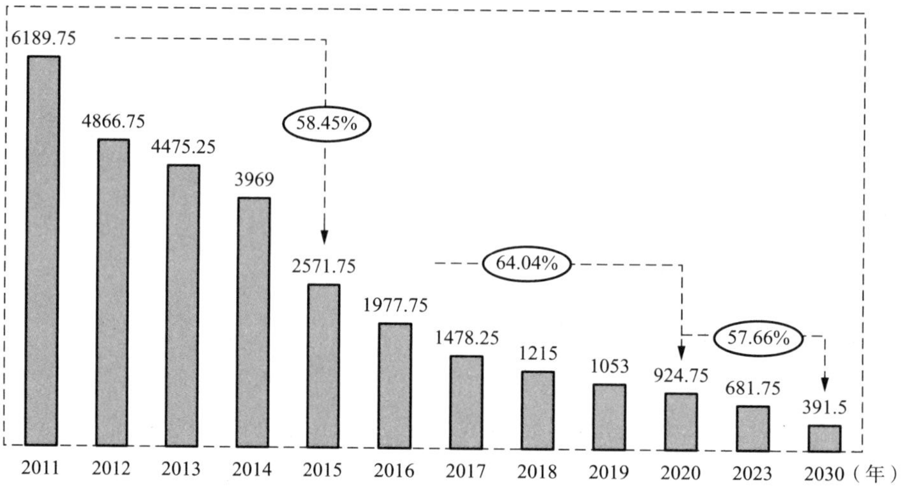

资料来源：《2023船艇电动化低碳创新白皮书》

图4　全球锂电池电池组价格（元/千瓦时）

Figure 4　Global lithium battery pack prices(RMB/kWh)

同时，考虑到中国现阶段海上风电发展迅猛，海洋石油企业也开始围绕海上石油矿区发展海上风电等新能源产业，一些采油平台还引入了岸电，未来，如果对相关设施进行适当改造或预留充电端口，混合动力船舶完全可以在作业间隙、海上抛锚或待命期间，采用这些电力进行充电，船舶动力及其相关成本还可以继续降低，从而取得更好的经济效果。

国内发展油田服务电混船舶主要受到家用油电混动轿车使用效果良好的启示。家用轿车多数情况用在短途的上下班中，行驶缓慢乃至堵车等待是常见的情况，纯燃油汽车在这种情况下油耗普遍超过7～8升/100千米，如果采用燃油混动或插电混动（因要考虑偶尔长途的需要），则100千米综合耗油可以降到4～5升甚至更低，即省油30%～50%，一些每天以短途上下班为主的插混车主，甚至都不用加油而一直使用外充电力，使得动力成本可以低至纯燃油车的1/10。那么经常处于类似工况（如锚泊守护或低速进港状态）的油田守护船，由于不用开启或较少开启发动机而采用电池直接供电（馈电时发动机以最佳效率充电），其节油效果亦可以达到30%以上，因而使用该种船舶具有显著的成本优势。

3.3.2　潜在或间接经济效益

船舶油电混动低碳化改造，不仅能够带来可观的燃油节省的直接经济效益，而且具有异常显著的潜在或间接性的经济效益和社会效益，如增强公司船舶业务市场竞争力、提升船舶的安全性、延长固定资产使用寿命、提升船舶开拓市场尤其是国际市场的能力，为未来大型装备改造和新建积累经验、推动国内油田船舶服务行业的电动化发展等。

一是油电混动船舶可提升公司竞争力，助力公司船舶业务打开海外市场。目前亚洲海洋油田服务市场还未见到电混船舶的使用，改造或新建该种船舶将是亚洲首创。在各大石油公司越来越重视碳减排的背景下，油电混动船舶必将受到国内合营市场客户及海外市场客户欢迎，从而获取新的市场及增量客户，增加船舶业务收入，提升大型装备资产的创效能力。

二是对存量柴油动力油田服务船进行油电混合动力改造，顺应了全球行业低碳化发展的趋势，将由于碳排放过高而不得不过早退役或淘汰的船舶转变为低碳绿色船舶，从而赋予其新的生命并重新赢得市场，延长该类资产的生命周期及持续创效能力。

三是为未来海洋大型装备动力设备的选型、装备改造及新建积累经验。众所周知，大型装备历来是海洋用能及碳排大户，在甲醇、氢能、氨能及等低碳、零碳燃料动力尚看不到大规模商用前景的情况下，油服行业显然不能坐等这些燃料动力的成熟使用。如果采用业已成熟的电混装备工艺技术，通过先期对2～3艘油田服务柴电船舶进行改造并积累使用数据，既可以为油田服务行业新建船舶提供参考，还可以为国内行业数量庞大的存量化石燃料动力船舶的电混改造摸索经验，未来甚至还可以以此技术和经验积累为基础，向海上钻井平台、物探船、海工船、环保船、采油平台、钻修机等大型装备推广，实现全行业动力变革及低碳绿色发展。

3.4　油田服务船舶混动改造存在的难点及风险

油田服务船舶混动改造是推动行业低碳转型的关键，替代传统燃油方式势在必行。但是能源技术的应用从来不是一蹴而就，在推广应用过程中依旧面临着不少的挑战。油田服务船舶本身应用场景的需要对动力电池的性能提出了更高要求，高安全、长寿命、高能量密度等性能成为船舶电池的必然需求。从油田服务船舶的基本功能角度考虑，制约其混动改造发展的因素在于船舶的续航能力、电池安全、改造成本等问题。

3.4.1　续航能力

当前船舶电动化发展受限于电池能量密度和甲板载货空间限制，导致续航里程不足，因此更多应用于内河和近海区域，且有限的电池能量对船舶的行驶速度和载重都提出了不小的挑战，但随着新能源技术和电池技术的不断进步，电池能量密度不断突破，电动化船艇的续航里程问题有望改进。

3.4.2　电池安全

电池电芯本身还未做到本质安全，存在安全事故概率。如果电池的可靠性不足，在遇到震动和碰撞时就可能发生火灾，甚至爆炸。据统计，2021年国内平均每个月发生新能源汽车起火事件3起以上。如果船舶的消防安全措施不到位，更容易造成蓄电池失火无法控制的情况，导致情况恶化。如何从材料端和技术端不断进行升级创新，提高电池的安全性、电池容量以及循环性，从而满足电动船舶的场景需求，是当前船舶电动化改造亟须解决的难点。

3.4.3　改造成本

成本是制约油田服务船舶混动化改造的重要因素。虽然从长远来看混动船舶运营成本更低，但在初期投资成本大，电池造价成本高，极大限制了市场对于船舶混动化改造的积极性。自2014年上游行业低潮以来，船舶运输企业景气指数一直处于低位徘徊，虽然近2年油价上涨，但油田船舶服务价格并未明显恢复而依然处于低位水平，但船舶服务企业的管理、人员及运维成本等却呈持续上升趋势，导致多数近海船舶服务商处于盈亏平衡甚至亏损的状态，因此比较缺乏投资改造的积极性。

4　船舶电动化改造多方共赢的投资模式探讨

鉴于多数近海船舶服务商缺乏投资改造的积极性，如何推动这项经济效益显著并可实现多方受益的船舶改造活动，本文提供以下思路以供探讨。

一是选定某条或某几条柴油或LNG动力OSV船舶，由客户出资改造，船舶服务价格不变或略有提升；或由服务公司出资改造，与客户锁定长期具有价格吸引力的服务合同，使服务公司在可以接受的时间内收回改造成本并实现一定盈利，待实现正向回报及行业广泛接受后，再推动规模性的改造或新建。该种模式在行业内比较通行。

二是服务公司、客户、船舶电池供应商及投资方（融资租赁公司、银行或风投公司）多方合作，服务公司将改造合同授予投资方，投资方出资付款给船舶电池供应商，改造船与客户签订长期服务合同，在约定年限内，客户每年以约定数量的燃油节省及某个合理价格返还给投资方，船舶服务价格适当提升。该种模式可以多方参与，风险较低，有利于多方共赢，也有较多的成熟案例及合作基础可供借鉴和推动。一般大的集团企业旗下都有融资租赁公司且对集团业务较为熟悉，因此这类企业比较愿意参与此类投资。银行或风投公司可能对规模性即多艘船舶的合同包更感兴趣，对单条或少量船舶的改造积极性不高。

这种模式虽然在国内海洋船舶服务行业还没有先例，但全球范围内已有多家涉及船艇电动化、智能化的企业自2018年后完成了多起投融资活动，如表5所示。

表5　全球船艇电动化行业投融资情况

Table 5　Investment and financing situation in the global boat electrification industry

年份	月份	公司	投融资模式	投融资金额
2019年	12月	Vision Marine Technology	公募	2760万美元
	12月	Pure Watercraft	A轮	3750万美元
2020年	8月	赛思亿电气科技	增资	5057万元
	12月	Pure Watercraft	A+轮	3750万美元
2021年	3月	逸动科技	B轮	亿元级
	3月	江龙船艇科技&澳龙船艇科技	补助	584万元
	8月	Taiga Motors	政府支持	5000万加币
	11月	Pure Watercraft	25%收购	1.5亿美元
	11月	BAE	赠款资助	300万美元
	11月	Arc Boats	A轮	3000万美元
	11月	逸动科技	B+轮	数亿元
	12月	Candela Yacht	补助	2400万欧元
2022年	4月	江龙船艇科技	A+	600万元
	5月	欧卡智舶	公募	5000万元

目前国内油田服务船舶主要在分布在以中海油服公司为首的专业服务公司旗下，同时，几大地方救捞局及港口船舶服务企业也拥有和运营数十条同类船舶，合计超过300

艘。如果国内客户认可了良好的应用前景，愿意批量使用改造后的混动船舶，并以燃油节省费用分年返还的方式回报给出资方，则该种模式具有较好的吸引力，服务公司可以分期分批地完成船舶的电动化升级改造。

三是以低碳或新工艺技术应用改造为契机，申请政策性资金支持，争取示范应用。该种模式对船东企业来说基本没有资金成本，但需要政策支持，政府机构可能不愿意全部出资，或仅支持少量的试点船舶改造，而改造后的船舶或许还存在使用地域及时间的限制。

显然，无论上述哪种模式，客户的态度至关重要，需要促动油公司站在更加主动的位置来推动国内船舶服务行业的低碳转型发展。

5 结论及建议

航运业所产生的大量碳排放是全球温室气体排放的重要组成部分，在应对全球气候变化，低碳、绿色发展越来越成为全球多数国家及行业共识的背景下，选用清洁替代能源以及新的动力技术已经成为航运业低碳转型发展的重要趋势。现阶段有 LNG、甲醇、生物燃料、液氨、氢、核能等多种低碳及零碳动力燃料可供选择，油电混动、LNG、甲醇和氨动力等被行业认为是最具潜力的低碳、绿色船舶动力发展方向。将电动技术及理念应用到船舶动力设计、建造及改造过程之中，可以显著降低船舶的运维成本，带来非常可观的经济效益和社会效益，同时具有非常重要的战略意义。

（1）LNG 虽然是近 20 年来船舶行业探索使用相对广泛的低碳燃料，除在远洋 LNG 运输船上具有应用优势外，其大规模的应用受到减排效果有限、燃料成本升高、动力响应较慢以及配套加注设施不足等多种因素影响而使之越来越成为过渡性燃料。在甲醇、氢气/氨能等船用低碳燃料仍需进行大力技术探索和电池储能技术飞速发展的双重作用下，电储能及动力电池技术越来越多地应用到船舶行业，船舶电动化发展势头异常迅猛。

（2）全球内河及近海航运船舶已经呈现较强的采用动力电池储能系统的发展趋势，尤其在欧美发达国家和地区的油田船舶服务领域已经得到较多的应用，可以借鉴的案例较多，其中不乏一些有影响力的国际及区域性船舶服务公司，这些公司近年来纷纷推动旗下柴油、LNG 动力船加装储能电池系统进行混合动力的改造。

（3）国内油田服务船舶进行油电混动改造，不仅能带来非常可观的燃油节省的直接经济效益和大幅度降低碳排放的社会效益，还能提升船舶的安全性、延长大型装备资产应用生命周期、提升船舶适应和开拓市场尤其是获取国际客户的能力，潜在或间接的经济效益亦非常明显。现阶段国内除中海油下属油田服务公司为代表的国内“三桶油”海洋船舶服务企业外，与这些企业存在竞争关系的沿海各地救捞局与港口船舶服务企业也拥有数量可观的柴油动力船舶，海上油田服务企业如果率先在行业内推动化石燃料动力船舶的油电混动化改造，可以在国内、亚太乃至更广泛的区域优先获得油田船舶服务低碳发展的优势并赢得市场需求的先机。

（4）鉴于近年来船舶服务价格低位徘徊，运营成本逐渐上升导致多数近海船舶服务商持续处于盈亏平衡甚至亏损的状态，缺乏投资改造的积极性，可以采取包括客户长期服务合同锁定的油服企业出资模式、融资租赁公司出资模式、银行或其他投资机构出资模式、政府激励性出资模式等多种多方共赢的模式来筹集改造资金，支持船舶服务企业实施对柴油/LNG动力船舶的油电混合动力改造。

（5）推动国内油田船舶服务行业的电动化发展具有极其重要的战略意义，可以为海洋石油全行业动力技术变革、低碳绿色发展及企业乃至国家双碳目标的实现探明战略转型发展的路径并贡献新的技术、知识与经验积累。建议通过多种方式促进国内海洋石油公司，作为油田服务船舶的使用大户，站在更加主动的位置，推动船舶油电混合动力的试点改造，为存量柴油动力船舶及新建船舶的低碳化发展探索路径，并进一步向海上高碳排放的大型装备行业如钻井平台、物探船、海工船、环保船、采油平台、钻修机等方面推广，促进这些行业的低碳转型发展并更好地适应国际、国内行业市场低碳化发展的要求。同时，也为海上风电等新能源的快速发展提供了应用场景，未来安装了储能电池系统的船舶可以利用油田矿区附近的新能源电力进行海上充电，并兼顾油田与海上新能源设施运维，在消纳海上风电等新能源、促进行业低碳发展的同时，实现油气与新能源的融合发展。

参考文献

[1] https://www.eagle.org. Harvey energy: How a tri-ruel vessel is shaping the future of sustainability, [EB/OL]. American Bureau of Shipping, https://www.eagle.org/trifuelcasestudy.

[2] 国际船舶网. 目标零排放！这家海工船东为8艘海工船“升级”电池推进系统[EB/OL]. [2020-09-28]. https://www.sohu.com/a/421416061_155167.

[3] oedigital. Harvey gulf to equip eight more vessels with battery systems [EB/OL]. [2020-09-24]. https://www.oedigital.com/news/481957-harvey-gulf-to-equip-eight-more-vessels-with-battery-systems.

[4] 国际船舶网. 挪威海工船东Eidesvik Offshore任命新高管目标打造零排放船队[EB/OL]. [2022-05-03]. https://www.sohu.com/a/543325500_155167

[5] 信德海事. 什么是混合动力船？什么原理又有哪些优势？[EB/OL]. [2022-05-17]. https://mp.weixin.qq.com/s/jHIBiMseQqMYMv-h3icYIw.

[6] 龙船风电网. Eidesvik决定对近海风电船Acergy Viking号进行升级[EB/OL]. [2021-05-11].

https://wind.imarine.cn/news/14141.html.
[7] 国际船舶网．瓦锡兰为马士基三用工作船改装混合电池动力 [EB/OL]. [2022-01-21]. http://news.sohu.com/a/518037815_155167.
[8] 龙船风电网．美国首艘插电式混合动力SOV [EB/OL]. [2022-05-25]. https://wind.imarine.cn/news/38282.html.
[9] 国际船舶网．37艘5.8亿美元！Solstad Offshore完成船队出售退出PSV市场 [EB/OL]. [2023-07-09]. https://www.sohu.com/a/695982913_155167.
[10] 国际船舶网．挪威船东Solstad Offshore将斥巨资为11艘海工船升级混合动力 [EB/OL]. [2021-12-28]. https://www.sohu.com/a/512397161_155167
[11] 亿欧智库．2023船艇电动化低碳创新白皮书 [EB/OL]. [2023-03-31]. https://www.iyiou.com/news/202303311043197.

Research on the Economy and Investment and Financing Models of Low Carbon Transformation of Oilfield Service Ships

Xirun WANG, Xiaoyu CAI, Yuefei CHEN, Bi ZHAO, Bo ZOU
China Oilfield Services Limited

Abstract: The continuous deterioration of global climate has attracted high attention from human society, and governments and international organizations have taken measures to address climate change, such as reducing greenhouse gas emissions, promoting clean energy, and strengthening natural resource protection. Carbon emissions from shipping are an important component of global greenhouse gas emissions, and reducing carbon emissions from the shipping industry is of great significance for achieving carbon peaking and carbon neutrality goals. This article analyzes the direction of low-carbon development in the shipbuilding industry, studies the feasibility, economic benefits, and main advantages of hybrid transformation of oilfield service ships, and creatively proposes a win-win investment and financing model, providing useful references and suggestions for the green, low-carbon, and sustainable development of the offshore oil shipbuilding industry.

Keywords: Carbon emissions; Ships; Hybrid transformation; Intelligent energy storage system; Green and low-carbon; OSV vessel